权威·前沿·原创

皮书系列为
"十二五""十三五""十四五"时期国家重点出版物出版专项规划项目

BLUE BOOK

智 库 成 果 出 版 与 传 播 平 台

企业社会责任蓝皮书

BLUE BOOK OF CORPORATE SOCIAL
RESPONSIBILITY

中国企业社会责任研究报告（2023）

RESEARCH REPORT ON CORPORATE SOCIAL RESPONSIBILITY OF CHINA (2023)

走中国式现代化道路，谱写履责新篇章

顾　问／李　扬　彭华岗
著　者／黄群慧　钟宏武　张　蒽

社会科学文献出版社
SOCIAL SCIENCES ACADEMIC PRESS（CHINA）

图书在版编目（CIP）数据

中国企业社会责任研究报告 . 2023：走中国式现代
化道路，谱写履责新篇章 / 黄群慧，钟宏武，张蒽著
.--北京：社会科学文献出版社，2023. 11
（企业社会责任蓝皮书）
ISBN 978-7-5228-2702-5

Ⅰ . ①中… Ⅱ . ①黄… ②钟… ③张… Ⅲ . ①企业责
任-社会责任-研究报告-中国-2023 Ⅳ . ①F279. 23

中国国家版本馆 CIP 数据核字（2023）第 199901 号

企业社会责任蓝皮书

中国企业社会责任研究报告（2023）
　——走中国式现代化道路，谱写履责新篇章

顾　　问 / 李　扬　彭华岗
著　　者 / 黄群慧　钟宏武　张　蒽

出 版 人 / 冀祥德
组稿编辑 / 邓泳红
责任编辑 / 张　超
责任印制 / 王京美

出　　　版 / 社会科学文献出版社·皮书出版分社（010）59367127
　　　　　　 地址：北京市北三环中路甲 29 号院华龙大厦　邮编：100029
　　　　　　 网址：www. ssap. com. cn
发　　行 / 社会科学文献出版社（010）59367028
印　　装 / 天津千鹤文化传播有限公司

规　　格 / 开　本：787mm×1092mm　1/16
　　　　　 印　张：23.25　字　数：347 千字
版　　次 / 2023 年 11 月第 1 版　2023 年 11 月第 1 次印刷
书　　号 / ISBN 978-7-5228-2702-5
定　　价 / 128.00 元

读者服务电话：4008918866

主要编撰者简介

黄群慧　中国社会科学院经济研究所所长，研究员，博士生导师，《经济研究》主编，《经济学动态》主编，中国社会科学院大学经济学院院长，中国社会科学院国有经济研究智库主任。兼任中国企业管理研究会副会长、理事长，国家"十四五"规划专家委员会委员，国家制造强国建设战略咨询委员会委员，国务院反垄断委员会专家咨询组成员。享受国务院政府特殊津贴，入选"百千万人才"国家级人选，荣获"国家级有突出贡献的中青年专家"称号等。主要研究领域为发展经济学、制造业发展、企业改革与管理等。主持国家社科基金重大项目3项，在《中国社会科学》《经济研究》等学术刊物公开发表论文300余篇，撰写《新时期全面深化国有经济改革研究》等专著30余部，主编"企业社会责任蓝皮书"等多部。其成果曾获孙冶方经济科学奖、张培刚发展经济学奖等，作品入选国家新闻出版署"优秀通俗理论读物出版工程"、国家哲学社会科学成果文库等。

钟宏武　管理学博士，中国社会科学院社会发展战略研究院副研究员，中国社会责任百人论坛秘书长，责任云研究院名誉院长。主持"中央企业社会责任蓝皮书"（国资委课题）、"中央企业'一带一路'履责报告"（国资委课题）、"中央企业海外社会责任研究"（国资委课题）、"中央企业社会责任推进机制研究"（国资委课题）、"企业参与精准扶贫优秀案例"（国务院扶贫办课题）、"促进企业参与扶贫机制研究"（国务院扶贫办课题）、"'一带一路'与中资企业海外社会责任"（国家发改委课题）、"中国矿业企业社会责任报告指引"（国土资源部课题）、"责任制造 2025"（工信部课题）、"中国食品药品行业社会责任信息披露机制研究"（国家食药监局课题）、"中国保险业社会责任研究"（保监会课题）、"上市公司社会责任信息披露情况研究"（深交所课题）；先后访问日本、南非、英国、瑞典等多国，研究企业社会责任。编写"中央企业社会责任蓝皮书""企业扶贫蓝皮书""企业社会责任蓝皮书"以及《中国企业精准扶贫 50 佳案例》《中国企业社会责任报告编写指南》《企业社会责任管理体系研究》《企业社会责任基础教材》《企业公益蓝皮书》《企业社会责任报告白皮书》《中国国际社会责任与中资企业角色》《慈善捐赠与企业绩效》等 50 余部。在《经济研究》《中国工业经济》《人民日报》等报刊上发表论文 50 余篇。

张　蒽　管理学博士，经济学博士后，中国社会科学院社会发展战略研究院副研究员，中国社会责任百人论坛执行秘书长，责任云研究院首席专家。作为主要研究人员，参与"责任制造 2025""中央企业社会责任推进机制研究""上市公司社会责任信息披露""中央企业社会责任理论研究""企业社会责任指标体系研究"等重大课题的研究。参与编写"企业社会责任蓝皮书"以及《中国企业社会责任发展指数报告》《中国企业社会责任报告编写指南》《企业社会责任管理体系研究》《企业社会责任基础教材》《中国企业社会责任报告白皮书》《中国上市公司非财务信息披露研究报告》《企业社会责任负面信息披露研究》等，在《中国工业经济》《经济管理》等期刊公开发表与社会责任相关论文。

中国社会责任百人论坛简介

中国社会责任百人论坛（China Social Responsibility 100 Forum，简称"责任百人论坛"），成立于 2016 年，是由来自国务院国资委、国家发改委等部委的领导，中国社会科学院、清华大学等高校的专家，中外著名企业家自发建立的公益性机制，是中国社会责任领域的高端平台。

截至 2023 年 9 月，论坛有 35 位发起人，有 42 家理事会单位，每年举办 20 场重大活动，出版 10 本专著。

责任百人论坛发起人（35 人）

彭华岗　国务院国资委原党委委员、秘书长

李　扬　中国社会科学院学部委员、国家金融与发展实验室理事长

欧晓理　国家发改委社会司司长

张晓刚　国际标准化组织（ISO）原主席

张　涛　国务院国资委行业协会商会工作局原局长

宋志平　中国上市公司协会会长

刘兆彬　中国质量万里行促进会会长

江　辉　中国在非企业社会责任联盟秘书长

曹宏瑛　中国外商投资企业协会常务副会长

钟绍良　世界钢铁协会副总干事兼北京代表处首席代表

崔建国　中国黄金行业协会副会长

宋　鑫　中国节能环保集团有限公司党委书记、董事长

周志亮　中国铁路通信信号集团有限公司党委书记、董事长

周渝波　中国国新控股有限责任公司党委书记、董事长

郑崇华　台达集团创办人暨荣誉董事长

刘　冰　中国黄金集团有限公司党委原副书记、原总经理

刘启宏　中国南方电网公司董事、党组副书记

蓝　屹　华润集团党委委员、副总经理、董事会秘书

吕大鹏　中国公共关系协会专家委员会执行主任

党彦宝　宁夏宝丰集团有限公司董事长、宁夏燕宝慈善基金会理事长

陈建军　圣象集团董事长

王　彤　中国三星首席副总裁

赵炳弟　松下电器中国东北亚公司副总裁

黄群慧　中国社会科学院经济研究所所长

李雪松　中国社会科学院数量经济与技术经济研究所所长

刘纪鹏　中国政法大学资本金融研究院院长

邓国胜　清华大学21世纪发展研究院院长

张洪忠　北京师范大学新闻传播学院院长

周祖城　上海交通大学安泰经济与管理学院教授

倪鹏飞　中国社会科学院城市与竞争力研究中心主任

胡志浩　国家金融与发展实验室副主任

董忠云　中航证券有限公司首席经济学家

魏紫川　中华网总裁

钟宏武　中国社会科学院博士、教授（论坛秘书长）

张　蒽　中国社会科学院博士、教授（论坛执行秘书长）

责任百人论坛理事会单位（43家，截至2023年10月）

中国石化、国家能源集团、国投集团、华润集团、中国宝武、南方电网、东风汽车、中国一汽、中国华电、中交集团、中国电建、东方电气、中国旅游集团、中国兵器工业、中国移动、中国黄金、华润电力、华润燃气、蒙牛、华发集团、珠海港集团、西部利得基金、华为、腾讯、阿里巴巴、蚂蚁集团、伊利、圣象、碧桂园集团、宝丰集团、天润新能、联想集团、飞

鹤、泰禾智能、同程旅行、中国三星、SK 集团、现代汽车、Apple、松下电器、LG 化学、台达、起亚汽车

责任百人论坛秘书处联系方式

秘　书　长：钟宏武　13911200188　zhonghw@ cass-csr. org

执行秘书长：张　蒽　18611745997　zhangen@ cass-csr. org

前　言

　　习近平总书记在党的二十大报告中提出，"从现在起，中国共产党的中心任务就是团结带领全国各族人民全面建成社会主义现代化强国、实现第二个百年奋斗目标，以中国式现代化全面推进中华民族伟大复兴"。① "以中国式现代化全面推进中华民族伟大复兴"的战略擘画，一方面指明了实现中华民族伟大复兴的战略路径，另一方面也指明了中国式现代化的战略目标，全面体现了中国共产党人的初心和使命。

　　使命也是企业组织存在的理由，使命决定战略。企业组织基于战略进行有效运作，在市场中计划运筹、组织协调各种资源，最终实现自己的使命，这是企业组织运行的基本逻辑。在市场经济条件下，如果仅仅把企业作为一个具有"经济人"特性、追求经济利益最大化的组织，企业就很难做强做优做大做久。卓越的企业组织从来不是仅仅把盈利作为使命或者目标，盈利只是企业发展的手段，企业必须有为社会进步做出自己贡献的崇高使命。

　　对于中国企业而言，应该把实现中华民族伟大复兴作为自己组织的根本使命。未来中国共产党的中心任务是以中国式现代化全面推进中华民族伟大复兴，那么，在未来以中国式现代化全面推进中华民族伟大复兴的新征程中，企业必须强化建设中国式现代化的使命担当，围绕中国式现代化

---

① 《习近平：高举中国特色社会主义伟大旗帜 为全面建设社会主义现代化国家而团结奋斗——在中国共产党第二十次全国代表大会上的报告》，中国政府网，2022 年 10 月 25 日，https：//www.gov.cn/xinwen/2022-10/25/content_ 5721685. htm。

的中国特色、本质要求和重大原则，推进企业改革与发展。对于企业社会责任而言，需要围绕人口规模巨大的现代化、全体人民共同富裕的现代化、物质文明和精神文明相协调的现代化、人与自然和谐共生的现代化、走和平发展道路的现代化的中国式现代化的理论概括和实践要求深入推进。

人口规模巨大的现代化要求企业承担更大的社会责任。人口规模巨大是我国的基本国情，也是一种资源优势，为中国企业发展提供了充足的人力资源和超大规模市场，这是长期以来支撑中国企业做大做强的重要因素。然而，超大规模的人口也伴随着诸多社会问题和挑战。习近平总书记指出，"光是解决 14 亿多人的吃饭问题，就是一个不小的挑战。还有就业、分配、教育、医疗、住房、养老、托幼等问题，哪一项解决起来都不容易，哪一项涉及的人群都是天文数字"。① 中国的企业，特别是大企业，在受益于人口红利的同时，应该也必须承担起更大的社会责任，帮助解决复杂的社会问题。一方面，企业可以积极投身慈善活动和公益事业，捐赠资金和物资用于教育、医疗、环保、乡村振兴等领域，帮助解决社会问题。另一方面，企业可以通过商业模式创新，如发展社会企业、共享经济等，直接参与解决社会问题，实现经济价值和社会价值的统一、企业和社会的双赢。

全体人民共同富裕的现代化要求企业更加重视发展过程的包容性。人口规模巨大是中国的基本国情，共同富裕是中国特色社会主义的本质要求，中国式现代化要在人口规模巨大的基本国情上实现全体人民共同富裕的现代化目标。既要满足人口规模巨大这个"条件约束"，又要满足实现全体人民共同富裕这个"目标函数"，这就要求企业注重把握发展过程的包容性。首先，要持续提高供给质量。企业应以服务人民、满足人民需求作为其经营的核心。这意味着企业在追求经济效益的同时，还需要考虑其对人民生活质量的影响，例如，通过提供高质量的产品和服务，满足人民

---

① 习近平：《中国式现代化是强国建设、民族复兴的康庄大道》，《求是》2023 年第 16 期。

的物质和文化需求。其次，要坚持公平分配原则。企业在追求经济效益的同时，也需要关注利润的公平分配，避免过大的贫富差距。要不断完善分配制度，坚持按劳分配为主体、多种分配方式并存，构建初次分配、再分配、第三次分配协调配套的制度体系。最后，要关注民生问题。企业应积极参与解决社会的民生问题，如提供就业机会、提升员工技能、开展职业培训、增加员工福利等，以帮助解决就业、教育、医疗、住房等民生难题。

物质文明和精神文明相协调的现代化要求企业秉持更高的境界与追求。习近平总书记指出，"西方早期的现代化，一边是财富的积累，一边是信仰缺失、物欲横流。今天，西方国家日渐陷入困境，一个重要原因就是无法遏制资本贪婪的本性，无法解决物质主义膨胀、精神贫乏等痼疾。中国式现代化既要物质财富极大丰富，也要精神财富极大丰富、在思想文化上自信自强"。① 在追求物质文明和精神文明相协调的现代化过程中，企业作为社会经济的主要运行体，不仅要注重经济效益的追求，更要关注其对社会文化和价值观的影响。一方面，要均衡发展物质和精神财富。企业在追求经济效益的同时，也应该关注员工、消费者和社会的精神需求。这涉及提供优质的产品和服务，支持员工的个人和职业发展，以及积极参与和支持社区服务和公益项目。企业不仅仅是一个创造经济价值的实体，它们在满足社会物质需求的同时，也有责任寻找和创造精神价值，这就需要企业在商业决策中充分考虑社会效益。另一方面，塑造和传播正向价值观。企业不仅是经济实体，也是社会和文化的重要组成部分。企业行为会影响到社会风气和文化氛围，因此企业有责任塑造和传播积极的价值观。这包括培育良好的企业文化，坚持道德和伦理标准，以及通过产品、服务和公共形象来传播正面价值观。企业应该以实际行动引领社会向好、向善，推动社会进步。

人与自然和谐共生的现代化要求企业承担起环保责任，实现可持续发展。习近平总书记指出，"近代以来，西方国家的现代化大都经历了对自

---

① 习近平：《中国式现代化是强国建设、民族复兴的康庄大道》，《求是》2023 年第 16 期。

然资源肆意掠夺和生态环境恶性破坏的阶段，在创造巨大物质财富的同时，往往造成环境污染、资源枯竭等严重问题。我国人均能源资源禀赋严重不足，加快发展面临更多的能源资源和环境约束，这决定了我国不可能走西方现代化的老路"。① 面对环境问题和气候变化的挑战，企业在追求人与自然和谐共生的现代化过程中，需要以更高的责任感和使命感，积极承担起环保责任，实现可持续发展。第一，企业应当严格遵守环保法规。无论是国际还是国内，环保法规都是企业必须遵守的基本要求。这不仅是企业的法定责任，也是企业履行社会责任的重要表现。企业应当建立和完善环保管理体系，确保其经营活动符合法规要求，避免因违法行为带来的经济损失和社会信誉损失。第二，企业应当提高资源利用效率，减少生产过程中的污染物排放和碳排放。这需要企业在生产设计、技术选择、设备更新、管理方式等方面进行创新和改革，实现清洁生产，减少资源消耗。例如，企业可以通过使用环保材料、研发环保技术、提高资源回收利用率、优化生产流程、提高管理效率等方式，降低生产过程中的排放水平，实现生产过程的绿色化。第三，企业应当通过开发绿色产品和绿色产业，推动绿色经济的发展。绿色经济是可持续发展的重要支撑，是实现人与自然和谐共生的有效途径。企业应当积极投资研发绿色技术，开发绿色产品，以满足市场和消费者对绿色、环保、健康的需求。这不仅可以提高企业的市场竞争力，也有助于企业实现长远的可持续发展。

走和平发展道路的现代化要求企业在参与全球化过程中高度重视社会责任工作。在全球化的大背景下，企业作为经济活动的主体，其行为直接影响着全球经济发展和国际关系的稳定。习近平总书记指出，"我们要始终高举和平、发展、合作、共赢旗帜，奉行互利共赢的开放战略，不断以中国新发展为世界提供新机遇。积极参与全球治理体系改革和建设，践行真正的多边主义，弘扬全人类共同价值，推动落实全球发展倡议和全球安全倡议，努力

---

① 习近平：《中国式现代化是强国建设、民族复兴的康庄大道》，《求是》2023年第16期。

为人类和平与发展作出更大贡献"。① 当今全球商界日益流行的 ESG（环境、社会与治理）理念是联合国于 2004 年提出的企业管理理念和投资理念，强调经济、环境、社会协调发展，发挥资本的力量解决社会环境问题，已成为工商界的全球共识和资本市场的主流策略。ESG 也是贯彻落实新发展理念的题中之义。中国企业践行 ESG 理念、推动 ESG 实践，对于树立中国企业国际形象、展示国家形象，具有十分重要的意义。当前，对于中国企业来说，需要以国家战略引领，以 ESG 助力经济社会高质量发展；提升 ESG 实践水平，加强供应链 ESG 管理；坚持党建引领，健全公司治理，加强"她"力量；完善 ESG 管理，注重规划引领和制度建设；提高数据披露率，及时发布 ESG 相关报告。与此同时，中国企业的国际形象关乎国家形象，在扬帆出海、拥抱世界的过程中，要秉持共同利益观、可持续发展观，积极主动履行社会责任，努力寻求合作共赢，通过拓展基础设施"硬联通"、加强规则标准"软联通"，深化与当地人民"心联通"，推动全球可持续发展进程；要主动承担展示良好国家形象的使命责任，通过企业的市场行为和形象宣传，向世界展示真实、立体、全面的中国形象，讲好中国故事，传播好中国声音，展现可信、可爱、可敬的中国形象。

在中国企业社会责任进程的每一个里程碑，"企业社会责任蓝皮书"始终坚守其角色，以深度的理论研究和严谨的数据分析，为企业积极履行社会责任提供坚实的智力支撑。2009 年，我们首度推出《中国企业社会责任研究报告（2009）》，在其中我们独创性地构建了"四位一体"的企业社会责任理论模型，为企业社会责任实践提供了有效指引。同时，我们也创建了"中国企业社会责任发展指数"，这是一套逻辑严谨的评估体系，用于对各种类型企业的社会责任发展状况进行年度动态评估，为中国企业社会责任研究和管理实践提供基准性参考。2023 年，我们连续 15 年发布"企业社会责任蓝皮书"，进一步完善评估方法和评估工具，更好地监测和提炼中国企业社会责任实践进展和典型案例，深入研究中国式现代化对企

---

① 习近平：《中国式现代化是强国建设、民族复兴的康庄大道》，《求是》2023 年第 16 期。

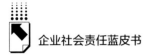

业社会责任的新期待和新要求，为新时代新征程中国企业更好履行社会责任提供有效借鉴。

习近平总书记在学习贯彻党的二十大精神研讨班开班式上发表重要讲话强调，"党的二十大报告明确概括了中国式现代化是人口规模巨大的现代化、是全体人民共同富裕的现代化、是物质文明和精神文明相协调的现代化、是人与自然和谐共生的现代化、是走和平发展道路的现代化这 5 个方面的中国特色，深刻揭示了中国式现代化的科学内涵。这既是理论概括，也是实践要求，为全面建成社会主义现代化强国、实现中华民族伟大复兴指明了一条康庄大道"。① 希望广大中国企业围绕着以中国式现代化推进中华民族伟大复兴，进一步增强在全面建设社会主义现代化强国新征程中的责任感、使命感，弘扬企业家精神，提升企业核心竞争力，培育出一批产品卓越、品牌卓著、创新领先、治理现代的世界一流企业，为全面建设社会主义现代化国家、实现第二个百年奋斗目标发挥更大作用。

中国社会科学院经济研究所所长

中国社会责任百人论坛发起人

---

① 习近平：《正确理解和大力推进中国式现代化》，人民网，2023 年 2 月 8 日，http：//cpc. people. com. cn/n1/2023/0208/c64094-32619731. html。

摘　要

在延续和发展 2009~2022 年《中国企业社会责任研究报告》研究方法和技术路线的基础上，课题组编写了《中国企业社会责任研究报告（2023）》。全书由总报告、分报告、专题报告、实践案例、评级报告和附录六大部分构成。

总报告对 2023 年中国企业 300 强以及重点行业的社会责任管理现状和信息披露水平进行整体评价，总结年度发展特征，为社会各界了解中国企业社会责任发展动态提供基准性参考，促进中国企业社会责任高质量发展。研究发现，2023 年中国企业 300 强社会责任发展指数与 2022 年相比有较大幅度提升，成功迈入追赶者阶段。国有企业 100 强社会责任发展指数领先于外资企业 100 强和民营企业 100 强。从责任板块来看，中国企业 300 强责任管理指数得分与 2022 年相比有所增长，但整体仍处于二星级水平、起步者阶段。在 11 个社会关注度高的行业中，军工行业表现最佳。

分报告分别对 2023 年国有企业 100 强、民营企业 100 强、外资企业 100 强的社会责任管理现状和信息披露水平进行详细解读，总结年度发展特征。研究发现，2023 年国有企业 100 强责任管理和责任实践指数得分大幅领先于民营企业 100 强和外资企业 100 强。

专题报告分为企业社会责任发展指数和上市公司 Wind ESG 指数两个板块。一是对军工、乳制品、食品饮料、动力电池、建筑、钢铁、汽车零部件、汽车、半导体、机械设备制造、石油化工等重点行业 2023 年的企业社会责任发展指数进行详细解读，形成阶段性特征。二是对金融、医药制造、

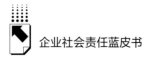

水务、有色金属、电气设备等重点行业上市公司2023年的Wind ESG指数进行详细解读，形成阶段性特征。研究发现，11个重点行业中，6个行业社会责任发展指数处于三星级水平，5个行业处于二星级水平；6个重点行业上市公司中，4个重点行业上市公司Wind ESG指数处于BBB级水平，2个重点行业上市公司Wind ESG指数处于BB级水平。

实践案例基于有高度、有成效、有创新、能延展四大标准，呈现三星、苹果公司、台达（中国）、蚂蚁集团四家企业的优秀社会责任实践案例，为中国企业完善社会责任管理、深化社会责任实践、打造社会责任品牌提供借鉴和参考。

评级报告从过程性、实质性、完整性、平衡性、可比性、可读性、可及性和创新性等维度综合考量，呈现优秀社会责任（ESG）、可持续发展报告标杆，为企业编制发布社会责任报告、完善社会责任信息披露体系提供支持和帮助。

附录分别呈现了2023年中国企业300强社会责任发展指数、2023年国有企业100强社会责任发展指数、2023年民营企业100强社会责任发展指数、2023年外资企业100强社会责任发展指数，以及11个重点行业2023年社会责任发展指数、6个重点行业上市公司Wind ESG指数，并简单介绍了人才建设、行业研究、中央企业社会责任调研、国资国企社会责任研究的基本情况以及近年的研究业绩情况。

关键词： 企业社会责任　ESG　社会责任发展指数　责任管理

Abstract

Following and developing the research methods and routes of the Research Report on Corporate Social Responsibility of China (2009~2022), we write the *Research Report on Corporate Social Responsibility of China (2023)* . The book is constituted by 6 parts: General Report, Sub Report, Special Report, Practical Cases, Rating Report, and Appendix.

The General Report provides an overall evaluation of the social responsibility management status and information disclosure level of the top 300 Chinese enterprises and key industries in 2023, summarizes the annual development characteristics, provides benchmark reference for all sectors of society to understand the development trends of Chinese corporate social responsibility, and promotes the high-quality development of Chinese corporate social responsibility. Research has found that the social responsibility development index of the top 300 Chinese enterprises in 2023 has significantly increased compared to 2022, successfully entering the catch-up stage. The social responsibility development index of the top 100 state-owned enterprises leads the top 100 foreign-funded enterprises and the top 100 private enterprises. From the perspective of responsibility sector, the score of the Responsibility Management Index of the Top 300 Chinese Enterprises has increased compared to 2022, but overall it is still in the stage of being a two-star level and a starter. Among the 11 industries with high social attention, the military industry performed the best.

The Sub Reports explain the CSR development index and summarize the annual CSR characteristics of the top 100 state-owned enterprises, the top 100 private enterprises and the top 100 foreign enterprises in 2023. Research has found that the responsibility management and responsibility practice index scores of the

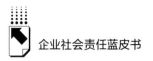

top 100 state-owned enterprises in 2023 are significantly higher than those of the top 100 private enterprises and the top 100 foreign enterprises.

The Special Reports are divided into two sections: the Corporate Social Responsibility Development Index and the Wind ESG Index for listed companies. One is to provide a detailed interpretation of the 2023 corporate social responsibility development index for key industries such as military industry, dairy products, food and beverage, power batteries, construction, steel, automotive parts, automobiles, semiconductors, mechanical equipment manufacturing, and petrochemical, forming phased characteristics. The second is to provide a detailed interpretation of the Wind ESG index of listed companies in key industries such as finance, pharmaceutical manufacturing, water, non-ferrous metals, and electrical equipment in 2023, forming phased characteristics. Research has found that among the 11 key industries, 6 industries have a social responsibility development index at the three-star level, and 5 industries are at the two-star level; Among the six key industry listed companies, four are at the BBB level in the Wind ESG index, and two are at the BB level in the Wind ESG index.

The Practical Cases are based on the four major standards of height, effectiveness, innovation, and scalability, presenting excellent social responsibility practice cases of Samsung, Apple, Delta (China), and Ant Group, providing reference and reference for Chinese enterprises to improve social responsibility management, deepen social responsibility practices, and build social responsibility brands.

The Rating Report comprehensively consider the dimensions of process, substance, completeness, balance, comparability, readability, accessibility, and innovation, presenting the benchmark of excellent social responsibility (ESG) and sustainable development reports, providing support and assistance for enterprises to prepare and publish social responsibility reports and improve their social responsibility information disclosure system.

The Appendies present the social responsibility development index and the top 300 Chinese enterprises in 2023, the social responsibility development index and the top 100 state-owned enterprises in 2023, the social responsibility development index and the top 100 private enterprises in 2023, the social responsibility development index and the top 100 foreign-funded enterprises in 2023, the responsibility management index and the 2023 Social Responsibility Development Index and 11 key industries, Wind ESG Index and 6 listed companies in key industries, And briefly introduced the basic situation of talent construction, industry research, central enterprise social responsibility research, state-owned enterprise social responsibility research, and recent research performance.

Keywords: Corporate Social Responsibility; ESG; Social Responsibility Development Index; Social Responsibility Management

目 录 ⤵

Ⅰ 总报告

Ⅱ 分报告

Ⅲ 专题报告

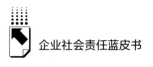

CONTENTS ⤆

I General Report

II Sub Reports

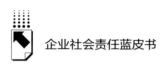
Ⅲ   Special Reports

Ⅳ   Practical Cases

V   Rating Report

CONTENTS ⟲

总 报 告

General Report

2009 年以来，课题组连续 15 年编著"企业社会责任蓝皮书"，发布中国企业社会责任发展指数，评价中国企业年度社会责任管理状况和社会/环境信息披露水平，辨析中国企业社会责任发展的阶段性特征，为深入推进中国企业社会责任发展提供基准性参考。2023 年，课题组继续以"责任三角"理论为基础，对中国最大的 300 家企业进行独立、系统、深入的研究，促进中国企业社会责任高质量发展。

B.1
中国企业社会责任发展
报告（2023）

摘　要： 本报告在"中国企业社会责任发展指数（2023）"指标评价体系的基础上，对国有企业 100 强、民营企业 100 强、外资企业 100 强以及 11 个重点行业的社会责任发展水平进行评价，研究 2022~2023 年中国企业社会责任的最新进展，评价中国企业社会责任管理状况和社会/环境信息披露水平。研究发现，2023 年中国企业 300 强社会责任发展指数为 43.5 分，与 2022 年相比，有较大幅度上升，整体处于追赶者阶段。国有企业 100 强社会责任发展指数领先于外资企业 100 强和民营企业 100 强。从责任板块来看，中国企业 300 强责任管理指数得分为 33.5 分，同比增加 4.4 分，但整体仍处于二星级水平、起步者阶段；责任实践指数得分为 47.8 分，同比增加 8.3 分，成功迈入追赶者阶段。在责任实践板块中，社会责任指数优于本质责任和环境责任。分析责任议题发现，中国企业 300 强在股东责任、政府责任两个责任议题达到四星级水平；伙伴责任、社区责任、绿色运营、绿色管理、安全生产、乡村振兴、绿色生产、客户责任 8 个责任议题表现较好，达到三星级水平。

关键词： 企业社会责任　社会责任发展指数　责任管理指数

一　研究方法和技术路线

企业社会责任发展指数是对企业社会责任管理体系建设现状和社会/环

境信息披露水平进行评价的综合指数，根据评价对象不同可产生不同的指数分类，进而形成中国企业社会责任发展系列指数。

中国企业社会责任发展指数（2023）的研究路径如下：延续"责任三角"企业社会责任理论模型，参考企业社会责任管理"三步十法"体系，优化评价框架；参考 ISO 26000、SDGs 等国际社会责任倡议文件、国内社会责任倡议文件和世界 500 强企业社会责任报告指标，依据实质性和重要性，对责任议题下设的通用指标和行业指标进行优化升级；从企业社会责任报告、企业年报、企业单项报告①、企业官方网站、课题组调研等渠道收集企业 2022 年 8 月 1 日至 2023 年 7 月 31 日公开披露的社会责任信息；参考外部权威媒体新闻，补充收集企业社会责任管理重大创新、重大负面事件等信息；对企业社会责任信息进行内容分析和定量分析，得出企业社会责任发展指数得分（见图 1）。

（一）理论模型

本研究以"责任三角"理论模型为基础。该模型以责任管理为核心，以本质责任为顶端，以社会责任和环境责任为两大基石，构成了稳定的"责任三角"结构（见图 2）。责任管理评价维度依据企业社会责任管理"三步十法"体系构建，包括三个步骤及十项关键工作。其中，第一步是责任组织，包含责任治理、责任理念、责任规划、责任制度四项关键工作；第二步是责任融合，包含责任议题、责任流程②、责任绩效、责任能力四项关键工作；第三步是责任沟通，包含责任报告、利益相关方参与两项关键工作（见图 3）。企业用其产品和服务创造社会价值、解决社会问题，并在此过程中获得经济回报，是最为本质的社会责任。本质责任包括股东责任、客户责

---

① 企业单项报告包括企业公益报告、乡村振兴报告、海外报告、环境报告、员工报告、客户报告、供应链报告等针对特定相关方对外发布的报告。

② 责任流程是指企业确保责任议题在日常工作中得以落地的制度设计，通过将责任议题的具体要求嵌入工作流程，优化关键岗位的工作方式，切实提升履行社会责任的绩效。本研究在责任流程方面侧重于考察企业推动社会责任工作融入集团总部相关部门日常运营、推动社会责任管理与实践融入下属单位业务经营的具体表现。

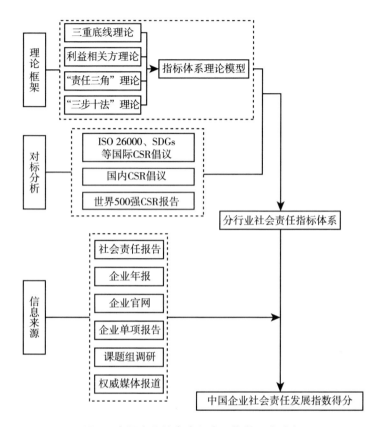

图 1　中国企业社会责任发展指数研究路径

任等内容；社会责任包括政府责任、伙伴责任、员工责任、安全生产、社区责任、乡村振兴等内容；环境责任包括绿色管理、绿色生产和绿色运营等内容。

（二）指标体系

1. 对标分析

为使中国企业社会责任发展指数指标体系既遵从国际规范又符合中国实践，本研究参考了联合国可持续发展目标（SDGs）、国际标准化组织社会责任指南（ISO 26000）、全球报告倡议组织可持续发展报告标准（GRI Standards）、道琼斯可持续发展指数等国际社会责任倡议文件和指标体系；参考了《关于

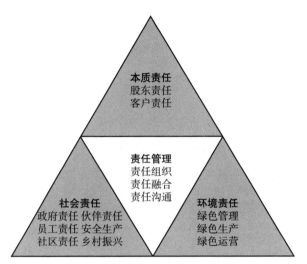

图 2　"责任三角"理论模型

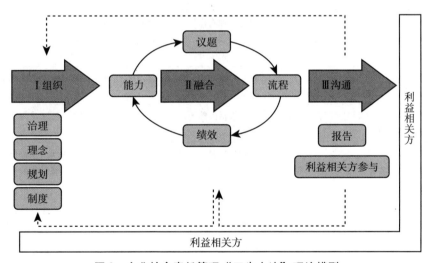

图 3　企业社会责任管理"三步十法"理论模型

资料来源：彭华岗主编《企业社会责任基础教材》（第二版），华侨出版社，2019，第 218 页。

中央企业履行社会责任的指导意见》、《关于国有企业更好履行社会责任的指导意见》、《中共中央　国务院关于实施乡村振兴战略的意见》、GB/T 36000-2015《社会责任指南》、香港联合交易所《环境、社会及管治报告指引》、中国社会科学院《中国企业社会责任报告指南（CASS-CSR4.0/ESG5.0）》及各分行业指南等国内社会责任倡议文件和指标体系；同时参考世界 500 强企业社会责任报告，借鉴行业关键指标。

2. 分行业的指标体系

不同行业社会责任议题的重要性差异较大，为保证评价的科学性，课题组以国家统计局"国民经济行业分类"为基础，参考证监会 13 个门类划分方式，根据各行业社会责任关键议题相近程度进行合并与拆分，确定了中国企业社会责任发展指数 47 个行业划分标准（见表 1），并依据行业特性构建了分行业企业社会责任指标体系。

表 1　中国企业社会责任发展指数行业划分标准

序号	行业类别	描述信息
1	农林牧渔业	指对各种农作物的种植活动、林产品种植、为了获得各种畜禽产品而从事的动物饲养活动、海洋动植物养殖业及农林牧渔相关服务业
2	煤炭开采与洗选业	对各种煤炭的开采、洗选、分级等生产活动,不包括煤制品的生产和煤炭勘探活动
3	石油和天然气开采业与加工业	主要包括天然原油和天然气开采、加工及炼焦,以及与石油和天然气开采和加工有关的服务活动
4	一般采矿业	主要包括黑色金属矿采选业、有色金属矿采选业、非金属矿采选业及对地热资源、矿泉水资源以及其他未列明的自然资源的开采活动
5	金属冶炼及压延加工业	包括黑色金属冶炼及压延加工业和有色金属冶炼及压延加工业等
6	金属制品业	包括结构性金属制品制造、金属工具制造、集装箱及金属包装容器制造、金属丝绳及其制品的制造、建筑或安全用金属制品制造、金属表面处理及热处理加工、不锈钢及类似日用金属制品制造等
7	非金属矿物制品业	包括水泥制造业、水泥制品和石棉水泥制品业、砖瓦/石灰和轻质建筑材料制造业、玻璃及玻璃制品业、陶瓷制品业、耐火材料制品业、石墨及碳素制品业、矿物纤维及制品业以及砂轮/油石/砂布/砂纸/金刚砂等磨具/磨料的制造、晶体材料的生产等

续表

序号	行业类别	描述信息
8	工业化学品制造业	包括基础化学原料制造、肥料制造、农药制造、涂料油墨颜料制造、合成材料制造、专用化学品制造等
9	日用化学品制造业	包括肥皂及合成洗涤剂制造、化妆品制造、口腔清洁用品制造、香料及香精制造等
10	机械设备制造业	包括普通机械制造业和专用设备制造业等
11	交通运输设备制造业	包括铁路运输设备制造业、汽车制造业、摩托车制造业、自行车制造业、电车制造业、船舶制造业以及航空航天器制造业等
12	通信设备制造业	指用于工控环境的有线通信设备和无线通信设备制造等
13	家用电器制造业	又称民用电器制造、日用电器制造，包括制冷电器制造、空调器制造、清洁电器制造、厨房电器制造、整容保健电器制造、声像电器制造等
14	电子产品及电子元件制造业	包括电子元件及组件制造和印制电路板制造等
15	计算机及相关设备制造业	包括电子计算机整机制造、电子计算机网络设备制造和电子计算机外部设备制造等
16	特种设备制造业	主要指生产和销售军事相关技术和设备等
17	电力生产业	按照生产形式，可分为火力发电、水力发电、核力发电和其他能源发电等
18	电力供应业	指利用电网出售给用户电能的输送、分配与供电等活动
19	食品饮料业	指从事食品和饮料加工生产的行业，主要包括三大类：农副食品加工、食品制造以及饮料制造
20	酒精及饮料酒制造业	指用玉米、小麦、薯类等淀粉质原料或用糖蜜等含糖质原料，经蒸煮、糖化、发酵及蒸馏等工艺制成的酒精产品的生产以及白酒、啤酒、葡萄酒等酒类的生产业
21	纺织业	指利用棉花、羊绒、羊毛、蚕茧丝、化学纤维、羽毛羽绒等从事棉纺织、化纤、麻纺织、毛纺织、丝绸、纺织品针织行业、印染业等
22	服装鞋帽制造业	包括纺织服装制造、纺织面料鞋的制造和制帽业等
23	木材家具制造业	包括木材加工及木、竹、藤、棕、草制品业和家具制造业
24	医药生物制造业	包括五大类：化学药品原药制造业、化学药品制剂制造业、中药材及中成药加工业、动物药品制造业及生物制品业
25	造纸及纸制品业	包括纸浆制造、造纸与纸制品制造，纸浆制造指经机械或化学方法加工纸浆的生产活动

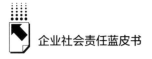

续表

序号	行业类别	描述信息
26	印刷业	指从事出版物、包装装潢印刷品和其他印刷品的印刷经营活动
27	废弃资源及废旧材料回收加工业	指从各种废料[包括固体废料、废水(液)、废气等]中回收,并使之便于转化为新的原材料的再加工处理活动
28	建筑业	指专门从事土木工程、房屋建设和设备安装以及工程勘察设计工作的生产部门
29	交通运输服务业	包括铁路运输业、道路运输业、城市公共交通业、水上运输业、航空运输业、寄递服务等六大领域,涉及客运和物流两大类别
30	互联网服务业	指网络公司通过互联网为客户提供信息的服务
31	零售业	指百货商店、超级市场、专门零售商店、品牌专卖店、售货摊等主要面向最终消费者(如居民等)的销售活动
32	批发贸易业	指批发商向批发、零售单位及其他企业、事业、机关批量销售生活用品和生产资料的活动以及从事进出口贸易和贸易经纪与代理的活动
33	通信服务业	指通过电缆、光缆、无线电波、光波等传输的通信服务,主要包括固定电信业务、移动电信业务和其他电信业务
34	计算机服务业	为满足使用计算机或信息处理的有关需要而提供软件和服务的行业,包括处理服务、软件产品、专业服务和统合系统等方面,以及计算机和有关设备的租赁、修理和维护等
35	银行业	包括三部分:中央银行、商业银行和其他银行
36	保险业	包括人身保险业、财产保险业、再保险业和其他保险业
37	证券、期货、基金等其他金融业	包括证券期货业、金融信托业、基金业、互联网金融平台及其他金融业
38	餐饮业	指在一定场所,对食物进行现场烹饪、调制,并出售给顾客主要供现场消费的服务活动的行业,主要包括四大类:正餐服务、快餐服务、饮料及冷饮服务、其他餐饮服务
39	酒店业	指从事有偿为顾客提供临时住宿的服务活动的行业,主要包括两大类:旅游饭店、一般旅馆

序号	行业类别	描述信息
40	旅游业	指凭借旅游资源和设施,专门或者主要从事招徕、接待游客,为其提供交通、游览、住宿、餐饮、购物、文娱等六个环节的综合性行业
41	房地产开发业	指房地产开发企业进行的基础设施建设、房屋建设,并转让房地产开发项目或者销售、出租商品房的活动
42	房地产服务业	指为房地产经纪活动提供信息咨询、研究、培训、软件和网络等,包括物业管理、房地产中介和其他房地产服务
43	水的生产和供应业	包括自来水的生产和供应、污水处理及其再生利用以及其他水的处理、利用与分配三个方面
44	燃气的生产和供应业	指利用煤炭、油、燃气等能源生产燃气,或外购液化石油气、天然气等燃气,并进行输配,向用户销售燃气的活动,以及对煤气、液化石油气、天然气输配及使用过程中的维修和管理活动,但不包括专门从事罐装液化石油气零售业务的活动
45	文化娱乐业	包括新闻出版业、广播电视电影和音像业、文化艺术业和娱乐业等
46	一般制造业	指不包括以上制造业的普通制造业
47	一般服务业	指不包括以上服务业的普通服务业

3. 指标体系

课题组针对企业社会责任通用议题构建了通用议题评价指标,并结合行业特色社会责任议题,构建了分行业社会责任评价指标体系,最终形成中国企业社会责任发展指数（2023）"通用指标+行业特色指标"的评价指标体系（见表2）。

表2 中国企业社会责任发展指数通用指标体系（2023）

一级指标	二级指标	三级指标(部分)
责任管理	责任组织	①责任理念;②责任治理;③责任规划;④责任制度
	责任融合	①责任议题;②责任流程;③责任绩效;④责任能力
	责任沟通	①责任报告;②利益相关方参与

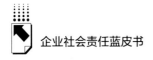

续表

一级指标	二级指标	三级指标(部分)
本质责任	股东责任	①营业收入;②净利润;③资产负债率
	客户责任	①产品/质量管理体系;②研发投入;③客户信息保护
社会责任	政府责任	①反腐败与反商业贿赂;②纳税总额;③响应国家政策;④带动就业
	伙伴责任	①诚信经营;②公平竞争;③尊重和保护知识产权;④责任采购
	员工责任	①劳动合同签订率;②社会保险覆盖率;③员工培训绩效;④员工帮扶投入;⑤员工满意度
	安全生产	①安全生产管理体系;②安全生产培训;③安全生产绩效;④安全生产事故数
	社区责任	①社区发展计划;②公益方针或主要公益领域;③捐赠总额;④员工志愿者人次
	乡村振兴	①建立乡村振兴组织体系(负责部门、队伍建设);②年度乡村振兴资金及物资投入;③乡村振兴的主要领域和实践
环境责任	绿色管理	①环境管理体系;②环保投入;③环保培训;④应对气候变化
	绿色生产	①全年能源消耗总量或减少量;②清洁能源使用量;③"三废"排放量;④温室气体排放量
	绿色运营	①绿色办公绩效;②环保公益活动

4. 指标赋权与评分

中国企业社会责任发展指数的赋值和评分共分为六个步骤。

（1）根据各行业指标体系中各项企业社会责任内容的相对重要性，运用层次分析法确定责任管理、本质责任、社会责任、环境责任板块的权重。

（2）根据不同行业的实质性和重要性，为每大类责任议题以及每一议题包含的具体指标赋权。

（3）根据企业社会责任管理现状和社会/环境信息披露的情况，给出各项责任板块下具体指标得分。[①]

[①] 评分标准是：管理类指标，如果从企业公开渠道、课题组调研获取的信息中能够说明企业已经建立相关体系或开展相关工作，就给分，否则，该项指标不得分；绩效类指标，如果从企业公开信息中能够说明企业已经建立了相关体系或披露了相关绩效数据，就给分，否则，该项指标不得分。各项指标得分之和就是该项责任板块的得分。

（4）根据权重和各项责任板块的得分，计算企业在所属行业下社会责任发展指数的初始得分。计算公式为：企业社会责任发展指数初始得分 $= \sum_{j=1,2,3,4} A_j \times W_j$，其中，$A_j$ 为企业某社会责任板块得分，W_j 为该项责任板块的权重。

（5）初始得分加上调整项得分就是企业在所属行业下的社会责任指数得分。调整项得分包括企业社会责任相关奖项的奖励分、企业社会责任管理的创新实践加分，以及年度重大社会责任缺失扣分项。

（6）如果企业的经营范围为单一行业，则所属行业下的社会责任发展指数得分就是该企业的社会责任发展指数最终得分。如果企业被确定为混业经营，则该企业的社会责任发展指数最终得分 $= \sum_{j=1,\cdots,k} B_j \times I_j$，其中，$B_j$ 为企业在某行业下的社会责任发展指数得分，I_j 为该行业的权重。各行业权重按照行业的社会责任敏感度设定，跨两个行业的企业，按照"6：4"原则赋权，社会责任敏感度较高的行业权重为60%，敏感度较低的行业权重为40%；跨三个行业的企业，按照"5：3：2"原则赋权，社会责任敏感度最高的行业权重为50%，其次为30%，最后为20%。[①]

（三）评价样本

中国企业300强社会责任发展指数评价对象的选取参考了2023《财富》世界500强榜单，中国企业联合会、中国企业家协会"2023中国企业500强榜单"，全国工商联"2023中国民营企业500强榜单"，并综合考虑企业营业收入、行业属性、股权分布、业务经营深度、影响力与知名度等因素，最终确定了在中国规模巨大、责任重大的100家国有企业、100家民营企业以及100家外资企业[②]。

---

① 社会责任敏感度主要从环境敏感度、客户敏感度考察，耗能大、污染多的行业环境敏感度较高；与大量消费者直接接触的行业客户敏感度较高。

② 外资企业样本包括依照中国有关法律在中国境内设立的全部资本由外国投资者投资的企业以及来自中国港澳台地区的企业。

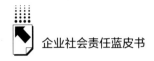

（四）数据来源

中国企业社会责任发展指数的评价信息主要来自企业自愿披露的社会/环境信息。这些信息应该满足主动性、公开性、实质性及时效性四大基本原则。

本年度报告的信息收集截止日期为 2023 年 7 月 31 日。如果企业在此之前公开发布了 2022 年社会责任报告、2022 年企业年度报告和企业单项报告，则纳入信息采集范围。企业官方网站的信息采集区间为 2022 年 8 月 1 日至 2023 年 7 月 31 日发布的消息。社会责任管理体系的信息部分来源于课题组对企业的调研。为综合评价企业社会责任履行情况，课题组还从新华网、人民网等权威媒体和政府网站收集企业的责任缺失行为和负面信息的相关报道。

综上，本研究的信息来源为：2022 年企业社会责任报告①、2022 年企业年报、企业专项报告、企业官方网站、课题组调研及权威媒体新闻报道。

（五）星级划分

为直观反映企业社会责任管理现状和信息披露水平，课题组根据企业社会责任发展的阶段特征，将企业年度社会责任发展指数进行星级分类，分别为五星级、四星级、三星级、二星级和一星级，分别对应卓越者、领先者、追赶者、起步者和旁观者五个发展阶段，各类企业对应的社会责任发展指数星级水平和企业社会责任发展特征见表 3。

表 3　企业社会责任发展类型

序号	星级水平	得分区间	发展阶段	企业特征
1	五星级（★★★★★）	(80,100]	卓越者	企业建立了完善的社会责任管理体系，社会责任信息披露完整，是我国企业社会责任的卓越者

---

① 企业社会责任报告是企业非财务报告的统称，包括可持续发展报告、企业公民报告、企业社会责任报告等。

序号	星级水平	得分区间	发展阶段	企业特征
2	四星级（★★★★）	[60,80]	领先者	企业基本建立了社会责任管理体系，社会责任信息披露较为完整，是我国企业社会责任的先行者
3	三星级（★★★）	[40,60)	追赶者	企业开始推动社会责任管理工作，社会责任披露基本完善，是社会责任领先企业的追赶者
4	二星级（★★）	[20,40)	起步者	企业社会责任工作刚刚"起步"，尚未建立系统的社会责任管理体系，社会责任信息披露也较为零散、片面，与领先者和追赶者有着较大的差距
5	一星级（★）	[0,20)	旁观者	企业尚未开展社会责任工作，企业社会责任信息披露严重不足

（六）中国企业社会责任发展系列指数

中国企业社会责任发展指数（2023）以企业性质、责任板块、所在行业为划分标准，形成了包括"国有企业 100 强社会责任发展指数""民营企业 100 强社会责任发展指数""外资企业 100 强社会责任发展指数""中国企业 300 强责任管理指数""重点行业社会责任发展指数"5 个分类指数（见表 4）。

表 4　中国企业社会责任发展指数组

	指数分类	指数名称
中国企业社会责任发展指数系列	按企业性质划分	国有企业 100 强社会责任发展指数
		民营企业 100 强社会责任发展指数
		外资企业 100 强社会责任发展指数
	按责任板块划分	中国企业 300 强责任管理指数
	按所在行业划分	重点行业社会责任发展指数

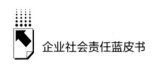

二 中国企业300强社会责任发展指数（2023）

2023 年，华润集团、中国三星、现代汽车集团（中国）、国家能源、中国石化、中国华电、中国宝武、东风汽车、国家电网、中国一汽、中国建材、国投等 30 家企业社会责任发展指数达到五星级水平，处于卓越者阶段；北控集团、腾讯、民生银行等 88 家企业社会责任发展指数达到四星级水平，处于领先者阶段（见表5）。

表 5　中国企业 300 强社会责任发展指数（2023）

单位：分

排名	企业名称	企业性质	行业	社会责任发展指数
★★★★★				
1	华润(集团)有限公司	中央企业	混业（电力生产业;酒精及饮料酒制造业;房地产业）	94.7
2	三星(中国)投资有限公司	外资企业	混业（电子产品及电子元件制造业;通信设备制造业）	93.9
3	现代汽车集团（中国）	外资企业	交通运输设备制造业	93.8
4	国家能源投资集团有限责任公司	中央企业	混业（煤炭开采与洗选业;电力生产业）	91.4
5	中国石油化工集团有限公司	中央企业	石油和天然气开采业与加工业	88.5
5	中国华电集团有限公司	中央企业	电力生产业	88.5
7	中国宝武钢铁集团有限公司	中央企业	金属冶炼及压延加工业	88.4
7	东风汽车集团有限公司	中央企业	交通运输设备制造业	88.4
7	国家电网有限公司	中央企业	电力供应业	88.4
10	中国第一汽车集团有限公司	中央企业	交通运输设备制造业	88.3
10	中国建材集团有限公司	中央企业	非金属矿物制品业	88.3
10	国家开发投资集团有限公司	中央企业	混业（电力生产业;一般采矿业;交通运输服务业）	88.3
13	中国交通建设集团有限公司	中央企业	建筑业	87.3
14	中国铝业集团有限公司	中央企业	混业（金属冶炼及压延加工业;一般采矿业;批发贸易业）	87.1

续表

排名	企业名称	企业性质	行业	社会责任发展指数
15	中国移动通信集团有限公司	中央企业	通信服务业	86.2
16	国家电力投资集团有限公司	中央企业	电力生产业	86.1
16	松下电器中国东北亚公司	外资企业	混业（电子产品及电子元件制造业；家用电器制造业）	86.1
18	中国南方电网有限责任公司	中央企业	电力供应业	86.0
19	浦项（中国）投资有限公司	外资企业	金属冶炼及压延加工业	84.9
20	中国电信集团有限公司	中央企业	通信服务业	83.5
20	中国电力建设集团有限公司	中央企业	混业（建筑业；机械设备制造业）	83.5
22	华为投资控股有限公司	民营企业	通信设备制造业	82.4
22	中国建筑集团有限公司	中央企业	建筑业	82.4
24	SK 中国	外资企业	混业（工业化学品制造业；电子产品及电子元件制造业；交通运输服务业）	82.0
25	中国旅游集团有限公司［香港中旅（集团）有限公司］	中央企业	旅游业	81.3
26	苹果公司	外资企业	电子产品及电子元件制造业	80.5
26	台达（中国）	外资企业	电子产品及电子元件制造业	80.5
28	中国 LG	外资企业	混业（电子产品及电子元件制造业；家用电器制造业；工业化学品制造业）	80.2
28	内蒙古伊利实业集团股份有限公司	民营企业	食品饮料业	80.2
30	中国平安保险（集团）股份有限公司	民营企业	保险业	80.1
★★★★				
31	北京控股集团有限公司	其他国有企业	混业（水的生产和供应业；燃气的生产和供应业；一般服务业）	80.0
32	腾讯控股有限公司	民营企业	互联网服务业	79.9
33	中国民生银行股份有限公司	民营企业	银行业	79.8
34	LG 化学（中国）投资有限公司	外资企业	混业（石油和天然气开采业与加工业；电子产品及电子元件制造业；医药生物制造业）	79.6
35	阿里巴巴集团控股有限公司	民营企业	互联网服务业	79.4

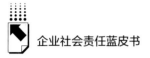

续表

排名	企业名称	企业性质	行业	社会责任发展指数
35	中国盐业集团有限公司	中央企业	混业（食品饮料业；工业化学品制造业）	79.4
37	中国远洋海运集团有限公司	中央企业	交通运输服务业	79.3
37	珠海华发集团有限公司	其他国有企业	混业	79.3
39	中国大唐集团有限公司	中央企业	电力生产业	79.0
39	中国长江三峡集团有限公司	中央企业	电力生产业	79.0
41	蚂蚁科技集团股份有限公司	民营企业	互联网服务业	78.1
42	中粮集团有限公司	中央企业	混业（食品饮料业；房地产开发业；批发贸易业）	77.8
43	华侨城集团有限公司	中央企业	混业（文化娱乐业；旅游业；房地产开发业；电子产品及电子元件制造业）	77.2
44	SK海力士	外资企业	电子产品及电子元件制造业	77.1
45	中国华能集团有限公司	中央企业	电力生产业	76.9
46	中国一重集团有限公司	中央企业	机械设备制造业	76.7
47	复星国际有限公司	民营企业	混业	76.6
48	中国绿发投资集团有限公司	中央企业	电力生产业	76.4
49	云南省投资控股集团有限公司	其他国有企业	证券、期货、基金等其他金融业	75.9
50	新兴际华集团有限公司	中央企业	金属冶炼及压延加工业	75.5
51	中国黄金集团有限公司	中央企业	一般采矿业	75.4
51	中国太平洋保险（集团）股份有限公司	国有金融企业	保险业	75.4
51	中国东方电气集团有限公司	中央企业	机械设备制造业	75.4
54	万洲国际有限公司	民营企业	食品饮料业	75.3
55	浙江吉利控股集团有限公司	民营企业	交通运输设备制造业	75.2
56	中国中煤能源集团有限公司	中央企业	煤炭开采与洗选业	74.9
56	广东省广新控股集团有限公司	其他国有企业	混业	74.9
58	中国农业银行股份有限公司	国有金融企业	银行业	74.6

续表

排名	企业名称	企业性质	行业	社会责任发展指数
59	九州通医药集团股份有限公司	民营企业	批发贸易业	74.4
60	中国南方航空集团有限公司	中央企业	交通运输服务业	73.3
61	中国通用技术（集团）控股有限责任公司	中央企业	混业（机械设备制造业；医药生物制造业；批发贸易业）	72.7
62	中国铁道建筑集团有限公司	中央企业	建筑业	72.6
62	宁德时代新能源科技股份有限公司	民营企业	一般制造业	72.6
64	中国国际海运集装箱（集团）股份有限公司	其他国有企业	机械设备制造业	72.4
65	中国保利集团有限公司	中央企业	混业（房地产开发业；文化娱乐业；一般服务业）	72.2
65	中国东方航空集团有限公司	中央企业	交通运输服务业	72.2
67	铜陵有色金属集团控股有限公司	其他国有企业	金属冶炼及压延加工业	71.6
68	中国太平保险集团有限责任公司	国有金融企业	保险业	71.2
69	中国铁路工程集团有限公司	中央企业	建筑业	70.8
69	中国工商银行股份有限公司	国有金融企业	银行业	70.8
71	中国诚通控股集团有限公司	中央企业	证券、期货、基金等其他金融业	70.7
72	新城控股集团股份有限公司	民营企业	房地产开发业	70.6
73	中国建设银行股份有限公司	国有金融企业	银行业	69.8
74	中国航空集团有限公司	中央企业	交通运输服务业	69.5
75	广州工业投资控股集团有限公司	其他国有企业	混业	69.4
76	兴业银行股份有限公司	民营企业	银行业	69.2
77	中国医药集团有限公司	中央企业	医药生物制造业	69.1
78	比亚迪股份有限公司	民营企业	交通运输设备制造业	68.6
79	长城汽车股份有限公司	民营企业	交通运输设备制造业	68.5
80	交通银行股份有限公司	国有金融企业	银行业	68.3

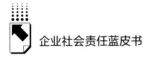

续表

排名	企业名称	企业性质	行业	社会责任发展指数
80	哈尔滨电气集团有限公司	中央企业	机械设备制造业	68.3
82	上海汽车集团股份有限公司	其他国有企业	交通运输设备制造业	68.2
82	快手	民营企业	互联网服务业	68.2
82	中国节能环保集团有限公司	中央企业	废弃资源及废旧材料回收加工业	68.2
85	招商银行股份有限公司	国有金融企业	银行业	68.0
86	鞍钢集团有限公司	中央企业	金属冶炼及压延加工业	67.8
87	北京京东世纪贸易有限公司	民营企业	互联网服务业	67.5
88	顺丰控股股份有限公司	民营企业	交通运输服务业	67.3
89	三一集团有限公司	民营企业	机械设备制造业	66.6
90	物产中大集团股份有限公司	其他国有企业	批发贸易业	66.4
91	广东省铁路建设投资集团有限公司	其他国有企业	建筑业	66.3
92	TCL 科技集团股份有限公司	民营企业	家用电器制造业	66.0
93	中国储备粮管理集团有限公司	中央企业	农林牧渔业	65.9
93	海尔集团公司	民营企业	家用电器制造业	65.9
95	中国海洋石油集团有限公司	中央企业	石油和天然气开采业与加工业	65.8
96	华夏银行股份有限公司	民营企业	银行业	65.7
97	中国联合网络通信集团有限公司	中央企业	通信服务业	65.5
98	中国国际技术智力合作集团有限公司	中央企业	一般服务业	65.4
99	北京汽车集团有限公司	其他国有企业	交通运输设备制造业	64.9
100	河钢集团有限公司	其他国有企业	金属冶炼及压延加工业	64.8

注：此榜单仅展示前100名企业得分情况。

三 中国企业300强社会责任发展
阶段性特征（2023）

（一）中国企业300强社会责任发展指数为43.5分，整体处于追赶者阶段

2009年以来，中国企业社会责任发展指数经历了从旁观者到追赶者的发展历程。2009年，中国企业300强社会责任发展指数仅为15.2分，处于旁观者阶段；2012年达23.1分，进入起步者阶段；2017年，进入发展高峰，达37.4分；2018~2019年，因课题组对评价指标进行优化，以更加严格的标准评价企业社会责任管理和信息披露现状，中国企业社会责任发展指数经历了短暂的下滑；2020年，在经过两年短暂下滑后，再度回升，达36.0分；2021~2022年，中国企业300强社会责任发展指数保持稳定，分别为36.1分、36.4分；2023年，中国企业300强社会责任发展指数实现较大幅度提升，为43.5分，整体处于追赶者阶段（见图4）。

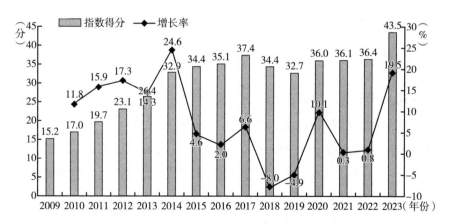

图4 2009~2023年中国企业300强社会责任发展指数

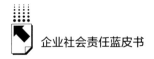

（二）超五成半企业社会责任发展指数达到三星级及以上水平，104家企业仍在"旁观"

2023年，中国企业300强社会责任发展指数达到五星级水平的企业有30家，处于卓越者阶段，较2022年增长87.5%；有88家企业社会责任发展指数达到四星级水平，处于领先者阶段；有49家企业社会责任发展指数达到三星级水平，处于追赶者阶段；社会责任发展指数为二星级水平、处于起步者阶段的企业有29家；社会责任发展指数为一星级水平、处于旁观者阶段的企业数量最多，有104家（见图5）。

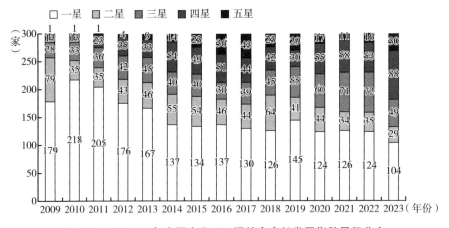

图5　2009~2023年中国企业300强社会责任发展指数星级分布

纵向对比来看，2009年至今，社会责任发展指数为一星级水平的企业数量整体呈现下降趋势，由2009年的179家下降至2023年的104家；社会责任发展指数为四星级及以上水平的企业数量由2009年的14家上升至2023年的118家。由此可见，随着党和国家对社会责任的日益重视及社会环境的快速变迁，越来越多的企业在注重自身经营发展的同时，更加注重履行社会责任，重视建立健全社会责任管理体系，提升社会责任信息披露水平。

（三）国有企业100强社会责任发展指数连续15年领先于民营企业100强和外资企业100强

2023 年，国有企业 100 强、民营企业 100 强、外资企业 100 强社会责任发展指数均有所上升。其中，国有企业 100 强社会责任发展指数得分最高，为 65.8 分，较 2022 年上升 10.3 分；民营企业 100 强次之，为 40.5 分，上升 7.1 分。外资企业 100 强得分最低，为 24.2 分，上升 4.0 分；纵向对比来看，2009~2023 年，国有企业 100 强、民营企业 100 强和外资企业 100 强社会责任发展指数整体呈上升趋势，国有企业 100 强社会责任发展指数持续领先于民营企业 100 强和外资企业 100 强。2009 年，国有企业 100 强社会责任发展指数由 25.6 分起步，于 2012 年达到 40.9 分后一直保持在追赶者阶段，2023 年达到 65.8 分，成功迈入领先者阶段。民营企业 100 强社会责任发展指数总体略高于外资企业 100 强，由 12.9 分起步，于 2014 年达到 20.5 分后一直保持在起步者阶段，2023 年达到 40.5 分，成功迈入追赶者阶段。外资企业 100 强社会责任发展指数起步较低，2009 年仅为 7.1 分，2014 年达到 26.4 分，进入起步者阶段，2019~2021 年分数不断波动，2019 年、2021 年落入旁观者阶段，2022 年再次迈入起步者阶段后，2023 年仍保持在起步者阶段（见图 6）。

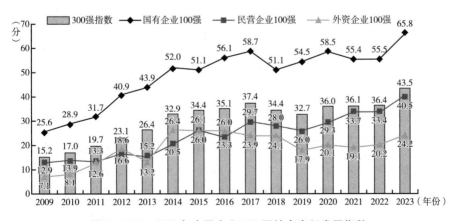

图 6　2009~2023 年中国企业 300 强社会责任发展指数

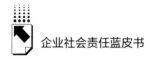

（四）中国企业300强责任管理指数为33.5分，20家企业达到五星级水平，超四成企业处于旁观者阶段

2023年，中国企业300强责任管理指数得分为33.5分，为二星级水平，处于起步者阶段，较2022年提升4.4分。其中，中国华电、华润集团、东风汽车、中国三星、国投、国家电网、中国石化等20家企业责任管理指数达到五星级水平，处于卓越者阶段；50家企业责任管理指数达到四星级水平，处于领先者阶段；62家企业责任管理指数达到三星级水平，处于追赶者阶段；责任管理指数为二星级水平、处于起步者阶段的企业有38家；责任管理指数为一星级水平、处于旁观者阶段的企业数量最多，有130家，其中有37家企业责任管理指数得分为0.0分，未主动披露任何责任管理相关信息（见图7）。

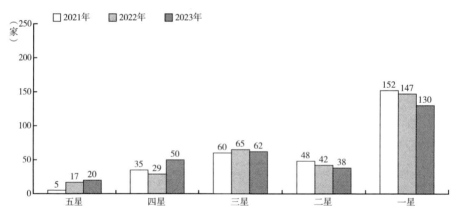

图7 2021～2023年中国企业300强责任管理指数星级分布

从不同性质企业来看，2023年，国有企业100强责任管理指数得分最高，为55.0分，较2022年增加8.7分，处于追赶者阶段；民营企业100强责任管理指数得分为28.5分，较2022年增加2.5分，处于起步者阶段；外资企业100强责任管理指数得分为17.0分，较2022年增加2.0分，仍处于旁观者阶段（见图8）。总体来看，国有企业100强、民营企业100强、外

资企业 100 强责任管理指数 2023 年均有不同程度增长，其中国有企业 100
强增幅最大；国有企业 100 强责任管理指数大幅领先于民营企业 100 强和外
资企业 100 强。

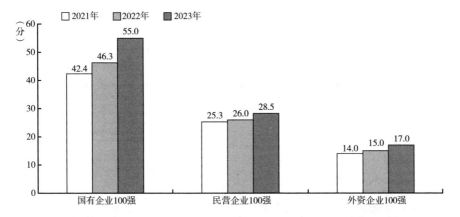

图 8 2021~2023 年不同性质 100 强企业责任管理指数

从责任组织、责任融合、责任沟通三个维度来看，中国企业 300 强责任
组织和责任沟通得分较高，分别为 34.7 分和 34.3 分，较 2022 年分别上升
了 1.7 分和 2.6 分；责任融合得分最低，仅为 29.0 分，但较 2022 年上升
12.8 分，处于二星级水平、起步者阶段（见图 9）。

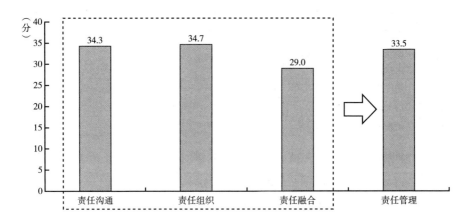

图 9 2023 年中国企业 300 强责任管理指数结构特征

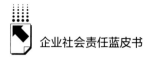

纵向对比来看，2009～2023 年始终为中国企业 300 强研究对象的企业中，有 34 家企业连续 15 年均发布社会责任报告，并将发布社会责任报告作为责任沟通的重要手段。具体来看，国有企业 24 家、民营企业 7 家、外资企业 3 家（见表 6）。

表 6　连续 15 年发布社会责任报告的企业

单位：分

序号	企业名称	企业性质	行业	2023 社会责任发展指数
1	华润（集团）有限公司	中央企业	混业（电力生产业；酒精及饮料酒制造业；房地产业）	94.7
2	三星（中国）投资有限公司	外资企业	混业（电子产品及电子元件制造业；通信设备制造业）	93.9
3	中国石油化工集团有限公司	中央企业	石油和天然气开采业与加工业	88.5
4	中国华电集团有限公司	中央企业	电力生产业	88.5
5	东风汽车集团有限公司	中央企业	交通运输设备制造业	88.4
6	国家电网有限公司	中央企业	电力供应业	88.4
7	中国交通建设集团有限公司	中央企业	建筑业	87.3
8	中国铝业集团有限公司	中央企业	混业（金属冶炼及压延加工业；一般采矿业；批发贸易业）	87.1
9	中国移动通信集团有限公司	中央企业	通信服务业	86.2
10	中国南方电网有限责任公司	中央企业	电力供应业	86.0
11	华为投资控股有限公司	民营企业	通信设备制造业	82.4
12	中国建筑集团有限公司	中央企业	建筑业	82.4
13	中国平安保险（集团）股份有限公司	民营企业	保险业	80.1
14	中国民生银行股份有限公司	民营企业	银行业	79.8
15	中国大唐集团有限公司	中央企业	电力生产业	79.0
16	中国华能集团有限公司	中央企业	电力生产业	76.9
17	中国农业银行股份有限公司	国有金融企业	银行业	74.6
18	中国南方航空集团有限公司	中央企业	交通运输服务业	73.3
19	中国东方航空集团有限公司	中央企业	交通运输服务业	72.2

续表

序号	企业名称	企业性质	行业	2023 社会责任发展指数
20	中国工商银行股份有限公司	国有金融企业	银行业	70.8
21	中国建设银行股份有限公司	国有金融企业	银行业	69.8
22	兴业银行股份有限公司	民营企业	银行业	69.2
23	交通银行股份有限公司	国有金融企业	银行业	68.3
24	上海汽车集团股份有限公司	其他国有企业	交通运输设备制造业	68.2
25	中国海洋石油集团有限公司	中央企业	石油和天然气开采业与加工业	65.8
26	中国联合网络通信集团有限公司	中央企业	通信服务业	65.5
27	中国银行股份有限公司	国有金融企业	银行业	64.7
28	中国石油天然气集团有限公司	中央企业	石油和天然气开采业与加工业	63.5
29	中兴通讯股份有限公司	民营企业	通信设备制造业	61.1
30	美的集团股份有限公司	民营企业	家用电器制造业	60.9
31	苏宁易购集团股份有限公司	民营企业	零售业	50.4
32	中国人民保险集团股份有限公司	国有金融企业	保险业	49.4
33	索尼（中国）有限公司	外资企业	混业（电子产品及电子元件制造业；家用电器制造业）	48.0
34	巴斯夫（中国）有限公司	外资企业	工业化学品制造业	27.8

（五）中国企业300强责任实践表现优于责任管理，社会责任指数高于本质责任和环境责任指数

2023 年，中国企业 300 强责任实践指数得分为 47.8 分，为三星级水平，处于追赶者阶段。其中，57 家企业责任实践指数达到五星级水平，处于卓越者阶段；81 家企业责任实践指数达到四星级水平，处于领先者阶段；41 家企业责任实践指数达到三星级水平，处于追赶者阶段；责任实践指数为二星级水平、处于起步者阶段的企业有 34 家；责任实践指数在一星级水平的企业数量最多，有 87 家（见图 10）。

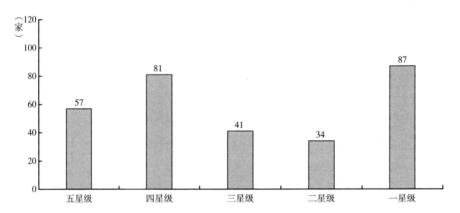

图 10　2023 年中国企业 300 强责任实践指数星级分布

2023 年，中国企业 300 强责任实践指数（47.8 分）依然领先于责任管理指数（33.5 分）。在责任实践包含的三个板块中，社会责任指数（48.8 分）得分最高，本质责任指数（47.2 分）次之，环境责任指数（47.0 分）得分最低（见图 11）。

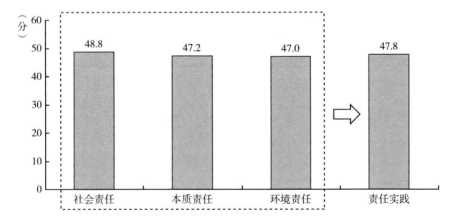

图 11　2023 年中国企业 300 强责任实践指数结构特征

从不同性质企业来看，2023 年国有企业 100 强、民营企业 100 强、外资企业 100 强责任实践指数得分同比均有所上升。其中，国有企业 100 强责任实践指数得分最高，为 70.1 分，上升至领先者阶段；民营企业 100 强次之，为 45.8 分，较 2022 年上升 9.3 分，处于追赶者阶段；外资企业 100 强得分最低，为 27.3 分，较 2022 年上升 4.8 分，处于起步者阶段（见图 12）。

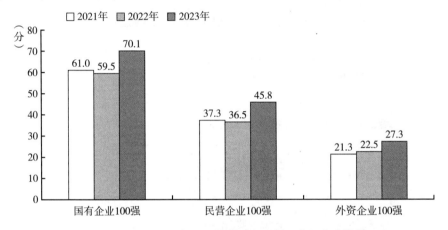

图 12　2021~2023 年不同性质 100 强企业责任实践指数

（六）国有企业100强各项责任议题指数得分大幅领先于民营企业和外资企业

从具体责任议题来看，中国企业 300 强在政府责任（61.3 分）、股东责任（60.2 分）两个维度达到四星级水平，处于领先者阶段；伙伴责任（54.9 分）、社区责任（52.2 分）、绿色运营（51.5 分）、绿色管理（49.7 分）、安全生产（45.2 分）、乡村振兴（44.0 分）、绿色生产（42.6 分）、客户责任（41.1 分）八个维度均达到三星级水平，处于追赶者阶段；员工责任（39.1 分）一个维度为二星级水平，处于起步者阶段（见图 13）。

从不同性质企业来看，国有企业 100 强在各项责任议题上的表现整体优于民营企业 100 强和外资企业 100 强，且国有企业和民营企业的责任议题披露重点基本相同。具体来看，国有企业 100 强和民营企业 100 强都倾向于披

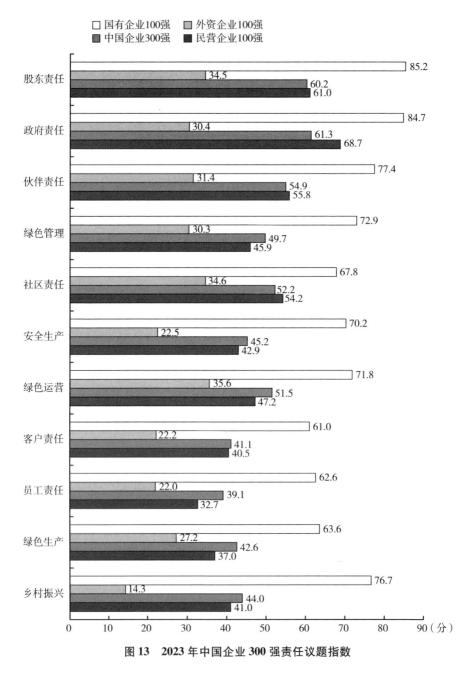

图 13　2023 年中国企业 300 强责任议题指数

露政府责任、股东责任等方面的信息，而外资企业 100 强更加注重股东责任、社区责任、绿色运营等议题信息的披露。

（七）军工行业社会责任发展指数表现最佳，石油化工行业表现最差

2022 年，课题组选取了 11 个社会关注度高，对经济、社会、环境影响较大的行业/领域进行重点行业社会责任发展指数分析。研究发现，军工行业社会责任发展指数得分最高，为 52.1 分，与乳制品行业、食品饮料行业、动力电池行业、建筑行业、钢铁行业一同处于三星级水平、追赶者阶段；汽车零部件行业、汽车行业、半导体行业、机械设备制造业、石油化工行业 5 个行业社会责任发展指数均处于二星级水平、起步者阶段。其中，石油化工行业社会责任发展指数得分最低，为 29.9 分（见图 14）。

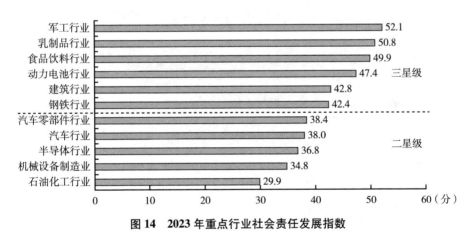

图 14　2023 年重点行业社会责任发展指数

2009~2023 年，共有 4 个重点行业连续 15 年被列为社会责任发展指数重点关注行业。汽车行业在 2018 年达到峰值，之后的两年间有所下降，2021 年后开始有所回升；石油化工行业虽然在 2015 年达到峰值，但在 2019 年降幅较大，2020 年略有回升，2021 年再度下降，2022~2023 年有小幅上升；机械设备制造业分别在 2010 年和 2016 年达到 14 年间的低点和高点，2016 年之后的三年呈持续下降趋势，2020 年有所回升，2021 年略微下降，2022 年和 2023 年

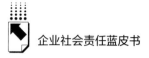

再度上升；食品饮料行业在 2011 年和 2019 年出现两个低点，2020 年以来呈现持续回升。2023 年，4 个重点行业较 2022 年均呈上升趋势（见图 15）。

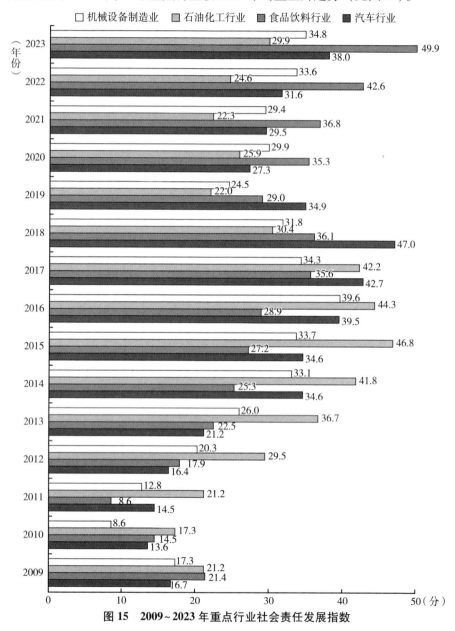

图 15 2009~2023 年重点行业社会责任发展指数

分 报 告
Sub Reports

B.2

中国国有企业100强社会责任
发展指数（2023）

摘　要： 本报告在"中国企业社会责任发展指数"研究框架基础上，对中国国有企业100强的社会责任管理与社会责任信息披露情况进行综合评价，以把握中国国有企业社会责任发展的阶段性特征。研究发现，2023年国有企业100强社会责任发展指数为65.8分，较2022年提升10.3分，整体处于领先者阶段。从责任板块来看，国有企业100强责任管理指数为55.0分，处于追赶者阶段；责任实践指数为70.1分，达到四星级水平。2023年，国有企业100强各项责任议题指数基本稳定，政府责任、股东责任议题指数达到五星级水平，绿色管理、安全生产、伙伴责任、客户责任、社区责任、绿色运营、员工责任、绿色生产、乡村振兴责任议题指数达到四星级水平。

关键词： 国有企业　企业社会责任发展指数　责任管理

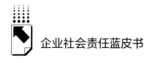

一　样本特征

国有企业是国民经济的主导力量，是社会主义经济的重要支柱。2023年，国有企业100强以中国企业联合会、中国企业家协会联合发布的"2023中国企业500强"榜单和国务院国资委监管的中央企业名单为基础，按照营业收入依次选取前100家企业，并作出如下调整：①剔除特种行业企业；②剔除依靠财政拨款和政策性银行融资的企业；③剔除兼并重组、破产倒闭的企业；④若股份公司占集团资产的90%以上，则以股份公司为评价对象。调整后的100家国有企业包括中央企业61家、国有金融企业14家、其他国有企业25家。评价样本覆盖26个行业，总部分布在18个省、自治区、直辖市和特别行政区。

（一）行业分布广泛，覆盖26个行业

2023年国有企业100强共覆盖26个行业，行业分布范围广泛。其中，混业企业数量最多，共18家；银行业、建筑业次之，各9家；金属冶炼及压延加工业8家；电力生产业、交通运输设备制造业、机械设备制造业各6家；石油和天然气开采业与加工业5家；通信服务业、交通运输服务业、保险业各4家；煤炭开采与洗选业3家；电力供应业，非金属矿物制品业，批发贸易业，证券、期货、基金等其他金融业各2家；其余10个行业各1家（见图1）。

（二）总部所在地以北京居多

从地域分布来看，2023年国有企业100强的总部所在地共覆盖18个省、自治区、直辖市和特别行政区。其中，位于北京的企业数量最多，为59家；位于广东的企业数量次之，共11家；6家企业总部位于上海；5家企业总部位于香港（见图2）。

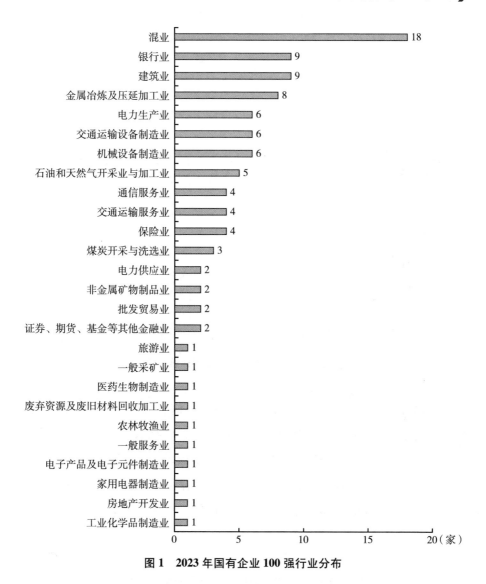

图1　2023年国有企业100强行业分布

二　国有企业100强社会责任发展指数（2023）

2023年，华润集团、国家能源、中国石化、中国华电、中国宝武、东风汽车、国家电网、中国一汽、中国建材、国投、中国交建、中国铝

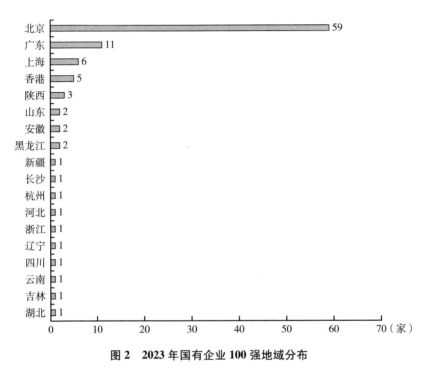

图 2　2023 年国有企业 100 强地域分布

业、中国移动、国家电力、南方电网、中国电信、中国电力、中国建筑、中国旅游共 19 家企业社会责任发展指数达到五星级水平，处于卓越者阶段；北控集团、中盐集团、中国远洋海运、珠海华发集团等 55 家企业社会责任发展指数达到四星级水平，处于领先者阶段；招商局集团、国家开发银行等 14 家企业社会责任发展指数达到三星级水平，处于追赶者阶段（见表 1）。

表 1　国有企业 100 强社会责任发展指数（2023）

单位：分

排名	企业名称	企业性质	行业	社会责任发展指数
★★★★★				
1	华润(集团)有限公司	中央企业	混业(电力生产业;酒精及饮料酒制造业;房地产业)	94.7

续表

排名	企业名称	企业性质	行业	社会责任发展指数
2	国家能源投资集团有限责任公司	中央企业	混业（煤炭开采与洗选业；电力生产业）	91.4
3	中国石油化工集团有限公司	中央企业	石油和天然气开采业与加工业	88.5
3	中国华电集团有限公司	中央企业	电力生产业	88.5
5	中国宝武钢铁集团有限公司	中央企业	金属冶炼及压延加工业	88.4
5	东风汽车集团有限公司	中央企业	交通运输设备制造业	88.4
5	国家电网有限公司	中央企业	电力供应业	88.4
8	中国第一汽车集团有限公司	中央企业	交通运输设备制造业	88.3
8	中国建材集团有限公司	中央企业	非金属矿物制品业	88.3
8	国家开发投资集团有限公司	中央企业	混业（电力生产业；一般采矿业；交通运输服务业）	88.3
11	中国交通建设集团有限公司	中央企业	建筑业	87.3
12	中国铝业集团有限公司	中央企业	混业（金属冶炼及压延加工业；一般采矿业；批发贸易业）	87.1
13	中国移动通信集团有限公司	中央企业	通信服务业	86.2
14	国家电力投资集团有限公司	中央企业	电力生产业	86.1
15	中国南方电网有限责任公司	中央企业	电力供应业	86.0
16	中国电信集团有限公司	中央企业	通信服务业	83.5
16	中国电力建设集团有限公司	中央企业	混业（建筑业；机械设备制造业）	83.5
18	中国建筑集团有限公司	中央企业	建筑业	82.4
19	中国旅游集团有限公司［香港中旅（集团）有限公司］	中央企业	旅游业	81.3
★★★★				
20	北京控股集团有限公司	其他国有企业	混业（水的生产和供应业；燃气的生产和供应业；一般服务业）	80.0
21	中国盐业集团有限公司	中央企业	混业（食品饮料业；工业化学品制造业）	79.4
22	中国远洋海运集团有限公司	中央企业	交通运输服务业	79.3
22	珠海华发集团有限公司	其他国有企业	混业	79.3
24	中国大唐集团有限公司	中央企业	电力生产业	79.0
24	中国长江三峡集团有限公司	中央企业	电力生产业	79.0

排名	企业名称	企业性质	行业	社会责任发展指数
26	中粮集团有限公司	中央企业	混业(食品饮料业;房地产开发业;批发贸易业)	77.8
27	华侨城集团有限公司	中央企业	混业(文化娱乐业;旅游业;房地产开发业;电子产品及电子元件制造业)	77.2
28	中国华能集团有限公司	中央企业	电力生产业	76.9
29	中国一重集团有限公司	中央企业	机械设备制造业	76.7
30	中国绿发投资集团有限公司	中央企业	电力生产业	76.4

注：此榜单仅展示前30位企业得分情况。

三 国有企业100强社会责任发展阶段性特征（2023）

（一）国有企业100强社会责任发展指数为65.8分，整体达到四星级水平，处于领先者阶段

2023年，国有企业100强社会责任发展指数为65.8分，处于领先者阶段。2009~2017年，国有企业100强社会责任发展指数呈现整体增长趋势；2018~2023年，国有企业100强社会责任发展指数呈现明显波动；2023年国有企业100强社会责任发展指数与2022年相比提升10.3分，提升18.6%（见图3）。

（二）近九成国有企业社会责任发展指数处于三星级及以上水平，19家国有企业社会责任发展指数达到卓越者阶段

2023年，国有企业100强社会责任发展指数整体达到三星级。其中，88家国有企业社会责任发展指数处于三星级及以上水平。具体来看，19家

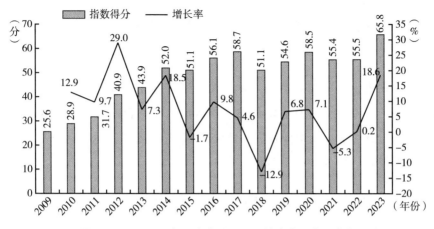

图3 2009~2023年国有企业100强社会责任发展指数

国有企业社会责任发展指数达到五星级水平；处于四星级、领先者阶段的国有企业数量为55家；三星级国有企业数量为14家；7家企业社会责任发展指数为二星级水平，处于起步者阶段；仍有5家国有企业社会责任发展指数低于20.0分，处在旁观者阶段。2009年以来，社会责任发展指数三星级及以上的国有企业数量总体呈现上升趋势，特别是三星级和四星级水平的企业占比明显增加（见图4）。

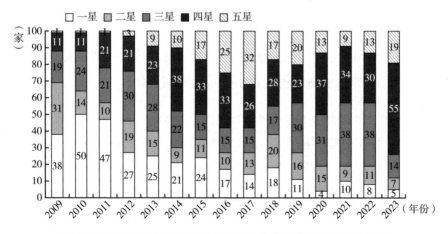

图4 2009~2023年国有企业100强社会责任发展指数星级分布

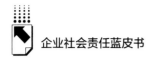
（三）中央企业社会责任发展指数领先于国有金融企业、其他国有企业

比较中央企业、国有金融企业与其他国有企业的社会责任发展指数发现，2023年，中央企业社会责任发展指数依然保持着领先优势，达到72.2分；国有金融企业社会责任发展指数为63.5分，超过其他国有企业（51.6分）（见图5）。

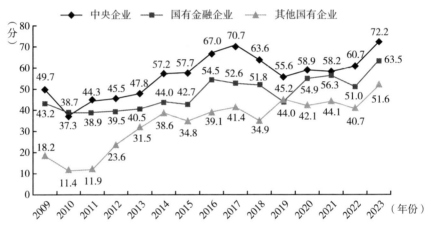

图5　2009~2023年国有企业100强社会责任发展指数变化情况

（四）国有企业100强责任管理指数为55.0分，15家企业达到五星级水平，超一成企业责任管理处于旁观者阶段

2023年，国有企业100强责任管理指数为55.0分，为三星级水平，处于追赶者阶段。中国华电、华润集团、东风汽车、国家能源、国家电网、中国石化、北控集团、华侨城集团、中国铝业、中国电信、中国建筑、中国交通、中国移动、国家电力、中国旅游共15家企业责任管理指数达到五星级水平；长江三峡、南方电网等31家企业责任管理指数达到四星级水平；中国一重、中粮集团等30家企业责任管理指数达到三星级水平；而二星级和一星级的企业数量占比为24%，较2022年减少40%（见图6）。

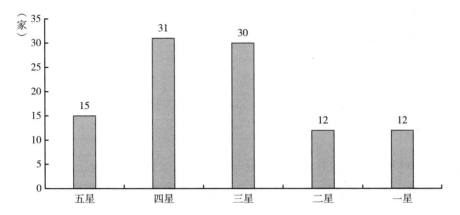

图6 2023年国有企业100强责任管理星级分布

如图7所示，在企业社会责任管理体系"三步十法"的组织、融合、沟通三个维度，责任融合得分最高，为56.4分，达到追赶者水平；责任组织得分次之，为55.9分，同处追赶者水平；责任沟通得分相对较低，为53.4分。

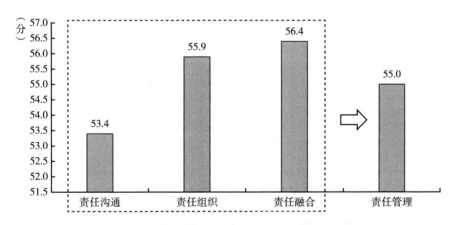

图7 2023年国有企业100强责任管理指数结构比较

具体来看"十法"的表现，责任议题得分最高，为65.8分；责任理念第二，为60.0分；利益相关方参与第三，为59.2分；责任治理第四，为59.0分；责任流程第五，得分55.9分；责任能力第六，得分

52.5 分；责任报告第七，得分 51.3 分；责任绩效第八，得分 51.2 分，责任规划和责任制度分别为第九和第十，得分依次为 50.8 分和41.4 分。

（五）国有企业100强责任实践指数为70.1分，社会责任指数高于本质责任和环境责任指数

2009 年以来，国有企业 100 强责任实践指数总体呈上升态势，且责任实践指数总体表现优于责任管理指数。2023 年责任实践指数为 70.1 分，达到四星级水平、领先者阶段（见图 8）。具体来看，华润集团（95.0 分）、中国宝武（95.0 分）、中国建材（92.9 分）等 39 家企业责任实践指数达到五星级水平，处于卓越者阶段；中国东方航空（80.0 分）、中国建设银行（80.0 分）、中国华能集团（78.6 分）等 39 家企业责任实践指数达到四星级水平；责任实践指数达到三星级的企业有 13 家；处于二星级和一星级的企业分别有 6 家和 3 家（见图 9）。

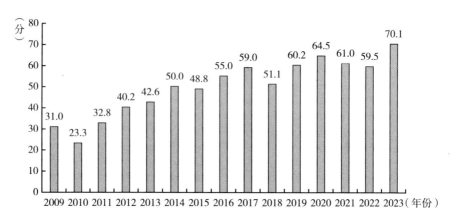

图 8　2009~2023 年国有企业 100 强责任实践指数

责任实践包括本质责任、社会责任、环境责任三个维度。其中，国有企业 100 强本质责任指数、社会责任指数、环境责任指数得分分别为 69.1 分、71.7 分、68.7 分，达到四星级水平（见图 10）。

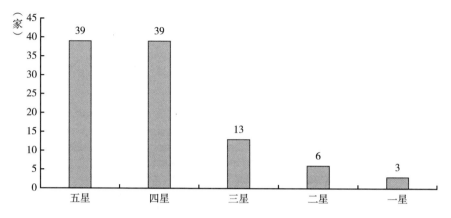

图9　2023 年国有企业 100 强责任实践指数星级分布

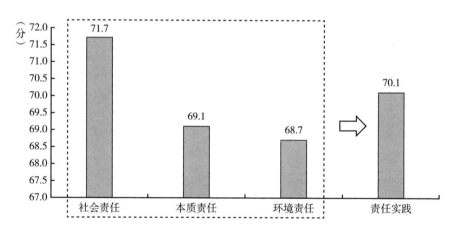

图10　2023 年国有企业 100 强责任实践指数结构比较

（六）股东责任指数得分最高，达到卓越者水平，客户责任指数得分相对较低

2023 年，国有企业 100 强责任议题指数继续全面增长。其中，政府责任、股东责任 2 个责任议题达到五星级水平，分别为 84.7 分、85.2 分；绿色管理、安全生产、伙伴责任、客户责任、社区责任、绿色运营、员工责任、绿色生产、乡村振兴 9 个责任议题指数达到四星级水平，分别为 72.9

分、70.2 分、77.4 分、61.1 分、67.8 分、71.8 分、62.6 分、63.6 分、76.7 分（见图 11）。国有企业较为注重披露政府责任、股东责任、伙伴责任等社会责任议题的关键信息，对于客户责任、员工责任等社会责任议题的披露则相对较少。

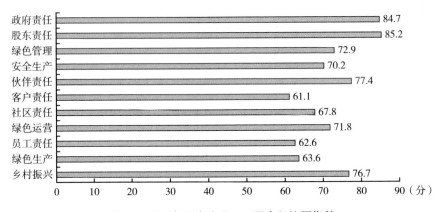

图 11　2023 年国有企业 100 强责任议题指数

B.3

中国民营企业100强社会责任
发展指数（2023）

摘　要： 本报告在"中国企业社会责任发展指数"研究框架基础上，对中国民营企业100强的社会责任管理与社会责任信息披露情况进行综合评价，梳理中国民营企业社会责任发展特征及变化趋势。研究发现，2023年民营企业100强社会责任发展指数为40.5分，较2022年提高7.1分，整体处于三星级水平、追赶者阶段。从责任板块来看，责任管理指数得分28.5分，较2022年提高2.5分，仍处于起步者阶段；责任实践指数得分45.8分，较2022年提高9.3分，上升至三星级水平。2023年，民营企业100强责任议题指数整体呈增长趋势，政府责任指数、股东责任指数均达四星级水平，责任议题指数已达到三星级水平及以上的企业数量显著增加。

关键词： 民营企业　企业社会责任发展指数　责任管理

一　样本特征

习近平总书记重视企业社会责任建设，在许多重要场合发表了关于企业社会责任的重要论述，阐述企业积极履行社会责任的重要意义，要求企业积极承担社会责任。民营经济作为推进中国式现代化的生力军，在稳定增长、促进创新、增加就业、改善民生等方面发挥了积极作用，成为推动经济持续健康发展的重要力量。党中央、国务院始终高度重视民营经济发

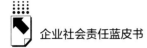

展，出台了一系列重大文件，在持续推动民营经济发展壮大的同时，对民营经济工作不断提出了新要求。在《中共中央 国务院关于营造更好发展环境支持民营企业改革发展的意见》《中共中央 国务院关于促进民营经济发展壮大的意见》等文件中先后作出"推动民营企业积极履行社会责任""支持民营企业更好履行社会责任"等明确意见。并在 2023 年 7 月 14 日发布的《中共中央 国务院关于促进民营经济发展壮大的意见》中提出探索建立民营企业社会责任评价体系和激励机制，以推动民营企业更好地履行社会责任。

2023 年，民营企业 100 强的选择以 2023《财富》世界 500 强榜单，中国企业联合会、中国企业家协会联合发布的"2023 中国企业 500 强榜单"，全国工商联发布的"2023 中国民营企业 500 强榜单"等权威榜单为基础，以民营资本控股为原则，根据营业收入规模及稳定性最终选定。评价样本覆盖 27 个行业，总部分布在 19 个省、自治区、直辖市和特别行政区。

（一）行业分布广泛，覆盖27个行业

2023 年民营企业 100 强共覆盖 27 个行业，行业分布广泛。其中，混业企业数量最多，为 20 家；房地产开发业次之，为 9 家；互联网服务业、金属冶炼及压延加工业各 8 家；家用电器制造业、交通运输服务业各 5 家；电子产品及电子元件制造业、交通运输设备制造业、零售业和通信设备制造业各 4 家；保险业、建筑业、农林牧渔业、食品饮料业和银行业各 3 家；服装鞋帽制造业、机械设备制造业各 2 家；纺织业、工业化学品制造业、计算机服务业、计算机及相关设备制造业、批发贸易业、燃气的生产和供应业、一般服务业、一般制造业、医药生物制造业、造纸及纸制品业各 1 家（见图 1）。

（二）总部所在地多位于经济发达的长三角、珠三角地区

从地域分布来看，2023 年民营企业 100 强的企业总部所在地共涉及 19 个省、自治区、直辖市和特别行政区。其中，位于广东的企业数量最多，共 20 家；位于浙江、北京的企业数量次之，各 16 家；10 家企业总部位于江

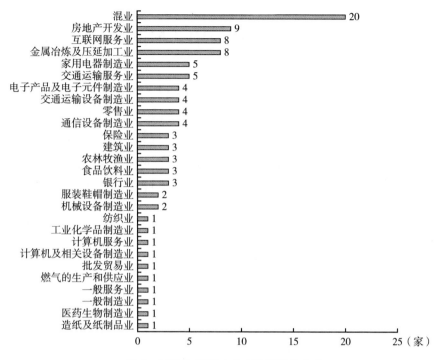

图1　2023年民营企业100强行业分布

苏。进一步分析发现，2023年民营企业100强的企业总部绝大部分位于经济发达的长三角、珠三角地区，其他地区企业总部数量较少（见图2）。

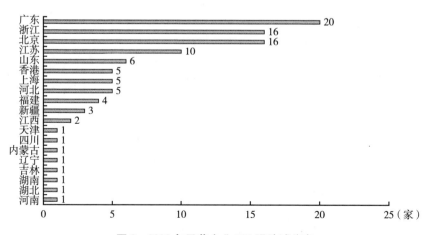

图2　2023年民营企业100强地域分布

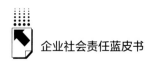

二 民营企业100强社会责任发展指数（2023）

2023年，华为、伊利、中国平安3家企业社会责任发展指数达到五星级水平，处于卓越者阶段；腾讯、民生银行、阿里巴巴等28家企业社会责任发展指数达到四星级水平，处于领先者阶段；网易、时代中国、联想、百度、立讯精密、温氏食品、美团等24家企业社会责任发展指数达到三星级水平，处于追赶者阶段；江铃集团、泰康保险等11家企业社会责任发展指数达到二星级水平，处于起步者阶段（见表1）。

表1 民营企业100强社会责任发展指数（2023）

单位：分

排名	企业名称	总部所在地	行业	社会责任发展指数
★★★★★				
1	华为投资控股有限公司	广东	通信设备制造业	82.4
2	内蒙古伊利实业集团股份有限公司	内蒙古	食品饮料业	80.2
3	中国平安保险(集团)股份有限公司	广东	保险业	80.1
★★★★				
4	腾讯控股有限公司	广东	互联网服务业	79.9
5	中国民生银行股份有限公司	北京	银行业	79.8
6	阿里巴巴集团控股有限公司	浙江	互联网服务业	79.4
7	蚂蚁科技集团股份有限公司	浙江	互联网服务业	78.1
8	复星国际有限公司	上海	混业	76.6
9	万洲国际有限公司	香港	食品饮料业	75.3
10	浙江吉利控股集团有限公司	浙江	交通运输设备制造业	75.2
11	九州通医药集团股份有限公司	湖北	批发贸易业	74.4
12	宁德时代新能源科技股份有限公司	福建	一般制造业	72.6
13	新城控股集团股份有限公司	上海	房地产开发业	70.6

排名	企业名称	总部所在地	行业	社会责任发展指数
14	兴业银行股份有限公司	福建	银行业	69.2
15	比亚迪股份有限公司	广东	交通运输设备制造业	68.6
16	长城汽车股份有限公司	河北	交通运输设备制造业	68.5
17	快手	北京	互联网服务业	68.2
18	北京京东世纪贸易有限公司	北京	互联网服务业	67.5
19	顺丰控股股份有限公司	广东	交通运输服务业	67.3
20	三一集团有限公司	湖南	机械设备制造业	66.6
21	TCL科技集团股份有限公司	广东	家用电器制造业	66.0
22	海尔集团公司	山东	家用电器制造业	65.9
23	华夏银行股份有限公司	北京	银行业	65.7
24	江苏中南建设集团股份有限公司	江苏	建筑业	63.7
25	万科企业股份有限公司	广东	房地产开发业	63.5
26	龙湖集团控股有限公司	香港	房地产开发业	63.1
27	新奥集团股份有限公司	河北	燃气的生产和供应业	62.9
28	华夏人寿保险股份有限公司	北京	保险业	61.2
29	中兴通讯股份有限公司	广东	通信设备制造业	61.1
29	融创中国控股有限公司	天津	房地产开发业	61.1

注：此榜单仅展示前30位企业得分情况。

三　民营企业100强社会责任发展
阶段性特征（2023）

（一）民营企业100强社会责任发展指数为40.5分，处于追赶者阶段

2009~2023年，民营企业100强社会责任发展指数总体呈现上升趋势。2009年，民营企业100强社会责任发展指数仅为12.9分，处于旁观者阶段；2014年达到20.5分，开始进入起步者阶段；2017年进入发展高

峰，达 29.7 分；之后经历短暂的下滑，于 2020 年开始稳步增长；2021 年继续增长，达 33.7 分；2022 年，达 33.4 分，比 2021 年下降 0.3 分，连续第九年达到二星级水平，处于起步者阶段。2023 年，民营企业 100 强社会责任发展指数提高至 40.5 分，首次达到三星级水平，处于追赶者阶段（见图 3）。

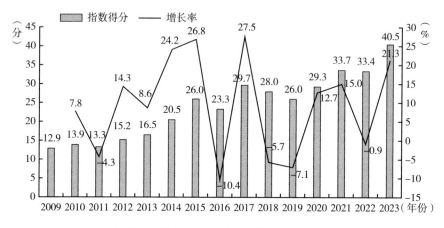

图 3　2009~2023 年民营企业 100 强社会责任发展指数

（二）超五成民营企业社会责任发展指数达到三星级及以上水平，约三成企业仍在旁观

2023 年，民营企业 100 强社会责任发展指数整体上升至三星级水平。具体来看，华为、伊利、中国平安 3 家企业社会责任发展指数达到五星级水平，处于卓越者阶段；腾讯、民生银行、阿里巴巴、蚂蚁集团、复兴国际等 28 家企业社会责任发展指数达到四星级水平，数量较 2022 年显著增加；网易、时代中国、联想、百度等 24 家企业社会责任发展指数达到三星级水平；江铃集团、泰康保险、中升集团等 11 家企业社会责任发展指数达到二星级水平。社会责任发展指数为一星级、处于旁观者阶段的企业数量最多，为 34 家，但较 2022 年有所减少（见图 4）。

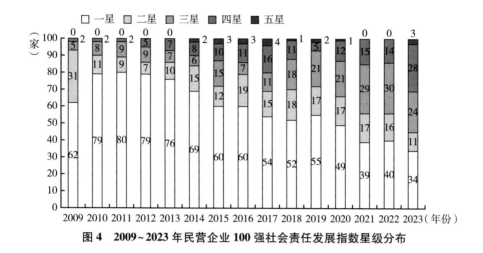

图4　2009~2023年民营企业100强社会责任发展指数星级分布

（三）民营企业100强责任管理指数得分较2022年有所提高，但仍处于起步者阶段，责任组织表现优于责任沟通、责任融合

2023年，民营企业100强责任管理指数为28.5分，同比增加2.5分，处于二星级、起步者阶段。其中，华为、中国平安2家企业责任管理指数达到五星级水平，处于卓越者阶段；吉利、腾讯、阿里巴巴、快手、伊利、蚂蚁集团、华夏幸福、民生银行、宁德时代、新城控股10家企业责任管理指数达到四星级水平，处于领先者阶段；海尔、长城汽车、京东、华夏人寿、温氏等26家企业责任管理指数达到三星级水平；时代中国、三一集团、中兴、融创中国等18家企业责任管理指数达到二星级水平；责任管理指数在一星级的企业数量最多，为44家（见图5）。

对责任管理三个维度（责任组织、责任融合和责任沟通）进行分析发现，责任组织得分最高，为31.5分；责任沟通次之，为30.0分；责任融合得分最低，为19.7分，但较2022年分数提升最多（见图6）。

（四）民营企业100强责任实践指数处于追赶者阶段，社会责任优于本质责任和环境责任

2023年，民营企业100强责任实践指数得分45.8分，相比2022年提高

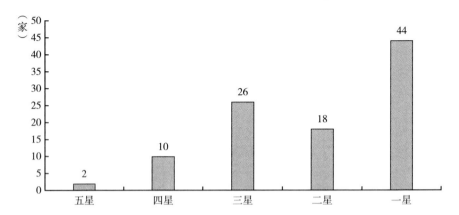

图 5　2023 年民营企业 100 强责任管理指数星级分布

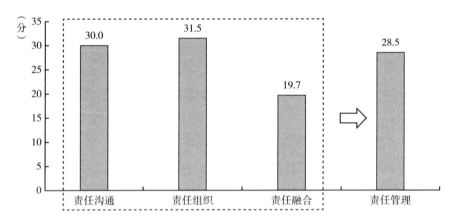

图 6　2023 年民营企业 100 强责任管理指数结构比较

9.3 分，首次达到三星级水平（见图 7）。从星级分布来看，2023 年民营企业 100 强中，民生银行、复星国际、伊利等 9 家企业责任实践指数达到五星级水平、卓越者阶段，最高得分达 87.9 分；华为、三一集团、华夏银行等 33 家企业责任实践指数达到四星级水平、领先者阶段，数量最多；分别有 19 家、9 家企业达到三星级和二星级水平；处于一星级水平、旁观者阶段的企业数量为 30 家（见图 8）。

本质责任、社会责任和环境责任指数均提升至三星级水平。其中，社会

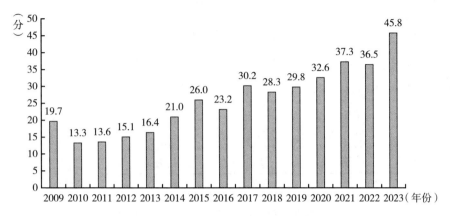

图7　2009～2023年民营企业100强责任实践指数

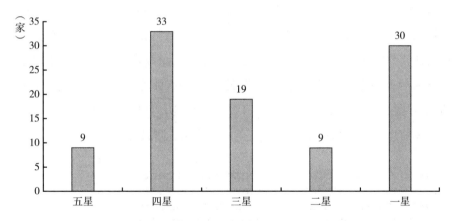

图8　2023年民营企业100强责任实践指数星级分布

责任指数为48.6分，高于本质责任（46.5分）和环境责任（42.7分）（见图9）。

（五）政府责任指数得分最高，员工责任指数得分较低

2023年，民营企业100强政府责任指数得分最高，为68.7分，较2022年增加11.4分，达到四星级水平、领先者阶段；股东责任指数得分61.0分，较2022年有所下降，但仍处于四星级水平、领先者阶段；伙伴责任指

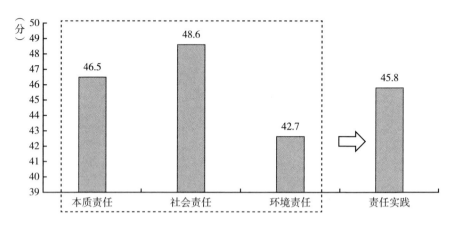

图9　2023年民营企业100强责任实践指数结构比较

数为55.8分，社区责任指数为54.2分，绿色运营指数为47.2分，绿色管理指数为45.9分，安全生产指数为42.9分，乡村振兴指数为41.0分，客户责任指数为40.1分，7个责任议题均处于三星级水平、追赶者阶段；仅绿色生产、员工责任2个责任议题处于二星级水平、起步者阶段（见图10）。可见民营企业逐渐提升对政府责任的重视，且持续注重披露股东责任的相关信息，对于绿色生产、员工责任的信息披露较为欠缺。

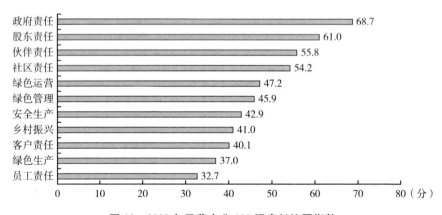

图10　2023年民营企业100强责任议题指数

B.4
中国外资企业100强社会责任
发展指数（2023）

摘　要：　本报告在"中国企业社会责任发展指数"研究框架基础上，对中国外资企业100强社会责任管理与社会责任信息披露情况进行综合评价，以把握中国外资企业社会责任发展的阶段性特征。研究发现，2023年外资企业100强社会责任发展指数为24.2分，保持在起步者阶段。从责任板块来看，责任实践指数（27.3分）优于责任管理指数（17.0分）。在责任议题中，绿色运营和社区责任表现较好，乡村振兴指数得分相对较低。

关键词：　外资企业　企业社会责任发展指数　责任实践

一　样本特征

外资是我国市场主体的重要组成部分，为中国经济社会发展做出独特且重要的贡献。外资企业积极履行社会责任，是我国全面建设社会主义现代化国家重要的参与者、见证者和贡献者。

2023年，外资企业① 100强的样本选择以2023《财富》世界500强榜单为基础，按照全球营业收入选取前100家企业，并作出如下调整：①剔除在中国没有经营业务的外资企业；②依据企业在中国经营业务的深度、影响力和品牌知名度进行增补。最终确定的外资企业100强以美资企业最多，覆盖20个行业。

---

① 本报告所指的外资企业样本包括依照中国有关法律在中国境内设立的全部资本由外国投资者投资的企业以及来自中国港澳台地区的企业。

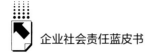

（一）国别/地区代表性强，美资企业居多

外资企业 100 强中，美资企业最多，为 35 家；日资企业次之，为 20 家；德资企业排第三，为 11 家；法资企业数量为 9 家；韩资企业数量为 7 家；瑞士企业数量为 4 家；中国台湾、荷兰企业数量为 3 家；英国企业数量为 2 家；中国香港、西班牙、意大利、加拿大、比利时、爱尔兰企业数量均为 1 家（见图 1）。

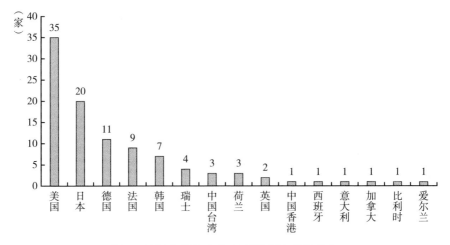

图 1　2023 年外资企业 100 强国别/地区分布

（二）行业分布广泛，覆盖20个行业

2023 年外资企业 100 强共覆盖 20 个行业。其中混业企业数量最多，达 19 家；交通运输设备制造业次之，为 13 家；电子产品及电子元件制造业、机械设备制造业、零售业均为 8 家；医药生物制造业为 7 家；石油和天然气开采业与加工业为 6 家；食品饮料业为 5 家；一般制造业、银行业和证券、期货、基金等其他金融业均为 4 家；批发贸易业为 3 家；工业化学品制造业、日用化学品制造业、互联网服务业为 2 家；家用电器制造业、金属冶炼及压延加工业、通信设备制造业、一般采矿业、一般服务业的企业数量均为 1 家（见图 2）。

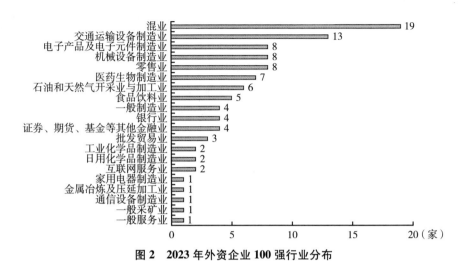

图 2　2023 年外资企业 100 强行业分布

二　外资企业100强社会责任发展指数（2023）

2023 年，中国三星、现代汽车集团（中国）、松下电器、浦项（中国）、SK 中国、苹果公司、台达（中国）、中国 LG 共计 8 家企业社会责任发展指数达到五星级水平，处于卓越者阶段；LG 化学、SK 海力士、佳能（中国）、长江和记实业、台积电 5 家企业达到四星级水平，处于领先者阶段；鸿海科技、本田汽车（中国）、雀巢中国、Seven&I 控股公司、百威英博中国、葛兰素史克（中国）、普利司通（中国）、宝马（中国）、索尼（中国）、特斯拉（上海）、赛诺菲中国 11 家企业达到三星级水平，处于追赶者阶段（见表 1）。

表 1　外资企业 100 强社会责任发展指数（2023）

单位：分

排名	公司名称	国家/地区	行业	社会责任发展指数
★★★★★				
1	三星(中国)投资有限公司	北京	混业(电子产品及电子元件制造业;通信设备制造业)	93.9
2	现代汽车集团(中国)	北京	交通运输设备制造业	93.8

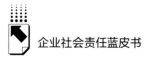

续表

排名	公司名称	国家/地区	行业	社会责任发展指数
3	松下电器中国东北亚公司	北京	混业（电子产品及电子元件制造业；家用电器制造业）	86.1
4	浦项（中国）投资有限公司	北京	金属冶炼及压延加工业	84.9
5	SK中国	北京	混业（工业化学品制造业、电子产品及电子元件制造业、交通运输服务业）	82.0
6	苹果公司	上海	电子产品及电子元件制造业	80.5
6	台达（中国）	上海	电子产品及电子元件制造业	80.5
8	中国LG	北京	混业（电子产品及电子元件制造业；家用电器制造业、工业化学品制造业）	80.2
★★★★				
9	LG化学（中国）投资有限公司	北京	混业（石油和天然气开采业与加工业；电子产品及电子元件制造业；医药生物制造业）	79.6
10	SK海力士	无锡	电子产品及电子元件制造业	77.1
11	佳能（中国）有限公司	北京	混业（电子产品及电子元件制造业；计算机及相关设备制造业；计算机服务业）	62.3
12	长江和记实业有限公司	香港	混业（交通运输服务业；零售业；通信服务业）	60.8
13	台积电	上海	电子产品及电子元件制造业	60.4
★★★				
14	鸿海精密工业股份有限公司	中国台湾	电子产品及电子元件制造业	59.5
15	本田汽车（中国）有限公司	广东	交通运输设备制造业	58.3
16	雀巢中国	北京	食品饮料业	56.2
17	Seven&I控股公司	北京	零售业	55.9
18	百威英博中国	上海	食品饮料业	55.0
19	葛兰素史克（中国）投资有限公司	北京	医药生物制造业	54.4
20	普利司通（中国）投资有限公司	上海	一般制造业	52.7
21	宝马中国	北京	交通运输设备制造业	51.4

排名	公司名称	国家/地区	行业	社会责任发展指数
22	索尼（中国）有限公司	北京	混业（电子产品及电子元件制造业；家用电器制造业）	48.0
23	特斯拉（上海）有限公司	上海	交通运输设备制造业	46.5
24	赛诺菲中国	北京	医药生物制造业	46.1
★★				
25	施耐德电器有限公司	北京	家用电器制造业	36.1
26	日立（中国）有限公司	北京	混业（机械设备制造业；家用电器制造业；计算机及相关设备制造业）	33.2
27	大众汽车集团（中国）	北京	交通运输设备制造业	33.0
28	埃森哲（中国）有限公司	上海	一般服务业	31.3
29	法国兴业银行（中国）有限公司	北京	银行业	30.6
30	巴斯夫（中国）有限公司	上海	工业化学品制造业	27.8

注：此榜单仅展示前30名企业得分情况。

三 外资企业100强社会责任发展阶段性特征（2023）

（一）外资企业100强社会责任发展指数为24.2分，处于起步者阶段

2009~2014年，外资企业100强社会责任发展指数呈现快速增长趋势。2014年，外资企业100强社会责任发展指数达到峰值为26.4分。2014~2016年，外资企业100强社会责任发展指数出现了小幅波动；2018年，外资企业100强社会责任发展指数小幅上升；2019年，外资企业100强社会责任发展指数从起步者阶段回落至旁观者阶段；2020年，外资企业100强社会责任发展指数有所增加，得分为20.1分，重新回到二星级水平、起步

者阶段；2021 年，外资企业 100 强社会责任发展指数下降至 19.1 分，回落至旁观者阶段；2022 年，外资企业 100 强社会责任发展指数上升至 20.2 分，重新回到二星级水平、起步者阶段；2023 年，外资企业 100 强社会责任发展指数上升至 24.2 分，保持二星级水平、起步者阶段（见图 3）。

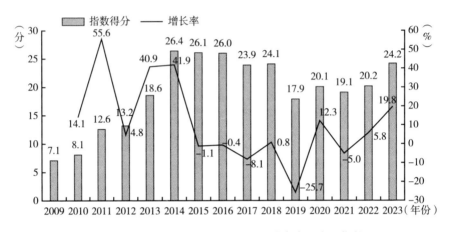

图 3　2009~2023 年外资企业 100 强社会责任发展指数

（二）近两成半外资企业社会责任发展指数达到三星级及以上水平，超六成企业仍在旁观

2023 年，87 家外资企业社会责任发展指数低于 60.0 分，处于三星级以下水平。中国三星、现代汽车集团（中国）、松下电器、浦项（中国）、SK 中国、苹果公司、台达（中国）、中国 LG 8 家企业社会责任发展指数达到五星级水平，处于卓越者阶段；LG 化学、SK 海力士、佳能（中国）、长江和记实业、台积电 5 家企业达到四星级水平，处于领先者阶段；有 65 家企业社会责任发展指数仍处于一星级水平、旁观者阶段（见图 4）。

（三）东亚企业社会责任发展指数领先于欧美，其中韩资企业社会责任发展指数得分最高

2023 年，韩资企业社会责任发展指数为 84.5 分，得分较 2022 年提

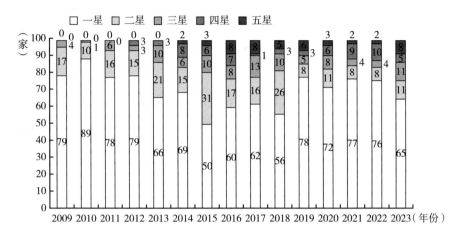

图 4 2009~2023 年外资企业 100 强社会责任发展指数星级分布

升了 5.9 分，为五星级水平、卓越者阶段；中国台湾企业（66.8 分）、中国香港企业（60.8 分），社会责任发展指数处于四星级水平、领先者阶段；比利时企业（55.0 分）社会责任发展指数处于三星级水平、追赶者阶段；英国企业（37.0 分）、爱尔兰企业（31.3 分）、日资企业（25.5 分）、瑞士企业（22.1 分），社会责任发展指数处于二星级水平、起步者阶段；荷兰企业（17.9 分）、法国企业（16.4 分）、西班牙企业（13.9 分）、德国企业（13.4 分）、美国企业（12.7 分）、意大利企业（2.5 分）、加拿大企业（0.9 分），社会责任发展指数仍为一星级水平、旁观者阶段。总体来看，东亚地区外资企业社会责任发展指数领先于欧美地区（见图 5）。

（四）外资企业100强责任管理指数为17.0分，仍处于旁观者阶段

2023 年，外资企业 100 强责任管理指数为 17.0 分，处于一星级水平、旁观者阶段。其中，中国三星、现代汽车集团（中国）、苹果公司责任管理指数分别为 93.0 分、91.0 分、85.0 分，达到五星级水平，处于卓越者阶段；9 家企业达到四星级水平，处于领先者阶段；6 家企业达到三星级水平，

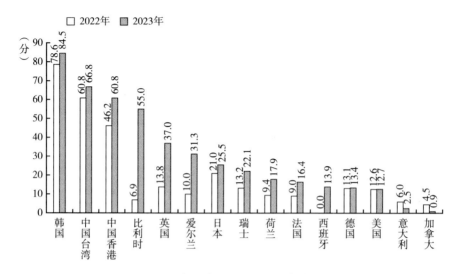

图5　2022~2023年外资企业100强社会责任发展指数

处于追赶者阶段；8家企业达到二星级水平，处于起步者阶段；超七成企业
为一星级水平，处于旁观者阶段（见图6）。

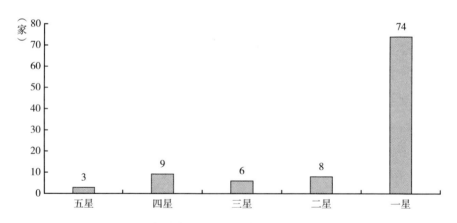

图6　2023年外资企业100强责任管理指数星级分布

从责任组织、责任融合、责任沟通三个维度来看，外资企业100强责任
沟通得分最高，为19.5分；责任组织指数次之，为16.6分；责任融合得分
最低，为11.8分（见图7）。

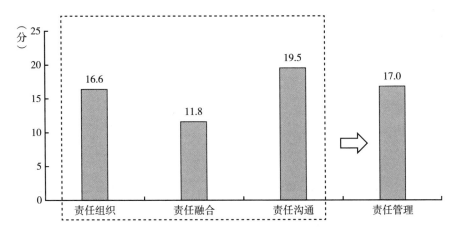

图7　2023年外资企业100强责任管理指数结构比较

（五）外资企业100强责任实践指数为27.3分，处于起步者阶段

2023年，外资企业100强责任实践指数为27.3分，为二星级水平，处于起步者阶段（见图8）。其中，9家企业责任实践指数达到五星级水平，处于卓越者阶段；9家企业责任实践指数达到四星级水平，处于领先者阶段；9家企业达到三星级水平，处于追赶者阶段；19家企业达到二星级水平，处于起步者阶段；54家企业为一星级水平，处于旁观者阶段（见图9）。

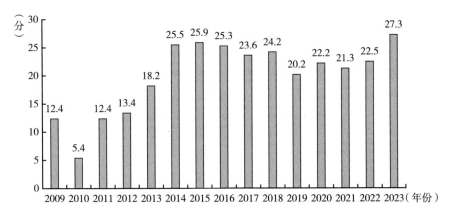

图8　2009~2023年外资企业100强责任实践指数

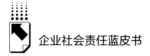
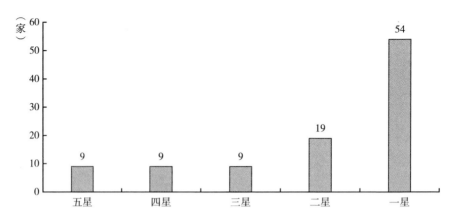

图9　2023年外资企业100强责任实践指数星级分布

责任实践包含本质责任、社会责任、环境责任三个维度。其中，外资企业100强环境责任指数得分最高，为29.6分；本质责任指数次之，为26.1分；社会责任指数得分最低，为26.0分，都保持在二星级水平（见图10）。

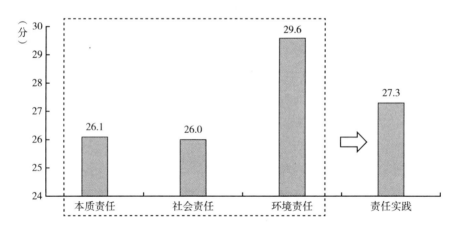

图10　2023年外资企业100强责任实践指数结构比较

（六）外资企业100强绿色运营指数表现较好，乡村振兴指数得分较低

2023年，外资企业100强绿色运营指数得分最高，为35.6分，与社区责任（34.6分）、股东责任（34.5分）、伙伴责任（31.4分）、政府责任（30.4分）、绿色管理（30.3分）、绿色生产（27.2分）、安全生产（22.5分）、员工责任（22.0分）、客户责任（21.9分）指数同处于二星级水平。乡村振兴指数得分最低，为14.3分，处于一星级水平（见图11）。

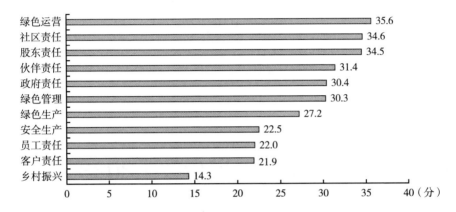

图11　2023年外资企业100强责任议题指数

专题报告
Special Reports

B.5
重点行业社会责任发展指数（2023）

摘　要： 本报告选取了 11 个社会关注度高，对经济、社会、环境影响大的行业进行重点分析，通过探究各行业中重点企业的社会责任发展指数，反映行业社会责任管理水平与社会责任信息披露水平。研究发现，11 个行业中，军工行业社会责任发展指数得分最高，为 52.1 分，与乳制品行业、食品饮料行业、动力电池行业、建筑行业、钢铁行业同处于三星级水平、追赶者阶段；汽车零部件行业、汽车行业、半导体行业、机械设备制造业、石油化工行业社会责任发展指数均处于二星级水平。石油化工行业社会责任发展指数得分最低，为 29.9 分。

关键词： 社会责任发展指数　责任管理　责任实践

为保证各行业样本企业具有代表性，行业在"中国企业社会责任发展指数行业划分"的基础上适当合并后，根据企业规模，增补部分企业，最终形成"重点行业社会责任发展指数（2023）"。选取的 11 个重点行业及其企业构成如表 1 所示。

表 1　重点行业企业构成及社会责任发展指数（2023）

单位：家，分

序号	行业	样本数量	社会责任发展指数	星级
1	军工行业	10	52.1	★★★
2	乳制品行业	11	50.8	★★★
3	食品饮料行业	21	49.9	★★★
4	动力电池行业	11	47.4	★★★
5	建筑行业	22	42.8	★★★
6	钢铁行业	24	42.4	★★★
7	汽车零部件行业	10	38.4	★★
8	汽车行业	56	38.0	★★
9	半导体行业	20	36.8	★★
10	机械设备制造业	27	34.8	★★
11	石油化工行业	26	29.9	★★

11 个重点行业社会责任发展指数差异较大（见图 1）。其中军工行业、乳制品行业、食品饮料行业、动力电池行业、建筑行业、钢铁行业 6 个行业社会责任发展指数分别为 52.1 分、50.8 分、49.9 分、47.4 分、42.8 分、42.4 分。汽车零部件行业、汽车行业、半导体行业、机械设备制造业、石油化工行业 5 个行业社会责任发展指数达到二星级水平；石油化工行业社会责任发展指数得分最低，为 29.9 分，较 2022 年提升 5.3 分，社会责任管理和信息披露有待加强。

一　军工行业社会责任发展指数（2023）

（一）评价结果

本部分评价的军工行业，即国防军工行业，是指涉及武器装备的科研、

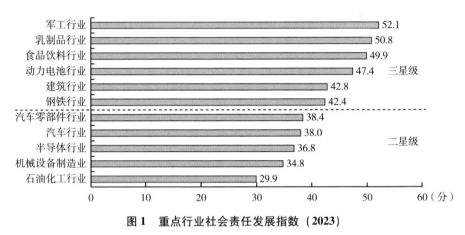

图1　重点行业社会责任发展指数（2023）

生产、配套等武器装备相关行业。军工行业作为高科技产业和先进制造业的重要组成部分，是一个国家经济科技水平和综合国力的集中体现。随着国家安全重要性的日益提升，我国的军工行业发展备受关注。军工行业的基本分类主要有六大类别，即核工业、航空工业、航天工业、船舶工业、兵器工业、电子信息。2023年军工行业评价样本共有10家，样本企业的社会责任发展指数得分如表2所示。

表2　军工行业社会责任发展指数（2023）前10名

单位：分

排名	企业名称	企业性质	CSR专栏	CSR报告	责任管理指数	社会责任发展指数
★★★★★						
1	中国兵器装备集团有限公司	中央企业	有	有	77.0	83.1
★★★★						
2	中国航空发动机集团有限公司	中央企业	有	有	80.0	76.0
3	中国兵器工业集团有限公司	中央企业	有	有	81.0	75.8
4	中国融通资产管理集团有限公司	中央企业	有	有	64.0	61.2
★★★						
5	中国电子科技集团有限公司	中央企业	有	有	27.0	53.6
6	中国核工业集团有限公司	中央企业	有	有	51.0	52.3
7	中国航空工业集团有限公司	中央企业	有	有	56.0	51.8

续表

排名	企业名称	企业性质	CSR专栏	CSR报告	责任管理指数	社会责任发展指数
★★						
8	中国船舶集团有限公司	中央企业	有	无	3.0	25.4
9	中国航天科技集团有限公司	中央企业	有	无	3.0	22.4
★						
10	中国航天科工集团有限公司	中央企业	有	无	3.0	19.4

（二）阶段性特征

1. 军工行业社会责任发展指数为52.1分，总体处于三星级水平、追赶者阶段；兵器装备集团达到五星级水平

军工行业社会责任发展指数平均得分为52.1分，整体为三星级，处于追赶者阶段，在11个重点行业中的表现如图1所示。具体来看，五星级企业1家，为兵器装备集团（83.1分）；四星级企业3家，为中国航发（76.0分）、兵器工业集团（75.8分）、中国融通（61.2分）；三星级企业3家；二星级企业2家；一星级企业1家。

2. 军工行业责任管理指数为44.5分，总体处于三星级水平、追赶者阶段

2023年，军工行业责任管理指数为44.5分。其中，兵器工业集团（81.0分）、中国航发（80.0分）处于五星级水平、卓越者阶段；兵器装备集团（77.0分）、中国融通（64.0分）处于四星级水平、领先者阶段。

从责任管理的具体议题来看，军工行业责任组织得分最高，为56.3分；责任沟通次之，为39.0分；责任融合得分最低，为32.0分。其中，兵器装备集团（100.0分）、中国航发（100.0分）、中国融通（100.0分），在责任组织维度得分较高，处于五星级水平、卓越者阶段（见表3）。该分析反映了军工企业重视社会责任工作的顶层设计及规划管理，而在责任融合和责任沟通方面略有不足，有待延拓。

表3　军工行业责任管理具体表现

单位：分

责任板块	责任议题	行业平均分	行业最高分	最佳实践
责任管理(44.5)	责任组织	56.3	100.0	兵器装备集团 中国航发 中国融通
	责任融合	32.0	95.0	兵器工业集团
	责任沟通	39.0	67.5	兵器工业集团

3. 军工行业责任实践指数为55.4分，处于三星级水平、追赶者阶段；其中社会责任指数得分高于本质责任和环境责任

2023年，军工行业责任实践指数平均分为55.4分，处于三星级水平、追赶者阶段。其中，社会责任指数表现最佳，为64.4分；本质责任低于社会责任，为61.0分；环境责任指数得分最低，为41.8分（见表4）。

从议题角度来看，军工行业在股东责任（100分）、政府责任（82.5分）、伙伴责任（77.5分）方面信息披露水平相对较高，但在绿色生产（25.3分）、客户责任（40.0分）方面表现较差。军工行业应加强绿色生产、客户责任方面的关键信息披露，并以此倒逼社会责任实践水平不断提升。

表4　军工行业责任实践议题得分情况

单位：分

责任板块	责任议题	行业平均分	行业最高分	最佳实践
本质责任(61.0)	股东责任	100.0	100.0	兵器装备集团、中国航发、兵器工业集团、中国融通、中国电科、中核集团、航空工业、中国船舶、航天科技、航天科工
	客户责任	40.0	92.3	兵器装备集团
社会责任(64.4)	政府责任	82.5	100.0	兵器装备集团、中国航发、兵器工业集团、中国融通
	伙伴责任	77.5	100.0	兵器装备集团、中国航发、兵器工业集团、中国融通、中国电科、航空工业

责任板块	责任议题	行业平均分	行业最高分	最佳实践
社会责任（64.4）	员工责任	43.6	90.9	中国航发
	安全生产	68.3	100.0	兵器装备集团、兵器工业集团、中国融通
	社区责任	59.1	90.9	航空工业
	乡村振兴	66.7	100.0	中国航发、中核集团、航空工业
环境责任（41.8）	绿色管理	52.4	84.0	兵器工业集团、中国电科
	绿色生产	25.3	73.7	兵器装备集团
	绿色运营	50.0	100.0	兵器装备集团、中国航发、兵器工业集团、中国融通

二　乳制品行业社会责任发展指数（2023）

（一）评价结果

本部分评价的乳制品行业是指以生鲜牛（羊）乳及其制品为主要原料，经加工制成的液体乳及固体乳（乳粉、炼乳、乳脂肪、干酪等）制品的生产行业。2023 年乳制品行业评价样本企业共有 11 家，样本企业的社会责任发展指数前 10 及得分如表 5 所示。

表 5　乳制品行业社会责任发展指数（2023）前 10 名

单位：分

排名	企业名称	企业性质	CSR专栏	CSR报告	责任管理指数	社会责任发展指数
★ ★ ★ ★ ★						
1	内蒙古伊利实业集团股份有限公司	民营企业	有	有	67.0	80.2
2	内蒙古蒙牛乳业集团股份有限公司	其他国有企业	有	有	65.0	80.1

续表

排名	企业名称	企业性质	CSR 专栏	CSR 报告	责任管理指数	社会责任发展指数
★★★★						
3	中国飞鹤有限公司	民营企业	有	有	55.5	76.2
4	新希望乳业股份有限公司	民营企业	有	有	50.0	70.8
5	光明乳业股份有限公司	其他国有企业	有	有	36.0	60.8
★★						
6	北京三元食品股份有限公司	其他国有企业	无	有	22.0	51.1
7	君乐宝乳业集团有限公司	民营企业	有	无	10.0	35.0
8	皇氏集团股份有限公司	民营企业	无	无	4.0	31.2
9	北大荒完达山乳业股份有限公司	其他国有企业	无	无	4.0	28.2
10	中垦乳业股份有限公司	其他国有企业	有	无	7.0	22.6

（二）阶段性特征

1. 乳制品行业社会责任发展指数为50.8分，总体处于三星级水平、追赶者阶段

乳制品行业社会责任发展指数为 50.8 分，整体为三星级，处于追赶者阶段，在 11 个重点行业中的表现如图 1 所示。具体来看，五星级企业 2 家，为伊利（80.2 分）、蒙牛（80.1 分）；四星级企业 3 家，分别为飞鹤（76.2 分）、新希望（70.8 分）、光明（60.8 分）；二星级企业 6 家。

2. 乳制品行业责任管理指数为29.5分，总体处于二星级水平、起步者阶段

2023 年，乳制品行业责任管理指数为 29.5 分。其中，伊利（67.0 分）、蒙牛（65.0 分）两家企业处于四星级水平，飞鹤（55.5 分）、新希望（50.0 分）两家企业处于三星级水平。

从责任管理的具体议题来看，乳制品行业责任沟通得分最高，为 34.9 分；责任组织次之，为 30.5 分；责任融合得分最低，为 16.8 分。其中，蒙牛、新希望在责任组织维度得分最高，为 82.5 分；伊利、蒙牛在责任沟通维度得分最高，为 67.5 分（见表 6）。

表6　乳制品行业责任管理具体表现

单位：分

责任板块	责任议题	行业平均分	行业最高分	最佳实践
责任管理(29.5)	责任组织	30.5	82.5	蒙牛、新希望
	责任融合	16.8	50.0	伊利、飞鹤
	责任沟通	34.9	67.5	伊利、蒙牛

3. 乳制品行业责任实践指数为59.9分，处于三星级水平、追赶者阶段；其中本质责任指数高于社会责任和环境责任

2023年，乳制品行业责任实践指数为59.9分，处于三星级水平、追赶者阶段。其中，本质责任指数表现最佳，为67.1分；社会责任指数低于本质责任，为59.6分；环境责任指数得分最低，为54.3分（见表7）。

从议题角度来看，乳制品行业在伙伴责任（84.8分）、政府责任（75.0分）、客户责任（72.7分）方面信息披露水平相对较高，但在员工责任（36.4分）方面表现较弱。乳制品行业应加强员工责任方面的关键信息披露，推进社会责任实践水平不断提升。

表7　乳制品行业责任实践议题得分情况

单位：分

责任板块	责任议题	行业平均分	行业最高分	最佳实践
本质责任(67.1)	股东责任	58.4	100.0	伊利、蒙牛、飞鹤、新希望、光明、皇氏
	客户责任	72.7	96.2	伊利、飞鹤
社会责任(59.6)	政府责任	75.0	100.0	伊利、蒙牛、飞鹤、新希望
	伙伴责任	84.8	100.0	伊利、蒙牛、飞鹤、新希望、中垦乳业、济南佳宝
	员工责任	36.4	81.8	蒙牛、飞鹤
	安全生产	59.7	100.0	伊利、蒙牛、飞鹤、新希望
	社区责任	56.6	100.0	伊利、蒙牛
	乡村振兴	48.5	100.0	伊利、蒙牛
环境责任(54.3)	绿色管理	60.7	100.0	蒙牛
	绿色生产	47.9	81.8	伊利、蒙牛、飞鹤
	绿色运营	54.6	100.0	伊利、蒙牛、光明、三元

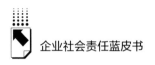

三 食品饮料行业社会责任发展指数（2023）

（一）评价结果

本部分评价的食品饮料行业是指从事食品和饮料加工生产活动的行业，主要包括三大类：农副食品加工、食品制造、酒精和饮料制造。2023年食品饮料行业评价样本企业共有21家，样本企业的社会责任发展指数前10及得分情况如表8所示。

表8　食品饮料行业社会责任发展指数（2023）前10名

单位：分

排名	企业名称	企业性质	CSR专栏	CSR报告	责任管理指数	社会责任发展指数
★★★★						
1	中国盐业集团有限公司	中央企业	有	有	63.0	79.4
2	中国贵州茅台酒厂（集团）有限责任公司	其他国有企业	有	有	61.0	77.3
3	万洲国际有限公司	民营企业	有	有	51.0	75.3
4	牧原食品股份有限公司	民营企业	有	有	61.0	70.3
5	华润啤酒(控股)有限公司	民营企业	有	有	57.0	67.1
6	青岛啤酒股份有限公司	其他国有企业	有	有	54.0	65.7
7	温氏食品集团股份有限公司	其他国有企业	有	有	54.0	64.7
8	农夫山泉股份有限公司	民营企业	有	有	55.0	64.0
9	通威集团有限公司	民营企业	有	有	54.0	60.7
★★★						
10	益海嘉里投资有限公司	民营企业	有	有	55.0	57.5

（二）阶段性特征

1. 食品饮料行业社会责任发展指数为49.9分，总体处于三星级水平、追赶者阶段

食品饮料行业的社会发展指数为49.9分，整体为三星级，处于追赶者

阶段，在11个重点行业中的表现如图1所示。具体来看，四星级企业9家，分别为中盐集团（79.4分）、茅台集团（77.3分）、万洲国际（75.3分）、牧原食品（70.3分）、华润啤酒（67.1分）、青岛啤酒（65.7分）、温氏食品（64.7分）、农夫山泉（64.0分）、通威集团（60.7分）；三星级企业7家；二星级企业1家；一星级企业4家。

2. 食品饮料行业责任管理指数为38.4分，总体处于二星级水平、起步者阶段

2023年，食品饮料行业责任管理指数为38.4分。其中，中盐集团（63.0分）、茅台集团（61.0）、牧原食品（61.0分）三家企业处于四星级水平。

从责任管理的具体议题来看，食品饮料行业责任组织得分最高，为52.1分；责任沟通次之，为36.2分；责任融合得分最低，为11.2分。其中中盐集团、牧原食品、温氏食品在责任组织维度得分最高，为100.0分（见表9）。

表9 食品饮料行业责任管理具体表现

单位：分

责任板块	责任议题	行业平均分	行业最高分	最佳实践
责任管理(38.4)	责任组织	52.1	100.0	牧原食品、温氏食品
	责任融合	11.2	55.0	中盐集团、万洲国际
	责任沟通	36.2	62.5	中盐集团、茅台集团、雀巢中国

3. 食品饮料行业责任实践指数为54.9分，处于三星级水平、追赶者阶段；其中社会责任指数高于本质责任和环境责任

2023年，食品饮料行业责任实践指数为54.9分，处于三星级水平、追赶者阶段。其中，社会责任指数表现最佳，为58.8分；本质责任低于社会责任，为56.9分；环境责任指数得分最低，为49.3分（见表10）。

从议题角度来看，食品饮料行业在伙伴责任（69.8分）、政府责任（66.7分）、股东责任（57.8分）方面信息披露水平相对较高，但在绿色运

营（31.7分）方面表现较弱。食品饮料行业应加强绿色运营方面的关键信息披露，并以此倒逼社会责任实践水平不断提升。

表10　食品饮料行业责任实践议题得分情况

单位：分

责任板块	责任议题	行业平均分	行业最高分	最佳实践
本质责任(56.9)	股东责任	57.8	100.0	中盐集团、茅台集团、万洲国际、青岛啤酒、温氏食品、农夫山泉、海天味业、康师傅、五粮液
	客户责任	56.4	96.2	中盐集团、万洲国际、农夫山泉
社会责任(58.8)	政府责任	66.7	100.0	中盐集团、茅台集团、华润啤酒、温氏食品、通威集团、海天味业、五粮液
	伙伴责任	69.8	100.0	万洲国际、牧原食品、华润啤酒、青岛啤酒、农夫山泉、海天味业
	员工责任	48.9	90.9	中盐集团、万洲国际
	安全生产	57.1	100.0	茅台集团、万洲国际、青岛啤酒
	社区责任	57.3	88.9	万洲国际、牧原食品、温氏食品、农夫山泉
	乡村振兴	54.0	100.0	中盐集团、茅台集团、牧原食品、温氏食品、五粮液
环境责任(49.3)	绿色管理	48.1	100.0	茅台集团
	绿色生产	55.4	100.0	茅台集团、青岛啤酒、雀巢中国
	绿色运营	31.7	66.7	中盐集团、万洲国际

四　动力电池行业社会责任发展指数（2023）

（一）评价结果

本部分评价的动力电池行业主要包括为电动汽车、电动列车、电动自行车、高尔夫球车等提供动力蓄电池的相关企业，以阀口密封式铅酸蓄电池、敞口式管式铅酸蓄电池以及磷酸铁锂蓄电池等为主要动力来源。2023年动力电池行业评价样本共有 11 家，样本企业的社会责任发展指数前 10 及得分如表 11 所示。

表 11 动力电池行业社会责任发展指数（2023）前 10 名

单位：分

排名	企业名称	企业性质	CSR专栏	CSR报告	责任管理指数	社会责任发展指数
★ ★ ★ ★						
1	LG 新能源（中国）	外资企业	有	有	68.0	75.4
2	宁德时代新能源科技股份有限公司	民营企业	有	有	60.0	72.6
2	国轩高科股份有限公司	民营企业	有	有	52.0	72.6
4	中创新航科技集团股份有限公司	其他国有企业	有	有	53.0	64.9
5	欣旺达电子股份有限公司	民营企业	有	有	48.0	62.9
6	孚能科技（赣州）股份有限公司	民营企业	有	有	62.0	60.6
★ ★ ★						
7	惠州亿纬锂能股份有限公司	民营企业	有	有	50.0	49.0
★ ★						
8	深圳市德赛电池科技股份有限公司	其他国有企业	无	无	10.0	29.5
★						
9	微宏动力系统（湖州）有限公司	民营企业	有	无	13.0	15.9
10	蜂巢能源科技股份有限公司	民营企业	有	无	15.5	12.5

（二）阶段性特征

1. 动力电池行业社会责任发展指数为47.4分，总体处于三星级水平、追赶者阶段；其中LG 新能源（中国）、宁德时代、国轩高科、中创新航、欣旺达、孚能科技6家企业达到四星级水平

动力电池行业社会责任发展指数平均得分为 47.4 分，整体为三星级，处于追赶者阶段，在 11 个重点行业中的表现如图 1 所示。具体来看，四星级企业 6 家，为 LG 新能源（中国）（75.4 分）、宁德时代（72.6 分）、国轩高科（72.6 分）、中创新航（64.9 分）、欣旺达（62.9

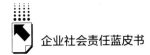

分)、孚能科技（60.6分）；三星级企业1家；二星级企业1家；一星级企业3家。

2.动力电池行业责任管理指数为39.5分，总体处于三星级水平、追赶者阶段

2023年，动力电池行业责任管理指数为39.5分。其中，LG新能源（中国）（68.0分）、孚能科技（62.0分）、宁德时代（60.0分）处于四星级水平。

从责任管理的具体议题来看，动力电池行业责任组织得分最高，为61.4分；责任沟通次之，为27.5分；责任融合得分最低，为20.0分。其中，LG新能源（中国）、孚能科技在责任组织维度得分最高为100分，宁德时代、国轩高科、中创新航、亿纬锂能得分均为87.5分，达到五星级水平（见表12）。

表12　动力电池行业责任管理具体表现

单位：分

责任板块	责任议题	行业平均分	行业最高分	最佳实践
责任管理(39.5)	责任组织	61.4	100.0	LG新能源(中国)、孚能科技
	责任融合	20.0	55.0	LG新能源(中国)、宁德时代
	责任沟通	27.5	42.5	LG新能源(中国)、宁德时代

3.动力电池行业责任实践指数为50.6分，处于三星级水平、追赶者阶段；本质责任指数得分高于社会责任和环境责任

2023年动力电池行业责任实践指数平均分为50.6分，处于三星级水平、追赶者阶段。其中，本质责任指数表现最佳，为60.5分；环境责任低于本质责任，为47.5分；社会责任指数得分最低，为45.8分。

从议题角度来看，动力电池行业在客户责任（65.0分）、伙伴责任（55.9分）、绿色生产（54.1分）、社区责任（51.3分）方面信息披露水平相对较高。但在乡村振兴（37.2分）方面表现较弱。动力电池行业应进一

步支持乡村振兴工作，并加强关键信息披露，以此推动社会责任实践水平不断提升（见表13）。

表 13　动力电池行业责任实践议题得分情况

单位：分

责任板块	责任议题	行业平均分	行业最高分	最佳实践
本质责任（60.5）	股东责任	48.4	100.0	LG新能源（中国）、国轩高科、德赛电池
	客户责任	65.0	90.0	LG新能源（中国）、中创新航
社会责任（45.8）	政府责任	47.7	75.0	LG新能源（中国）、宁德时代、国轩高科、欣旺达、亿纬锂能
	伙伴责任	55.9	100.0	LG新能源（中国）、国轩高科、中创新航
	员工责任	40.5	90.9	LG新能源（中国）、国轩高科
	安全生产	39.2	83.3	中创新航
	社区责任	51.3	88.9	LG新能源（中国）、宁德时代
	乡村振兴	37.2	100.0	国轩高科
环境责任（47.5）	绿色管理	42.7	87.5	宁德时代、中创新航
	绿色生产	54.1	100.0	LG新能源（中国）、中创新航
	绿色运营	40.9	100.0	LG新能源（中国）、宁德时代、欣旺达

五　建筑行业社会责任发展指数（2023）

（一）评价结果

本部分评价的建筑行业包括房屋和土木工程建筑行业、建筑安装业、建筑装饰业和其他建筑行业四大领域，涉及建筑物的建造施工、装饰和建筑物内设备安装三大环节。2023年建筑行业评价样本共有22家，样本企业的社会责任发展指数前10及得分如表14所示。

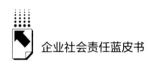
表 14　建筑行业社会责任发展指数（2023）前 10 名

单位：分

排名	企业名称	企业性质	CSR专栏	CSR报告	责任管理指数	社会责任发展指数
★★★★★						
1	中国交通建设集团有限公司	中央企业	有	有	84.0	87.3
2	中国电力建设集团有限公司	中央企业	有	有	61.0	83.5
3	中国建筑集团有限公司	中央企业	有	有	85.0	82.4
★★★★						
4	中国铁道建筑集团有限公司	中央企业	有	有	47.0	72.6
5	中国铁路工程集团有限公司	中央企业	有	有	48.0	70.8
6	广东省铁路建设投资集团有限公司	其他国有企业	有	有	52.0	66.3
7	江苏中南建设集团股份有限公司	民营企业	有	有	49.0	63.7
8	中国能源建设集团有限公司	中央企业	有	有	62.0	63.2
★★★						
9	中国冶金科工集团有限公司	中央企业	有	有	56.0	57.8
10	上海建工集团股份有限公司	其他国有企业	有	有	46.0	52.5

（二）阶段性特征

1. 建筑行业社会责任发展指数为42.8分，总体处于三星级水平、追赶者阶段；中国交建、中国电建、中国建筑3家企业达到五星级水平

建筑行业社会责任发展指数平均得分为 42.8 分，整体为三星级，处于追赶者阶段，在 11 个重点行业中的表现如图 1 所示。具体来看，五星级企业 3 家，为中国交建（87.3 分）、中国电建（83.5 分）、中国建筑（82.4 分）；四星级企业 5 家；三星级企业 9 家；二星级企业 2 家；一星级企业 3 家。

2. 建筑行业责任管理指数为29.5分，总体处于二星级水平、起步者阶段

2023 年，建筑行业责任管理指数为 29.5 分。其中，中国建筑（85.0 分）、中国交建（84.0 分）处于五星级水平。

从责任管理的具体议题来看，建筑行业责任沟通得分最高，为 35.4 分；

责任组织次之，为 27.4 分；责任融合得分最低，为 22.0 分。其中，中国交建在责任组织维度得分最高（100.0 分）；中国建筑和中国铁建在责任融合维度得分最高（100.0 分），均达到五星级水平、卓越者阶段（见表 15）。

表 15　建筑行业责任管理具体表现

单位：分

责任板块	责任议题	行业平均分	行业最高分	最佳实践
责任管理(29.5)	责任组织	27.4	100.0	中国交建
	责任融合	22.0	100.0	中国建筑、中国铁建
	责任沟通	35.4	75.0	中国建筑

3. 建筑行业责任实践指数为 48.4 分，处于三星级水平、追赶者阶段；社会责任指数得分高于本质责任和环境责任

2023 年，建筑行业责任实践指数平均分为 48.4 分，处于三星级水平、追赶者阶段。其中，社会责任指数表现最佳，为 54.3 分；本质责任指数得分次之，为 45.9 分；环境责任指数得分最低，为 44.7 分。

从议题角度来看，建筑行业在政府责任（71.8 分）、安全生产（59.4 分）、社区责任（57.3 分）方面信息披露水平相对较高。但在绿色生产（38.7 分）方面表现较差。建筑行业应加强绿色生产关键信息披露，并以此倒逼社会责任实践的改进（见表 16）。

表 16　建筑行业责任实践议题得分情况

单位：分

责任板块	责任议题	行业平均分	行业最高分	最佳实践
本质责任(45.9)	股东责任	47.1	100.0	中国交建、中国电建、中国铁建、中国能建
	客户责任	45.2	100.0	中国电建
社会责任(54.3)	政府责任	71.8	100.0	中国交建、中国电建、中国建筑、中国铁建、中国中铁、中国能建
	伙伴责任	48.5	100.0	中国交建、中国电建、中国建筑、中国铁建、中国中铁

续表

责任板块	责任议题	行业平均分	行业最高分	最佳实践
社会责任（54.3）	员工责任	44.1	90.9	中国电建
	安全生产	59.4	100.0	中国交建、中国电建、中国能建
	社区责任	57.3	100.0	中国交建
	乡村振兴	45.8	100.0	中国交建、中国铁建
环境责任（44.7）	绿色管理	51.6	100.0	中国交建、中国电建
	绿色生产	38.7	88.9	中国建筑
	绿色运营	46.9	100.0	中国交建、中国电建、中国建筑、中国中铁

六　钢铁行业社会责任发展指数（2023）

（一）评价结果

本部分评价的钢铁行业指以从事黑色金属矿物采选和黑色金属冶炼加工等工业生产活动的工业行业，包括金属铁等矿物的采选业、炼铁业、炼钢业、钢加工业、铁合金冶炼业、钢丝及其制品业等细分行业，是国家重要的原材料工业之一。2023年钢铁行业评价样本共有24家，样本企业的社会责任发展指数前10及得分如表17所示。

表17　钢铁行业社会责任发展指数（2023）前10名

单位：分

排名	企业名称	企业性质	CSR专栏	CSR报告	责任管理指数	社会责任发展指数
★★★★★						
1	中国宝武钢铁集团有限公司	中央企业	有	有	73.0	88.4
2	浦项（中国）投资有限公司	外资企业	有	有	78.0	84.9

续表

排名	企业名称	企业性质	CSR专栏	CSR报告	责任管理指数	社会责任发展指数
★★★★						
3	新兴际华集团有限公司	中央企业	有	有	55.0	75.5
4	鞍钢集团有限公司	中央企业	有	有	66.0	67.8
5	河钢集团有限公司	其他国有企业	有	有	36.0	64.8
6	包头钢铁(集团)有限责任公司	其他国有企业	有	有	48.0	61.9
★★★						
7	杭州钢铁集团有限公司	其他国有企业	无	无	59.0	56.7
8	首钢集团有限公司	其他国有企业	有	有	54.0	48.2
9	中国钢研科技集团有限公司	中央企业	有	有	45.0	46.5
10	北京建龙重工集团有限公司	民营企业	有	有	19.0	46.2

（二）阶段性特征

1. 钢铁行业社会责任发展指数为42.4分，总体处于三星级水平、追赶者阶段；中国宝武、浦项（中国）2家企业达到五星级水平

钢铁行业社会责任发展指数平均得分为42.4分，整体为三星级，处于追赶者阶段，在11个重点行业中的表现如图1所示。具体来看，五星级企业2家，为中国宝武（88.4分）、浦项（中国）（84.9分）；四星级企业4家；三星级企业9家；二星级企业3家；一星级企业6家。

2. 钢铁行业责任管理指数为30.5分，总体处于二星级水平、起步者阶段

2023年，钢铁行业责任管理指数为30.5分。其中，浦项（中国）（78.0分）、中国宝武（73.0分）、鞍钢集团（66.0分）处于四星级水平。

从责任管理的具体议题来看，钢铁行业责任沟通得分最高，为30.8分；责任组织次之，为30.4分；责任融合得分较低，为30.2分。其中，浦项（中国）、鞍钢集团在责任融合维度得分最高（100.0分），达到五星级水平、卓越者阶段（见表18）。

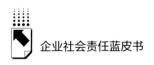

表 18　钢铁行业责任管理具体表现

单位：分

责任板块	责任议题	行业平均分	行业最高分	最佳实践
责任管理（30.5）	责任组织	30.4	75.0	浦项（中国）
	责任融合	30.2	100.0	浦项（中国）、鞍钢集团
	责任沟通	30.8	70.0	浦项（中国）

3. 钢铁行业责任实践指数为47.5分，处于三星级水平、追赶者阶段；本质责任指数得分高于社会责任和环境责任

2023 年钢铁行业责任实践指数平均分为 47.5 分，处于三星级水平、追赶者阶段。其中，本质责任指数表现最佳，为 49.6 分；社会责任略低于本质责任，为 47.3 分；环境责任指数得分较低，为 46.1 分。

从议题角度来看，钢铁行业在政府责任（68.8 分）、股东责任（59.5分）、乡村振兴（54.2 分）方面信息披露水平相对较高。但在员工责任（33.0 分）方面表现较差。钢铁行业应加强员工责任关键信息披露，并以此倒逼社会责任实践的改进（见表 19）。

表 19　钢铁行业责任实践议题得分情况

单位：分

责任板块	责任议题	行业平均分	行业最高分	最佳实践
本质责任（49.6）	股东责任	59.5	100.0	中国宝武、浦项（中国）、新兴际华
	客户责任	44.4	100.0	浦项（中国）
社会责任（47.3）	政府责任	68.8	100.0	中国宝武、浦项（中国）、中国钢研
	伙伴责任	45.8	100.0	中国宝武、浦项（中国）、新兴际华
	员工责任	33.0	100.0	浦项（中国）
	安全生产	43.8	100.0	浦项（中国）
	社区责任	52.1	100.0	中国宝武、新兴际华
	乡村振兴	54.2	100.0	中国宝武、鞍钢集团、河钢集团
环境责任（46.1）	绿色管理	51.5	100.0	中国宝武
	绿色生产	37.7	100.0	浦项（中国）
	绿色运营	52.1	100.0	中国宝武、浦项（中国）、新兴际华

七　汽车零部件行业社会责任发展指数（2023）

（一）评价结果

本部分评价的汽车零部件行业是指从事机动车辆及其车身的各种零配件制造的工业行业，包括汽车部件、汽车零件等细分行业，属于制造业中汽车制造行业的分行业。2023 年汽车零部件行业评价样本共有 10 家，样本企业的社会责任发展指数得分如表 20 所示。

表 20　汽车零部件行业社会责任发展指数（2023）前 10 名

单位：分

排名	企业名称	企业性质	CSR 专栏	CSR 报告	责任管理指数	社会责任发展指数
★★★★						
1	宁德时代新能源科技股份有限公司	民营企业	有	有	60.0	72.6
2	潍柴动力股份有限公司	其他国有企业	有	有	49.0	68.2
3	摩比斯中国	外资企业	有	有	20.0	62.0
★★★						
4	敏实集团有限公司	民营企业	有	有	52.0	58.6
5	华域汽车系统股份有限公司	其他国有企业	有	有	29.0	46.2
★★						
6	广西玉柴机器集团有限公司	其他国有企业	有	无	10.0	30.0
★						
7	宁波拓普集团股份有限公司	合资企业	有	有	12.0	14.6
8	普利司通中国	外资企业	有	无	10.0	12.5
9	博世(中国)投资有限公司	外资企业	有	无	0.0	12.0
10	北京海纳川汽车部件股份有限公司	其他国有企业	无	无	10.0	7.5

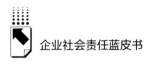

（二）阶段性特征

1.汽车零部件行业社会责任发展指数为38.4分，总体处于二星级水平、起步者阶段；其中，宁德时代、潍柴动力、摩比斯中国达到四星级水平

汽车零部件行业社会责任发展指数平均得分为38.4分，整体为二星级，处于起步者阶段，在11个重点行业中的表现如图1所示。具体来看，四星级企业3家，为宁德时代（72.6分）、潍柴动力（68.2分）、摩比斯中国（62.0分）；三星级企业2家；二星级企业1家；一星级企业4家。

2.汽车零部件行业责任管理指数为25.2分，总体处于二星级水平、起步者阶段

2023年，汽车零部件行业责任管理指数为25.2分。其中，宁德时代（60.0分）处于四星级水平，敏实集团（52.0分）和潍柴动力（49.0分）两家企业处于三星级水平。

从责任管理的具体议题来看，汽车零部件行业责任组织得分最高，为30.0分；责任沟通次之，为28.5分；责任融合得分最低，为9.0分（见表21）。其中，宁德时代和敏实集团在责任组织（87.5分）维度得分较高，达到五星级水平；宁德时代（45.0分）在责任融合维度得分较高，处于三星级水平；潍柴动力（47.5分）、摩比斯中国（45.0分）和宁德时代（40.0分）在责任沟通维度得分较高，达到三星级水平。

表21 汽车零部件行业责任管理具体表现

单位：分

责任板块	责任议题	行业平均分	行业最高分	最佳实践
责任管理(25.2)	责任组织	30.0	87.5	宁德时代、敏实集团
	责任融合	9.0	45.0	宁德时代
	责任沟通	28.5	47.5	潍柴动力

3.汽车零部件行业责任实践指数为44.1分，处于三星级水平、追赶者阶段；其中社会责任指数得分高于本质责任和环境责任

2023年，汽车零部件行业责任实践指数为44.1分，处于三星级水平、

追赶者阶段。其中，社会责任维度表现最佳，为 45.0 分；本质责任低于社会责任，为 44.3 分；环境责任指数得分最低，为 43.2 分。

从议题角度来看，汽车零部件行业在伙伴责任（71.0 分）、政府责任（60.0 分）方面信息披露水平相对较高，但在乡村振兴（30.0 分）、员工责任（30.0 分）方面表现较弱（见表 22）。汽车零部件行业应加强乡村振兴、员工责任方面的关键信息披露，并以此倒逼社会责任实践水平不断提升。

表 22　汽车零部件行业责任实践议题得分情况

单位：分

责任板块	责任议题	行业平均分	行业最高分	最佳实践
本质责任(44.3)	股东责任	47.7	100.0	潍柴动力、华域汽车
	客户责任	43.5	90.0	摩比斯中国
社会责任(45.0)	政府责任	60.0	100.0	摩比斯中国
	伙伴责任	71.0	100.0	宁德时代、潍柴动力、摩比斯中国、敏实集团、华域汽车
	员工责任	30.0	63.6	宁德时代、摩比斯中国
	安全生产	36.3	85.7	潍柴动力、摩比斯中国
	社区责任	38.9	88.9	宁德时代
	乡村振兴	30.0	66.7	宁德时代、博世中国
环境责任(43.2)	绿色管理	52.1	100.0	潍柴动力、摩比斯中国
	绿色生产	35.6	77.3	宁德时代
	绿色运营	40.0	100.0	宁德时代、摩比斯中国

八　汽车行业社会责任发展指数（2023）

（一）评价结果

本部分评价的汽车行业特指汽车制造业中的整车制造行业，即从事乘用车、商用车等各类汽车发动机、变速器、车轴、车身等主要总成制造及整车装配的相关行业。汽车制造业在国家经济发展中起着重要支柱作用，集中了众多领域里的新材料、新设备、新工艺和新技术，汽车制造业的发展直接推动了科技和工业的进步。2023 年汽车行业的评价样本由 56 家整车制造企业组成，样本企业的社会责任发展指数前 10 及得分如表 23 所示。

表 23　汽车行业社会责任发展指数（2023）前 10 名

单位：分

排名	企业名称	企业性质	CSR 专栏	CSR 报告	责任管理指数	社会责任发展指数
★★★★★						
1	现代汽车集团(中国)	外资企业	有	有	91.0	93.8
2	东风汽车集团有限公司	中央企业	有	有	94.0	88.4
3	中国第一汽车集团有限公司	中央企业	有	有	80.0	88.3
4	江苏悦达起亚汽车有限公司	合资企业	有	有	63.0	80.4
★★★★						
5	广汽本田汽车有限公司	合资企业	有	有	55.0	77.0
6	浙江吉利控股集团有限公司	民营企业	有	有	76.0	75.2
7	比亚迪股份有限公司	民营企业	有	有	47.0	68.6
8	长城汽车股份有限公司	民营企业	有	有	55.0	68.5
9	东风本田汽车有限公司	合资企业	有	有	51.0	68.3
10	上海汽车集团股份有限公司	其他国有企业	有	有	37.0	68.2

（二）阶段性特征

1. 汽车行业社会责任发展指数为38.0分，总体处于二星级水平、起步者阶段；其中，现代汽车集团（中国）、东风公司、中国一汽、江苏悦达起亚达到五星级水平

汽车行业社会责任发展指数为38.0分，整体为二星级，处于起步者阶段，在11个重点行业中的表现如图1所示。具体来看，五星级企业4家，为现代汽车集团（中国）（93.8分）、东风公司（88.4分）、中国一汽（88.3分）、江苏悦达起亚（80.4分）；四星级企业9家；三星级企业9家；二星级企业18家；一星级企业16家。

2. 汽车行业责任管理指数为25.5分，总体处于二星级水平、起步者阶段

2023年，汽车行业责任管理指数为25.5分。其中，东风公司（94.0分）、现代汽车集团（中国）（91.0分）、中国一汽（80.0分）得分较高，达到五星级水平；吉利控股（76.0分）、本田汽车（中国）（66.0分）、江苏悦达起亚（63.0分），达到四星级水平。

从责任管理的组织、融合、沟通三个维度具体来看，汽车行业责任组织和责任沟通得分最高，为28.7分；责任融合得分最低，为12.5分。其中，现代汽车集团（中国）、东风公司、本田汽车（中国）在责任组织（100.0分）维度得分较高，东风公司、中国一汽在责任融合（100.0分）维度得分较高，中国一汽在责任沟通（100.0分）维度得分较高，均达到五星级水平（见表24）。

表24　汽车行业责任管理具体表现

单位：分

责任板块	责任议题	行业平均分	行业最高分	最佳实践
责任管理（25.5）	责任组织	28.7	100.0	现代汽车集团（中国）、东风公司、本田汽车（中国）
	责任融合	12.5	100.0	东风公司、中国一汽
	责任沟通	28.7	100.0	中国一汽

3. 汽车行业责任实践指数为43.4分，处于三星级水平、追赶者阶段；其中本质责任指数得分高于社会责任和环境责任

2023年，汽车行业责任实践指数为43.4分，处于三星级水平、追赶者阶段。其中，本质责任指数表现最佳，为45.9分；环境责任指数低于本质责任，为43.7分；社会责任指数得分最低，为41.1分（见表25）。

从议题角度来看，汽车行业在股东责任（61.4分）、政府责任（57.6分）、绿色运营（52.7分）方面信息披露水平相对较高，但在员工责任（28.4分）方面表现较差。汽车行业应加强员工责任方面的关键信息披露，并以此倒逼社会责任实践水平不断提升。

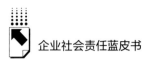

表25 汽车行业责任实践议题得分情况

单位：分

责任板块	责任议题	行业平均分	行业最高分	最佳实践
本质责任(45.9)	股东责任	61.4	100.0	现代汽车集团(中国)、东风公司、中国一汽、江苏悦达起亚、吉利控股、比亚迪、长城汽车、东风本田、一汽解放、北汽集团、理想汽车、小鹏汽车、本田汽车(中国)、中国中车、长安汽车、北汽福田、大众汽车集团(中国)、国机汽车、江汽集团、蔚来、通用汽车(中国)、保时捷(中国)、华晨汽车
	客户责任	40.5	100.0	现代汽车集团(中国)
社会责任(41.1)	政府责任	57.6	100.0	现代汽车集团(中国)、东风公司、中国一汽、江苏悦达起亚、广汽本田、吉利控股、比亚迪、长城汽车、东风本田、上汽集团、广汽丰田、东风日产、国机汽车、一汽-大众
	伙伴责任	45.7	100.0	现代汽车集团(中国)、东风公司、中国一汽、江苏悦达起亚、广汽本田、吉利控股、比亚迪、东风本田、上汽集团、一汽解放、东风日产、长安汽车、江铃集团、一汽-大众
	员工责任	28.4	100.0	东风公司、中国一汽
	安全生产	34.7	100.0	现代汽车集团(中国)、东风公司、中国一汽、江苏悦达起亚、广汽本田、上汽集团
	社区责任	44.9	100.0	现代汽车集团(中国)、东风公司、比亚迪、北汽集团
	乡村振兴	37.5	100.0	吉利控股、东风本田、一汽解放、中国中车、北汽福田
环境责任(43.7)	绿色管理	48.1	100.0	现代汽车集团(中国)、广汽本田、上汽集团、一汽解放
	绿色生产	36.8	100.0	江苏悦达起亚
	绿色运营	52.7	100.0	现代汽车集团(中国)、东风公司、中国一汽、江苏悦达起亚、广汽本田、吉利控股、东风本田、上汽集团、北汽集团、广汽丰田、广汽集团、梅德赛斯-奔驰(中国)、戴姆勒中国

九 半导体行业社会责任发展指数（2023）

（一）评价结果

本部分评价的半导体行业指以半导体为基础而发展起来的产业链上游半导体原材料与设备供应产业及中游半导体产品制造产业。2023 年半导体行业评价样本共有 20 家，样本企业的社会责任发展指数前 10 及得分如表 26 所示。

表 26 半导体行业社会责任发展指数（2023）前 10 名

单位：分

排名	企业名称	企业性质	CSR 专栏	CSR 报告	责任管理指数	社会责任发展指数
★★★★★						
1	三星（中国）投资有限公司	外资企业	有	有	93.0	93.9
2	苹果（中国）有限公司	外资企业	有	有	85.0	80.5
★★★★						
3	SK 海力士半导体（中国）有限公司	外资企业	有	有	67.0	77.1
4	华润微电子有限公司	其他国有企业	有	有	53.0	70.4
5	歌尔股份有限公司	民营企业	有	有	47.0	61.1
★★★						
6	杭州士兰微电子股份有限公司	民营企业	有	有	61.0	57.8
7	上海韦尔半导体股份有限公司	民营企业	有	有	34.0	50.7
8	兆易创新科技集团股份有限公司	民营企业	有	有	34.0	49.7
9	紫光国芯微电子股份有限公司	民营企业	有	有	14.0	41.2
★★						
10	高通（中国）控股有限公司	外资企业	有	有	41.0	35.3

（二）阶段性特征

1. 半导体行业社会责任发展指数为 36.8 分，总体处于二星级水平、起步者阶段；中国三星、苹果公司 2 家企业达到五星级水平

半导体行业社会责任发展指数平均得分为 36.8 分，整体为二星级，处

于起步者阶段，在 11 个重点行业中的表现如图 1 所示。具体来看，五星级企业 2 家，为中国三星（93.9 分）、苹果公司（80.5 分）；四星级企业 3 家；三星级企业 4 家；二星级企业 2 家；一星级企业 9 家。

2. 半导体行业责任管理指数为31.8分，总体处于二星级水平、起步者阶段

2023 年，半导体行业责任管理指数为 31.8 分。其中，中国三星（93.0 分）、苹果公司（85.0 分）处于五星级水平。

从责任管理的具体议题来看，半导体行业责任组织得分最高，为 37.6 分；责任沟通次之，为 32.8 分；责任融合得分最低，为 18.3 分。其中，中国三星、士兰微电子在责任组织（100.0 分）维度得分最高，达到五星级水平、卓越者阶段（见表 27）。

表 27　半导体行业责任管理具体表现

单位：分

责任板块	责任议题	行业平均分	行业最高分	最佳实践
责任管理（31.8）	责任组织	37.6	100.0	中国三星、士兰微电子
	责任融合	18.3	100.0	中国三星、苹果公司
	责任沟通	32.8	82.5	中国三星

3. 半导体行业责任实践指数为38.9分，处于二星级水平、起步者阶段；社会责任指数得分高于本质责任和环境责任

2023 年半导体行业责任实践指数平均分为 38.9 分，处于二星级水平、起步者阶段。其中，社会责任指数表现最佳，为 41.2 分；本质责任略低于社会责任，为 39.3 分；环境责任指数得分最低，为 36.4 分。

从议题角度来看，半导体行业在社区责任（55.9 分）、伙伴责任（53.8 分）、政府责任（51.3 分）、股东责任（43.6 分）方面信息披露水平相对较高。但在乡村振兴（21.7 分）、绿色生产（30.0 分）、员工责任（30.9 分）方面表现较差。半导体行业应加强乡村振兴、绿色生产、员工责任关键信息披露，并以此倒逼社会责任实践的改进（见表 28）。

表28　半导体行业责任实践议题得分情况

单位：分

责任板块	责任议题	行业平均分	行业最高分	最佳实践
本质责任(39.3)	股东责任	43.6	100.0	中国三星
	客户责任	37.3	100.0	中国三星
社会责任(41.2)	政府责任	51.3	100.0	SK海力士(中国)、华润微电子、士兰微电子、紫光国微
	伙伴责任	53.8	100.0	歌尔、豪威集团、兆易创新、高通中国
	员工责任	30.9	100.0	中国三星
	安全生产	32.1	88.9	中国三星、SK海力士(中国)
	社区责任	55.9	100.0	苹果公司、SK海力士(中国)、华润微电子、歌尔
	乡村振兴	21.7	100.0	中国三星、苹果公司、SK海力士(中国)
环境责任(36.4)	绿色管理	38.1	92.3	苹果公司、士兰微电子
	绿色生产	30.0	100.0	中国三星、苹果公司
	绿色运营	33.3	100.0	中国三星、苹果公司、华润微电子、歌尔

十　机械设备制造业社会责任发展指数（2023）

（一）评价结果

本部分评价的机械设备制造业是指从事各种动力机械，起重运输机械，农业机械，冶金矿山机械，化工机械，纺织机械，机床、工具、仪器、仪表及其他机械设备等生产的行业。2023年机械设备制造业评价样本共有27家，样本企业的社会责任发展指数前10及得分如表29所示。

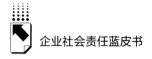

表 29　机械设备制造业社会责任发展指数（2023）前 10 名

单位：分

排名	企业名称	企业性质	CSR 专栏	CSR 报告	责任管理指数	社会责任发展指数
★★★★						
1	中国一重集团有限公司	中央企业	有	有	59.0	76.7
2	中国东方电气集团有限公司	中央企业	有	有	56.0	75.4
3	中国通用技术(集团)控股有限责任公司	中央企业	有	有	67.0	72.7
4	金风科技股份有限公司	民营企业	有	有	61.0	72.6
5	中国国际海运集装箱(集团)股份有限公司	其他国有企业	有	有	52.0	72.4
6	哈尔滨电气集团有限公司	中央企业	有	有	72.0	68.3
7	三一集团有限公司	民营企业	有	有	37.0	66.6
8	上海电气集团股份有限公司	其他国有企业	有	有	49.0	64.5
★★★						
9	中国煤炭科工集团有限公司	中央企业	有	无	21.0	56.7
10	特变电工股份有限公司	民营企业	有	有	17.0	56.1

（二）阶段性特征

1.机械设备制造业社会责任发展指数为34.8分，总体处于二星级水平、起步者阶段；中国一重、东方电气、通用技术集团、金风科技、中集集团、哈电集团、三一集团、上海电气8家企业达到四星级水平

机械设备制造业社会责任发展指数平均得分为34.8分，整体为二星级，处于起步者阶段，在11个重点行业中的表现如图1所示。具体来看，四星级企业8家，为中国一重（76.7分）、东方电气（75.4分）、通用技术集团（72.7分）、金风科技（72.6分）、中集集团（72.4分）、哈电集团（68.3分）、三一集团（66.6分）、上海电气（64.5分）；三星级企业3家；二星级企业5家；一星级企业11家。

2. 机械设备制造业责任管理指数为23.4分，总体处于二星级水平、起步者阶段

2023 年，机械设备制造业责任管理指数为 23.4 分。其中，哈电集团（72.0 分）、通用技术集团（67.0 分）、金风科技（61.0 分）三家企业处于四星级水平。

从责任管理的具体议题来看，机械设备制造业责任沟通得分最高，为 24.6 分；责任组织得分次之，为 24.4 分；责任融合得分最低，为 18.9 分。其中，哈电集团在责任组织维度得分较高，为 100.0 分；哈电集团和通用技术集团在责任融合维度得分较高，为 100.0 分；均达到五星级水平、卓越者阶段（见表 30）。

表 30　机械设备制造业责任管理具体表现

单位：分

责任板块	责任议题	行业平均分	行业最高分	最佳实践
责任管理（23.4）	责任组织	24.4	100.0	哈电集团
	责任融合	18.9	100.0	哈电集团、通用技术集团
	责任沟通	24.6	62.5	东方电气

3. 机械设备制造业责任实践指数为39.4分，处于二星级水平、起步者阶段；其中社会责任指数得分高于本质责任和环境责任

2023 年，机械设备制造业责任实践指数平均分为 39.4 分，处于二星级水平、起步者阶段。其中，社会责任指数表现最佳，为 40.7 分；本质责任指数低于社会责任，为 39.4 分；环境责任指数得分最低，为 38.1 分（见表 31）。

从议题角度来看，机械设备制造业在政府责任（53.7 分）、股东责任（50.9 分）、伙伴责任（45.0 分）、绿色管理（42.7 分）、绿色运营（42.0 分）方面信息披露水平相对较高，但在绿色生产（30.2 分）方面表现较弱。机械设备制造业应加强绿色生产方面的关键信息披露，并以此倒逼社会责任实践水平不断提升。

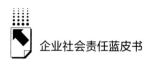

表31 机械设备制造业责任实践议题得分情况

单位：分

责任板块	责任议题	行业平均分	行业最高分	最佳实践
本质责任(39.4)	股东责任	50.9	100.0	中国一重、东方电气、中集集团、哈电集团、三一集团、特变电工、三菱电机（中国）、ABB（中国）、上海电气、金风科技
	客户责任	33.1	92.3	中集集团
社会责任(40.7)	政府责任	53.7	100.0	中国一重、东方电气、通用技术集团、中集集团、哈电集团、三一集团、特变电工、金风科技
	伙伴责任	45.0	100.0	中国一重、中集集团、哈电集团、三一集团、特变电工、金风科技、正泰集团
	员工责任	33.3	100.0	中国一重
	安全生产	36.1	100.0	三一集团
	社区责任	39.5	100.0	三一集团
	乡村振兴	38.5	100.0	中国一重、东方电气、通用技术集团、哈电集团
环境责任(38.1)	绿色管理	42.7	92.3	通用技术集团
	绿色生产	30.2	88.9	三一集团
	绿色运营	42.0	100.0	中国一重、中集集团、日立（中国）、电装（中国）

十一 石油化工行业社会责任发展指数（2023）

（一）评价结果

本部分评价的石油化工行业包括油气勘探、油气田开发、钻井工程、采油工程、油气集输、原油储运、石油炼制、化工生产、油品/化工销售等，生产社会需要的汽油、煤油、柴油、润滑油、化工原料、合成树脂、合成橡胶、合成纤维、化肥等多种石油、化工产品。2023年石油化工行业评价样本共有 26 家，样本企业的社会责任发展指数前 10 及得分如表 32 所示。

表 32　石油化工行业社会责任发展指数（2023）前 10 名

单位：分

排名	企业名称	企业性质	CSR 专栏	CSR 报告	责任管理指数	社会责任发展指数
★ ★ ★ ★ ★						
1	中国石油化工集团有限公司	中央企业	有	有	92.0	88.5
★ ★ ★ ★						
2	LG 化学（中国）投资有限公司	外资企业	有	有	66.0	79.6
3	中国海洋石油集团有限公司	中央企业	有	有	55.0	65.8
4	中国化学工程集团有限公司	中央企业	有	有	63.0	64.9
5	云天化集团有限责任公司	其他国有企业	有	有	42.0	64.1
6	中国石油天然气集团有限公司	中央企业	有	有	55.0	63.5
7	荣盛石化股份有限公司	民营企业	有	有	42.0	61.4
★ ★ ★						
8	万华化学集团股份有限公司	中外合资企业	有	有	55.0	50.5
★ ★						
9	新疆中泰化学股份有限公司	其他国有企业	有	有	14.0	29.2
10	湖北宜化集团有限责任公司	其他国有企业	无	无	4.0	25.0

（二）阶段性特征

1. 石油化工行业社会责任发展指数为29.9分，总体处于二星级水平、起步者阶段；其中中国石化达到五星级水平

石油化工行业社会责任发展指数为 29.9 分，整体为二星级，处于起步者阶段，在 11 个重点行业中的表现如图 1 所示。具体来看，五星级企业 1 家，为中国石化（88.5 分）；四星级企业 6 家，为 LG 化学（中国）（79.6 分）、中国海油（65.8 分）、中国化学（64.9 分）、云天化（64.1 分）、中国石油（63.5 分）、荣盛石化（61.4 分）；三星级企业 1 家；二星级企业 5 家；一星级企业 13 家。

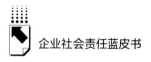

2.石油化工行业责任管理指数为23.0分，总体处于二星级水平、起步者阶段

2023年，石油化工行业责任管理指数为23.0分。其中，中国石化（92.0分）处于五星级水平，LG化学（中国）（66.0分）、中国化学（63.0分）处于四星级水平。

从责任管理的组织、融合、沟通三个维度具体来看，石油化工行业责任沟通得分最高，为25.9分；责任组织次之，为23.7分；责任融合得分最低，为16.0分。其中，中国化学在责任组织维度得分最高，为87.5分；中国石化在责任融合维度和责任沟通维度得分最高，分别为100.0分和95.0分，均达到五星级水平、卓越者阶段（见表33）。

表33　石油化工行业责任管理具体表现

单位：分

责任板块	责任议题	行业平均分	行业最高分	最佳实践
责任管理(23.0)	责任组织	23.7	87.5	中国化学
	责任融合	16.0	100.0	中国石化
	责任沟通	25.9	95.0	中国石化

3.石油化工行业责任实践指数为33.6分，处于二星级水平、起步者阶段；其中社会责任指数得分高于本质责任和环境责任

2023年，石油化工行业责任实践指数平均分为33.6分，处于二星级水平、起步者阶段。其中，社会责任指数表现最佳，为34.1分；本质责任低于社会责任，为33.7分；环境责任指数得分最低，为33.0分（见表34）。

从责任实践的具体议题来看，石油化工行业在股东责任（52.2分）、政府责任（51.2分）、绿色管理（41.7分）方面披露信息水平较高，达到三星级水平。但在绿色生产（22.8分）方面表现较弱。作为环境敏感型企业，石油化工行业应该更加注重在绿色生产方面的责任实践和信息披露。

表34 石油化工行业责任实践议题得分情况

单位：分

责任板块	责任议题	行业平均分	行业最高分	最佳实践
本质责任(33.7)	股东责任	52.2	100.0	中国石化、LG化学（中国）、中国海油、中国石油、中国中化、中国化学、延长石油、壳牌（中国）、康菲石油（中国）、埃克森美孚（中国）、道达尔（中国）
	客户责任	23.9	84.6	中国石油、云天化
社会责任(34.1)	政府责任	51.2	100.0	中国石化、LG化学（中国）、中国海油、中国石油
	伙伴责任	39.4	100.0	中国石化、LG化学（中国）、云天化、荣盛石化、中泰化学
	员工责任	26.3	81.8	LG化学（中国）、中国石油、中国化学、云天化
	安全生产	28.6	100.0	中国石化、LG化学（中国）
	社区责任	37.5	100.0	中国石化
	乡村振兴	25.6	100.0	中国石化、中国海油、中国石油
环境责任(33.0)	绿色管理	41.7	100.0	中国石化、云天化、荣盛石化
	绿色生产	22.8	100.0	中国石化
	绿色运营	32.1	100.0	中国石化、LG化学（中国）、中国石油

B.6

重点行业上市公司
Wind ESG 指数（2023）

摘　要： 本报告选取了 6 个社会关注度高，对环境、社会、治理影响力大的行业进行重点分析，通过考察各行业的 Wind ESG 指数，探究行业 ESG 管理实践水平。研究发现，6 个行业中，金融行业 Wind ESG 指数得分最高，为 6.68 分，与医药制造行业、水务行业、有色金属行业同处于 BBB 级水平；电气设备行业 Wind ESG 指数得分最低，为 5.81 分，与煤炭行业同处于 BB 级水平。

关键词： 上市公司　Wind ESG 指数　ESG 管理实践　ESG 争议事件

　　万得（Wind）在深入研究国际主流 ESG 标准框架的基础上，结合中国资本市场投资实践与中国上市公司内在特点，依托自身强大的数据能力，构建了以数据驱动为核心的 Wind ESG 评级体系。Wind ESG 评级指标体系由管理实践与争议事件组成，在与国际主流 ESG 体系架构接轨的同时，充分考虑中国资本市场现状、监管政策和中国企业具体 ESG 实践，构建了包括 400+管理实践指标和 1200+风险标签在内的具有本土特色的 ESG 指标体系。Wind ESG 评级已覆盖大中华地区超过 10000 家公司主体，提供全透明底层数据及评分结果，帮助将 ESG 数据与政策制定、基本面分析、量化投资、风险管理、指数编制等进行深度整合，推动中国可持续投资的落地与发展。本研究将样本企业 ESG 评级得分均值设定为行业 Wind ESG 指数①，选取的 6 个重点行业及样本数量如表 1 所示。

---

① 样本企业 ESG 评级得分的获取时间为 2023 年 9 月 7 日。

表1 重点行业企业构成及 Wind ESG 指数（2023）

单位：家，分

序号	行业	样本数量	Wind ESG 指数	对应评级
1	金融行业	93	6.68	BBB
2	医药制造行业	100	6.57	BBB
3	水务行业	33	6.25	BBB
4	有色金属行业	187	6.02	BBB
5	煤炭行业	55	5.90	BB
6	电气设备行业	319	5.81	BB

6个重点行业 Wind ESG 指数差别不大（见图1）。其中金融行业、医药制造行业、水务行业、有色金属行业 Wind ESG 指数分别为 6.68 分、6.57 分、6.25 分、6.02 分，整体处于 BBB 级水平，反映行业企业 ESG 管理水平一般，ESG 风险一般，可持续发展能力一般；煤炭行业、电气设备行业 Wind ESG 指数评级为 BB 级，反映行业企业 ESG 管理水平较低，ESG 风险较高，可持续发展能力较弱。电气设备行业 Wind ESG 指数得分最低，为 5.81 分，ESG 管理和信息披露有待进一步加强。

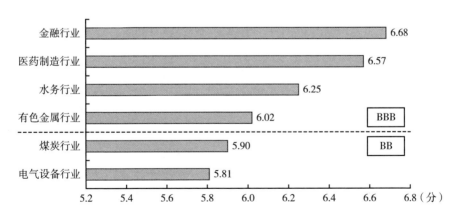

图1 重点行业上市公司 Wind ESG 指数（2023）

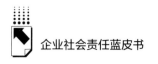

一 金融行业上市公司 Wind ESG 指数（2023）

（一）评价结果

金融行业是指提供金融服务的行业，是现代经济发展的重要组成部分。金融行业三大任务是服务实体经济、防控金融风险、深化金融改革，具体包括银行业，保险业，证券、期货、基金等其他金融业。课题组选取 2023 年 9 月 7 日市值规模前 30% 的金融行业上市公司（93 家）为评价对象，编制形成金融行业上市公司 Wind ESG 指数（2023）。Wind ESG 指数前 20 及得分如表 2 所示。

表 2　金融行业 Wind ESG 指数（2023）前 20 名

单位：分

排名	证券代码	证券简称	公司性质	ESG 评级	Wind ESG 指数	ESG 管理实践指数	ESG 争议事件指数
1	601318. SH	中国平安	公众企业	AA	8.28	5.45	2.82
2	0966. HK	中国太平	中央国有企业	AA	8.09	5.24	2.85
3	600030. SH	中信证券	中央国有企业	A	7.91	5.48	2.43
4	601166. SH	兴业银行	公众企业	A	7.83	5.61	2.22
5	601009. SH	南京银行	地方国有企业	A	7.77	5.39	2.38
6	601628. SH	中国人寿	中央国有企业	A	7.72	5.38	2.35
7	600016. SH	民生银行	公众企业	A	7.64	5.31	2.33
8	000987. SZ	越秀资本	地方国有企业	A	7.63	4.73	2.90
9	600036. SH	招商银行	公众企业	A	7.60	5.61	1.99
10	1299. HK	友邦保险	公众企业	A	7.56	4.73	2.82
11	600837. SH	海通证券	公众企业	A	7.55	4.87	2.68
12	2328. HK	中国财险	中央国有企业	A	7.52	5.37	2.15
12	9889. HK	东莞农商银行	公众企业	A	7.52	4.55	2.97
14	601988. SH	中国银行	中央国有企业	A	7.50	4.95	2.55
15	601688. SH	华泰证券	地方国有企业	A	7.42	5.19	2.23

续表

排名	证券代码	证券简称	公司性质	ESG 评级	Wind ESG 指数	ESG 管理 实践指数	ESG 争议 事件指数
16	601319. SH	中国人保	中央国有企业	A	7. 39	4. 61	2. 78
16	000728. SZ	国元证券	地方国有企业	A	7. 39	4. 58	2. 81
18	601916. SH	浙商银行	公众企业	A	7. 38	4. 72	2. 66
19	600958. SH	东方证券	地方国有企业	A	7. 36	4. 59	2. 78
20	601211. SH	国泰君安	地方国有企业	A	7. 34	4. 78	2. 56

（二）阶段性特征

1. 金融行业 Wind ESG 指数为6.68分，处于 BBB 级，行业 ESG 管理水平一般，ESG 风险一般，可持续发展能力一般

从评级分布来看，2023 年金融行业 2 家上市公司处于 ESG 领先水平（AA 级及以上），包括中国平安、中国太平；71 家上市公司处于良好水平（A 与 BBB 级）；另有 20 家上市公司处于待提升阶段（BB 级及以下）（见图 2）。

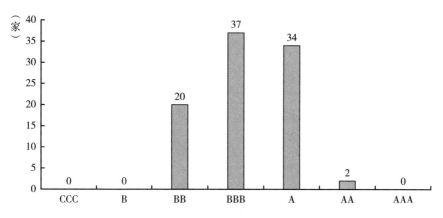

图 2 金融行业 ESG 评级分布 （2023）

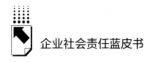

2.金融行业 ESG 管理实践最佳企业为招商银行、兴业银行、中信证券、中国平安、南京银行

2023 年,金融行业 ESG 管理实践指数为 4.07 分。其中,招商银行（5.61 分）、兴业银行（5.61 分）、中信证券（5.48 分）、中国平安（5.45 分）、南京银行（5.39 分）得分最高。

从 ESG 管理实践的具体维度来看,金融行业治理维度得分最高,为 7.51 分;社会维度次之,为 4.88 分;环境维度得分最低,为 4.17 分。其中,环境维度,兴业银行、华泰证券、招商银行表现最佳;社会维度,中国人寿、中信证券、中国太平表现最佳;治理维度,中国平安、中国人寿、农业银行表现最佳（见表 3）。

表 3　金融行业 ESG 管理实践具体表现

单位：分

ESG 板块	ESG 维度	行业平均分	行业最高分	最佳实践
ESG 管理实践(4.07)	环境	4.17	8.78	兴业银行、华泰证券、招商银行
	社会	4.88	8.38	中国人寿、中信证券、中国太平
	治理	7.51	9.46	中国平安、中国人寿、农业银行

3.金融行业 ESG 争议事件最差企业为农业银行、新华保险、招商银行

2023 年,金融行业 ESG 争议事件指数为 2.61 分。其中,农业银行（1.62 分）、新华保险（1.80 分）、招商银行（1.99 分）得分最低。

金融领域本身的业务合法性监管和金融领域从业人员履职行为的监管日渐趋严,对金融企业合规运营提出了更高的要求。对于金融企业而言,合规运营是底线责任,也是保障公司持续健康发展的基础。2023 年 8 月 18 日,国家金融监督管理总局披露了对农业银行的大额罚单。根据国家金融监督管理总局行政处罚信息公开表（金罚决字〔2023〕8 号）,农业银行因"农户贷款发放后流入房地产企业""农村个人生产经营贷款贷后管理不到位""农户小额贷款发放后转为定期存款""违规向房地产开发企业提供融资""违规发放流动资金贷款"等 19 项违法违规事实,被罚没超 4420 万元。其

中，对总行罚款 1760.09 万元，没收违法所得 60.09 万元，对分支机构罚款 2600 万元。

监管部门对于金融市场违规行为秉持零容忍态度，坚定维护市场秩序和公平竞争。在监管趋严的态势下，金融企业必须牢固树立合规经营意识，完善内部合规体系建设，建立科学有效的风险控制机制，保障各项业务操作具备规范性、透明度，支持并配合监管工作，有力维护金融市场的稳定发展。

二　医药制造行业上市公司 Wind ESG 指数（2023）

（一）评价结果

医药制造行业是指从事药品研发、生产、销售等活动的行业。这个行业涵盖了药品的生产、制造过程中的各个环节，包括但不限于原料药的生产、药品的制剂、包装、质检等。医药制造行业是一个重要的行业，它的发展关系到国家的医疗卫生事业和人民的健康水平。课题组选取 2023 年 9 月 7 日市值规模前 100 的医药制造行业上市公司为评价对象，编制形成医药制造行业上市公司 Wind ESG 指数（2023），Wind ESG 指数前 20 及得分如表 4 所示。

表 4　医药制造行业 Wind ESG 指数（2023）前 20 名

单位：分

排名	证券代码	证券简称	公司性质	ESG 评级	Wind ESG 指数	ESG 管理实践指数	ESG 争议事件指数
1	1513. HK	丽珠医药	民营企业	AA	8.56	5.67	2.89
2	3692. HK	翰森制药	其他企业	AA	8.30	5.48	2.82
3	3320. HK	华润医药	中央国有企业	AA	8.06	5.24	2.82

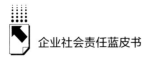

续表

排名	证券代码	证券简称	公司性质	ESG评级	Wind ESG指数	ESG管理实践指数	ESG争议事件指数
4	002422.SZ	科伦药业	民营企业	AA	8.04	5.17	2.88
5	2196.HK	复星医药	民营企业	AA	8.03	5.23	2.80
6	600380.SH	健康元	民营企业	A	7.95	5.08	2.87
7	002773.SZ	康弘药业	民营企业	A	7.86	4.96	2.90
8	1801.HK	信达生物	公众企业	A	7.82	5.00	2.82
9	000999.SZ	华润三九	中央国有企业	A	7.81	4.96	2.85
10	2096.HK	先声药业	民营企业	A	7.78	4.96	2.82
11	600276.SH	恒瑞医药	民营企业	A	7.73	4.98	2.75
12	600750.SH	江中药业	中央国有企业	A	7.64	4.73	2.91
13	1177.HK	中国生物制药	民营企业	A	7.63	4.80	2.82
14	6821.HK	凯莱英	外资企业	A	7.58	4.70	2.88
15	603456.SH	九洲药业	民营企业	A	7.52	4.61	2.91
15	0719.HK	山东新华制药股份	地方国有企业	A	7.52	4.64	2.88
15	000756.SZ	新华制药	地方国有企业	A	7.52	4.64	2.88
18	1877.HK	君实生物	民营企业	A	7.51	4.68	2.82
19	0874.HK	白云山	地方国有企业	A	7.38	4.50	2.87
20	0512.HK	远大医药	民营企业	A	7.22	4.30	2.93

（二）阶段性特征

1. 医药制造行业 Wind ESG 指数为6.57分，处于 BBB 级，行业 ESG 管理水平一般，ESG 风险一般，可持续发展能力一般

从评级分布来看，2023 年医药制造行业 5 家上市公司处于 ESG 领先水平（AA 级及以上），分别是丽珠医药、翰森制药、华润医药、科伦药业、复星医药；69 家上市公司处于良好水平（A 与 BBB 级）；另有 26 家上市公司处于待提升阶段（BB 级及以下）（见图3）。

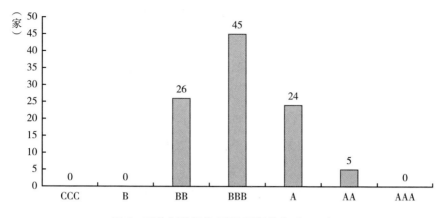

图 3 医药制造行业 ESG 评级分布（2023）

2. 医药制造行业 ESG 管理实践最佳企业为丽珠医药、翰森制药、华润医药、复星医药

2023 年，医药制造行业 ESG 管理实践指数为 3.70 分。其中，丽珠医药（5.67 分）、翰森制药（5.48 分）、华润医药（5.24 分）、复星医药（5.23 分）得分最高。

从 ESG 管理实践的具体维度来看，医药制造行业治理维度得分最高，为 6.93 分；社会维度次之，为 4.35 分；环境维度得分最低，为 4.12 分。其中环境维度，翰森制药、丽珠医药、康弘药业表现最佳；社会维度，丽珠医药、信达生物、健康元表现最佳；治理维度，华润医药、复星医药、康弘药业表现最佳（见表 5）。

表 5 医药制造行业 ESG 管理实践具体表现

单位：分

ESG 板块	ESG 维度	行业平均分	行业最高分	最佳实践
ESG 管理实践(3.70)	环境	4.12	8.39	翰森制药、丽珠医药、康弘药业
	社会	4.35	8.11	丽珠医药、信达生物、健康元
	治理	6.93	9.02	华润医药、复星医药、康弘药业

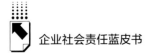

3. 医药制造行业 ESG 争议事件最差企业为人福医药、华北制药、贵州百灵

2023 年，医药制造行业 ESG 争议事件指数为 2.86 分。其中，人福医药（1.91 分）、华北制药（2.72 分）、贵州百灵（2.73 分）得分最低。

上市公司应严格遵守信息披露的相关法律法规，完善内部控制机制，及时、准确、完整地披露相关信息，并确保信息披露的合规性，保护投资者权益，促进公司可持续发展。2023 年 8 月 8 日，人福医药发布公告称，"人福医药集团股份公司近日接到实际控制人艾路明先生通知，艾路明先生于 2023 年 8 月 7 日收到中国证券监督管理委员会《立案告知书》（编号：证监立案字 0052023014 号），因涉嫌信息披露违法违规，根据《中华人民共和国证券法》《中华人民共和国行政处罚法》等法律法规，中国证监会决定对其立案"。

信息披露是上市公司依法依规行使权益、保护投资者合法权益的重要手段。实际控制人作为公司的最高决策者和负责人，应该具备高度的法律意识和责任感，积极履行信息披露义务，确保公司的披露行为合法合规，保障公司的信息披露透明度和规范经营行为，提升公司治理水平，减少潜在的违法违规风险，维护市场秩序。

三 水务行业上市公司 Wind ESG 指数（2023）

（一）评价结果

本部分评价的水务行业主要分水供应与污水处理两大方面，包含由原水、供水、节水、排水、污水处理及水资源回收利用等构成的市场产业链，属于市政公共服务行业，是支持经济和社会发展、保障居民生产生活的基础性产业，具有显著的外部性。2023 年水务行业上市公司共有 33 家，Wind ESG 指数前 20 及得分如表 6 所示。

表 6　水务行业 Wind ESG 指数（2023）前 20 名

单位：分

排名	证券代码	证券简称	公司性质	ESG评级	Wind ESG指数	ESG 管理实践指数	ESG 争议事件指数
1	600008. SH	首创环保	地方国有企业	AA	8.14	5.22	2.91
2	600874. SH	创业环保	地方国有企业	A	7.79	4.87	2.91
3	000685. SZ	中山公用	地方国有企业	A	7.78	4.91	2.88
4	1542. HK	台州水务	地方国有企业	A	7.44	4.44	3.00
5	3768. HK	滇池水务	地方国有企业	A	7.37	4.37	3.00
6	0371. HK	北控水务集团	地方国有企业	A	7.23	4.40	2.82
7	6136. HK	康达环保	民营企业	A	7.03	4.03	3.00
8	000598. SZ	兴蓉环境	地方国有企业	A	7.02	4.10	2.91
9	1129. HK	中国水业集团	公众企业	BBB	6.99	4.00	2.99
10	0270. HK	粤海投资	地方国有企业	BBB	6.87	4.05	2.82
11	2281. HK	兴泸水务	地方国有企业	BBB	6.82	3.85	2.97
11	0855. HK	中国水务	公众企业	BBB	6.82	3.84	2.99
13	8196. HK	中国天亿福	民营企业	BBB	6.81	3.86	2.95
14	600461. SH	洪城环境	地方国有企业	BBB	6.76	3.81	2.95
15	603817. SH	海峡环保	地方国有企业	BBB	6.70	3.73	2.97
16	000544. SZ	中原环保	地方国有企业	BBB	6.57	3.68	2.89
16	6839. HK	云南水务	地方国有企业	BBB	6.57	3.60	2.97
18	600283. SH	钱江水利	中央国有企业	BBB	6.44	3.50	2.94
19	601199. SH	江南水务	地方国有企业	BBB	6.32	3.42	2.90
20	600168. SH	武汉控股	地方国有企业	BBB	6.19	3.23	2.96

（二）阶段性特征

1. 水务行业 Wind ESG 指数为6.25分，处于 BBB 级，行业 ESG 管理水平一般，ESG 风险一般，可持续发展能力一般

从评级分布来看，2023 年水务行业仅 1 家上市公司处于 ESG 领先水平（AA 级及以上），为首创环保；19 家上市公司处于良好水平（A 与 BBB 级）；另有 13 家上市公司处于待提升阶段（BB 级及以下）（见图 4）。

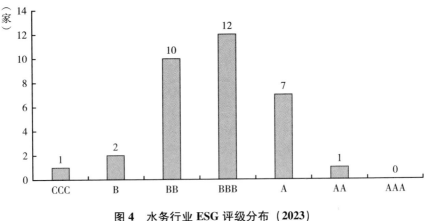

图 4　水务行业 ESG 评级分布（2023）

2. 水务行业 ESG 管理实践最佳企业为首创环保、中山公用、创业环保、台州水务、北控水务集团

2023 年，水务行业 ESG 管理实践指数为 3.42 分。其中，首创环保（5.22 分）、中山公用（4.91 分）、创业环保（4.87 分）、台州水务（4.44 分）、北控水务集团（4.40 分）得分最高。

从 ESG 管理实践的具体维度来看，水务行业治理维度得分最高，为 6.37 分；社会维度次之，为 5.34 分；环境维度得分最低，为 3.30 分。其中，环境维度，中山公用、首创环保、滇池水务表现最佳；社会维度，创业环保、洪城环境、北控水务集团表现最佳；治理维度，首创环保、台州水务、兴泸水务表现最佳（见表 7）。

表 7　水务行业 ESG 管理实践具体表现

单位：分

ESG 板块	ESG 维度	行业平均分	行业最高分	最佳实践
ESG 管理实践（3.42）	环境	3.30	6.75	中山公用、首创环保、滇池水务
	社会	5.34	8.71	创业环保、洪城环境、北控水务集团
	治理	6.37	8.42	首创环保、台州水务、兴泸水务

3. 水务行业 ESG 争议事件最差企业为铁岭新城

2023 年，水务行业 ESG 争议事件指数为 2.83 分。其中，铁岭新城（2.53 分）得分最低；粤海投资（2.82 分）、北控水务集团（2.82 分）得分较低。

上市公司应当及时依法履行信息披露义务，披露的信息应当真实、准确、完整，不得有虚假记载、误导性陈述或者重大遗漏。2023 年 8 月 30 日，铁岭新城发布公告，"公司于 2023 年 8 月 29 日收到中国证监会辽宁监管局下发的《关于对铁岭新城投资控股（集团）股份有限公司及隋景宝、张铁成、王洪海、迟峰采取警示函措施的决定》（〔2023〕21 号）。主要内容如下：铁岭新城投资控股（集团）股份有限公司（以下称公司）于 2023 年 1 月 18 日披露《2022 年度业绩预告公告》，预计 2022 年归属于上市公司股东的净利润为亏损 2300 万元至 2500 万元。公司于 2023 年 4 月 29 日披露《2022 年年度报告》显示，2022 年经审计净利润为亏损 3612 万元，与已经披露的业绩预告最大亏损数额偏离幅度达到 44%。公司未及时披露业绩预告更正公告说明具体差异及造成差异的原因。上述行为不符合《上市公司信息披露管理办法》（证监会令第 182 号）和《深圳证券交易所股票上市规则》的规定，公司董事长隋景宝总经理张铁成、财务总监王洪海、董事会秘书迟峰对上述违规行为负有主要责任。"

按照证券交易监管规定，上市公司在预计经营业绩发生亏损或者发生大幅变动的，应当及时进行行业绩预告；披露业绩预告后，最新预计的净利润方向与已披露的业绩预告不一致，或者较原预计金额或区间范围差异幅度较大，应当按照有关规定及时披露业绩预告修正公告，说明具体差异及造成差异的原因，以保护投资者的合法权益，促进资本市场健康发展。

四　有色金属行业上市公司 Wind ESG 指数（2023）

（一）评价结果

本部分评价的有色金属行业是指勘探、开采、冶炼、生产出经济建设所需要的上游大宗原材料的行业。有色产业链涉及矿山的勘探、开采、冶炼加

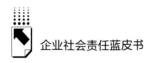

工，以及下游相关产品销售、与金属矿冶关联的科研、建设、贸易和金融等业务。2023年有色金属行业上市公司共有187家，Wind ESG指数前20及得分如表8所示。

表8 有色金属行业 Wind ESG 指数（2023）前20名

单位：分

排名	证券代码	证券简称	公司性质	ESG评级	Wind ESG指数	ESG管理实践指数	ESG争议事件指数
1	601899.SH	紫金矿业	地方国有企业	AA	8.72	5.89	2.82
2	601168.SH	西部矿业	地方国有企业	A	7.89	5.08	2.81
3	600497.SH	驰宏锌锗	中央国有企业	A	7.87	4.94	2.94
3	688779.SH	长远锂科	中央国有企业	A	7.87	4.99	2.87
5	603993.SH	洛阳钼业	民营企业	A	7.86	5.04	2.82
6	000762.SZ	西藏矿业	中央国有企业	A	7.83	5.01	2.82
7	605086.SH	龙高股份	地方国有企业	A	7.76	4.84	2.93
8	002340.SZ	格林美	民营企业	A	7.73	4.99	2.74
9	600549.SH	厦门钨业	地方国有企业	A	7.71	4.94	2.77
10	300748.SZ	金力永磁	民营企业	A	7.66	4.77	2.89
11	000962.SZ	东方钽业	中央国有企业	A	7.45	4.49	2.96
11	2099.HK	中国黄金国际	中央国有企业	A	7.45	4.52	2.93
13	600362.SH	江西铜业	地方国有企业	A	7.37	4.55	2.82
13	0358.HK	江西铜业股份	地方国有企业	A	7.37	4.55	2.82
15	002460.SZ	赣锋锂业	民营企业	A	7.33	4.74	2.59
16	603505.SH	金石资源	民营企业	A	7.31	4.49	2.82
17	0098.HK	兴发铝业	地方国有企业	A	7.28	4.28	3.00
18	000807.SZ	云铝股份	中央国有企业	A	7.23	4.38	2.85
19	603132.SH	金徽股份	民营企业	A	7.20	4.30	2.90
19	603612.SH	索通发展	民营企业	A	7.20	4.50	2.70

（二）阶段性特征

1. 有色金属行业 Wind ESG 指数为6.02分，处于BBB级，行业ESG管理水平一般，ESG风险一般，可持续发展能力一般

从评级分布来看，2023年有色金属行业仅紫金矿业1家上市公司处于ESG领先水平（AA级及以上）；84家上市公司处于良好水平（A与BBB级）；另有102家上市公司处于待提升阶段（BB级及以下）（见图5）。

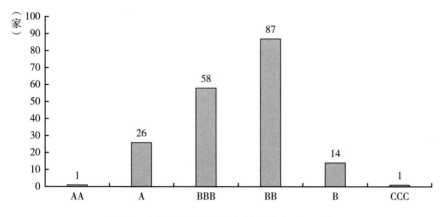

图5　有色金属行业 ESG 评级分布（2023）

2. 有色金属行业 ESG 管理实践最佳企业为紫金矿业、西部矿业、洛阳钼业、西藏矿业、长远锂科、格林美

2023 年，有色金属行业 ESG 管理实践指数为 3.15 分。其中，紫金矿业（5.89 分）、西部矿业（5.08 分）、洛阳钼业（5.04 分）、西藏矿业（5.01 分）、长远锂科（4.99 分）、格林美（4.99 分）得分最高。

从 ESG 管理实践的具体维度来看，有色金属行业治理维度得分最高，为 6.36 分；社会维度次之，为 3.79 分；环境维度得分最低，为 3.26 分。其中环境维度，格林美、紫金矿业、西藏矿业表现最佳；社会维度，龙高股份、紫金矿业、西部超导表现最佳；治理维度，紫金矿业、洛阳钼业、厦门钨业表现最佳（见表9）。

表9　有色金属行业 ESG 管理实践具体表现

单位：分

ESG 板块	ESG 维度	行业平均分	行业最高分	最佳实践
ESG 管理实践(3.15)	环境	3.26	8.64	格林美、紫金矿业、西藏矿业
	社会	3.79	7.67	龙高股份、紫金矿业、西部超导
	治理	6.36	9.79	紫金矿业、洛阳钼业、厦门钨业

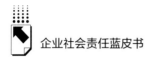

3. 有色金属行业 ESG 争议事件最差企业为赣锋锂业、南山铝业、索通发展

2023 年，有色金属行业 ESG 争议事件指数平均分为 2.84 分。其中，赣锋锂业（2.59 分）、南山铝业（2.64 分）、索通发展（2.70 分）得分最低。

2022 年 7 月 3 日，赣锋锂业发布公告称，公司于 2022 年 7 月 1 日收到中国证券监督管理委员会《立案告知书》（编号：证监立案字 0252022001 号），因涉嫌 A 股某上市公司股票二级市场内幕交易，根据《中华人民共和国证券法》《中华人民共和国行政处罚法》等法律法规，中国证监会于 2022 年 1 月 24 日决定对公司立案。2022 年 12 月 7 日，赣锋锂业公告表示，收到中国证监会江西监管局出具的《行政处罚事先告知书》。

五 煤炭行业上市公司 Wind ESG 指数（2023）

（一）评价结果

本部分评价的煤炭行业是一个涵盖了煤炭与消费用燃料的广泛行业，是包括从事各种煤炭的开采、洗选、分级和消费等活动的行业。2023 年煤炭行业上市公司共有 55 家，Wind ESG 指数前 20 及得分如表 10 所示。

表 10 煤炭行业 Wind ESG 指数（2023）前 20 名

单位：分

排名	证券代码	证券简称	公司性质	ESG 评级	Wind ESG 指数	ESG 管理 实践指数	ESG 争议 事件指数
1	1088.HK	中国神华	中央国有企业	AA	8.84	6.27	2.57
2	1733.HK	易大宗	外资企业	A	7.74	4.75	2.99
3	6885.HK	金马能源	民营企业	A	7.27	4.28	2.99
4	1171.HK	兖矿能源	地方国有企业	A	7.13	4.98	2.14
5	0639.HK	首钢资源	地方国有企业	A	7.03	4.12	2.91
6	000723.SZ	美锦能源	民营企业	BBB	6.91	4.08	2.83
7	1277.HK	力量发展	外资企业	BBB	6.82	3.82	3.00

续表

排名	证券代码	证券简称	公司性质	ESG 评级	Wind ESG 指数	ESG 管理实践指数	ESG 争议事件指数
8	1907. HK	中国旭阳集团	民营企业	BBB	6.80	3.84	2.96
9	1229. HK	南南资源	外资企业	BBB	6.72	3.72	3.00
10	0866. HK	中国秦发	民营企业	BBB	6.57	3.58	2.99
11	1898. HK	中煤能源	中央国有企业	BBB	6.44	3.62	2.82
12	1393. HK	恒鼎实业	民营企业	BBB	6.40	3.40	3.00
13	600348. SH	华阳股份	地方国有企业	BBB	6.35	3.51	2.84
14	1142. HK	能源及能量环球	公众企业	BBB	6.26	3.28	2.99
15	601918. SH	新集能源	中央国有企业	BBB	6.23	3.42	2.80
16	0645. HK	安域亚洲	外资企业	BBB	6.20	3.20	3.00
17	0065. HK	弘海高新资源	民营企业	BBB	6.19	3.19	3.00
18	1303. HK	汇力资源	公众企业	BBB	6.08	3.09	2.99
19	601101. SH	昊华能源	地方国有企业	BBB	6.07	3.19	2.89
20	601225. SH	陕西煤业	地方国有企业	BBB	6.05	3.18	2.87

（二）阶段性特征

1. 煤炭行业 Wind ESG 指数为5.90分，处于 BB 级，行业 ESG 管理水平较低，ESG 风险较高，可持续发展能力较弱

从评级分布来看，2023 年煤炭行业仅有中国神华处于 ESG 领先水平（AA 级及以上）；21 家上市公司处于良好水平（A 与 BBB 级）；另有 33 家上市公司处于待提升阶段（BB 级及以下）（见图6）。

2. 煤炭行业 ESG 管理实践最佳企业为中国神华，兖矿能源、易大宗、金马能源、首钢资源

2023 年，煤炭行业 ESG 管理实践指数为 3.06 分。其中，中国神华（6.27 分）表现最好，领先于其他企业；兖矿能源（4.98 分）、易大宗（4.75 分）、金马能源（4.28 分）、首钢资源（4.12 分）表现较好。

从 ESG 管理实践的具体维度来看，煤炭行业治理维度得分最高，为 6.04 分；社会维度次之，为 3.67 分；环境维度得分最低，为 2.92 分。其

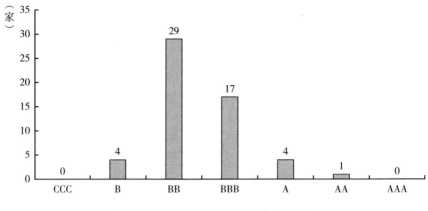

图 6　煤炭行业 ESG 评级分布（2023）

中环境维度，中国神华、兖矿能源、中国旭阳集团表现最佳；社会维度，中国神华、易大宗、金马能源表现最佳；治理维度，中国神华、兖矿能源、美锦能源表现最佳（见表 11）。

表 11　煤炭行业 ESG 管理实践具体表现

单位：分

ESG 板块	ESG 维度	行业平均分	行业最高分	最佳实践
ESG 管理实践(3.06)	环境	2.92	9.63	中国神华、兖矿能源、中国旭阳集团
	社会	3.67	7.66	中国神华、易大宗、金马能源
	治理	6.04	9.48	中国神华、兖矿能源、美锦能源

3. 煤炭行业 ESG 争议事件最差企业为兖矿能源、冀中能源、郑州煤电

2023 年，煤炭行业 ESG 争议事件指数为 2.84 分。其中，兖矿能源（2.14 分）、冀中能源（2.39 分）、郑州煤电（2.46 分）得分最低。

上市公司提供财务资助应当经出席董事会的 2/3 以上的董事同意并作出决议并及时履行信息披露义务；上市公司提供资助对象为合并报表范围内且持股比例超过 50%的控股子公司，且该控股子公司其他股东中不包含上市公司的控股股东、实际控制人及其关联人的，可以免于适用上述规定。深交所指出，冀中能源于 2023 年 7 月 22 日披露的《关于对深圳证券交易所

2022 年年报问询函回复的公告》及报备的说明显示，山西冀能青龙煤业有限公司（简称"青龙煤业"）为公司控股子公司，公司持有青龙煤业 90% 股权，公司关联方山西冀中能源集团矿业有限责任公司持有青龙煤业 10% 股权。

信息披露是上市公司对外揭示价值的重要渠道，也是投资者作出投资判断和决策的基本依据。根据规定，2023 年 7 月 25 日，冀中能源在回复问询函时称青龙煤业不符合上述可豁免的情况，公司就上述委托贷款仅履行了内部决策程序，未履行审议程序及信息披露义务。2023 年 8 月 8 日，冀中能源发布公告称收到深交所监管函。这也是冀中能源 2023 年以来第三次因信披相关问题被通报，此前 2 次冀中能源均受到相应的批评处罚。

六　电气设备行业上市公司 Wind ESG 指数（2023）

（一）评价结果

本部分评价的电气设备行业是一个涵盖了设计、制造和销售各种电气设备的广泛行业。这个行业的产品包括但不限于发电设备（如发电机和涡轮机）、传输和配电设备（如变压器、开关设备和控制设备）、电气机械（如电动机和电磁阀），以及用于家庭和商业用途的电气设备（如照明设备、家用电器等）。2023 年电气设备行业上市公司共有 319 家，Wind ESG 指数前 20 及得分如表 12 所示。

表 12　电气设备行业 Wind ESG 指数（2023）前 20 名

单位：分

排名	证券代码	证券简称	公司性质	ESG 评级	Wind ESG 指数	ESG 管理实践指数	ESG 争议事件指数
1	300750.SZ	宁德时代	民营企业	AA	8.31	5.51	2.80
2	000400.SZ	许继电气	中央国有企业	AA	8.08	5.29	2.80
3	600406.SH	国电南瑞	中央国有企业	AA	8.05	5.24	2.82

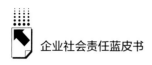
续表

排名	证券代码	证券简称	公司性质	ESG评级	Wind ESG指数	ESG管理实践指数	ESG争议事件指数
4	1399. HK	锐信控股	民营企业	AA	8.04	5.04	3.00
5	300274. SZ	阳光电源	民营企业	A	7.95	5.04	2.91
6	688707. SH	振华新材	中央国有企业	A	7.92	5.01	2.91
7	300124. SZ	汇川技术	民营企业	A	7.79	4.89	2.90
8	002851. SZ	麦格米特	民营企业	A	7.77	4.87	2.90
9	300105. SZ	龙源技术	中央国有企业	A	7.74	4.78	2.96
10	2208. HK	金风科技	公众企业	A	7.69	4.87	2.82
11	300207. SZ	欣旺达	民营企业	A	7.60	4.82	2.78
12	002074. SZ	国轩高科	民营企业	A	7.58	4.69	2.89
13	0658. HK	中国高速传动	民营企业	A	7.56	4.65	2.91
14	1597. HK	纳泉能源科技	外资企业	A	7.47	4.47	3.00
15	601877. SH	正泰电器	民营企业	A	7.42	4.51	2.91
16	301327. SZ	华宝新能	民营企业	A	7.39	4.48	2.91
17	002747. SZ	埃斯顿	民营企业	A	7.38	4.50	2.88
18	688408. SH	中信博	民营企业	A	7.35	4.44	2.91
19	2402. HK	亿华通	民营企业	A	7.31	4.41	2.90
19	3931. HK	中创新航	公众企业	A	7.31	4.34	2.97

（二）阶段性特征

1. 电气设备行业 Wind ESG 指数为5.81分，处于 BB 级，行业 ESG 管理水平较低，ESG 风险较高，可持续发展能力较弱

从评级分布来看，2023 年电气设备行业 4 家上市公司处于 ESG 领先水平（AA 级及以上），包括宁德时代、许继电气、国电南瑞、锐信控股；94 家上市公司处于良好水平（A 与 BBB 级）；另有 221 家上市公司处于待提升阶段（BB 级及以下）（见图 7）。

2. 电气设备行业 ESG 管理实践最佳企业为宁德时代、许继电气、国电南瑞、锐信控股、阳光电源

2023 年，电气设备行业 ESG 管理实践指数为 2.93 分。其中，宁德时代

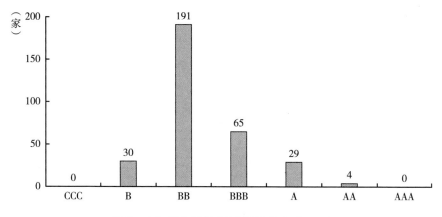

图 7　电气设备行业 ESG 评级分布（2023）

（5.51 分）、许继电气（5.29 分）、国电南瑞（5.24 分）、锐信控股（5.04分）、阳光电源（5.04 分）得分最高。

从 ESG 管理实践的具体维度来看，电气设备行业治理维度得分最高，为 6.52 分；社会维度次之，为 3.66 分；环境维度得分最低，为 2.28 分。其中，环境维度，宁德时代、欣旺达、振华新材表现最佳；社会维度，国电南瑞、中信博、时代电气表现最佳；治理维度，宁德时代、金风科技、亿纬锂能表现最佳（见表 13）。

表 13　电气设备行业 ESG 管理实践具体表现

单位：分

ESG 板块	ESG 维度	行业平均分	行业最高分	最佳实践
ESG 管理实践（2.93）	环境	2.28	8.02	宁德时代、欣旺达、振华新材
	社会	3.66	7.66	国电南瑞、中信博、时代电气
	治理	6.52	9.48	宁德时代、金风科技、亿纬锂能

3. 电气设备行业 ESG 争议事件最差企业为金盘科技、*ST 华仪、科陆电子、方正电机

2023 年，电气设备行业 ESG 争议事件指数为 2.88 分。其中，金盘科技（2.14 分）、*ST 华仪（2.32 分）、科陆电子（2.39 分）、方正电机（2.55

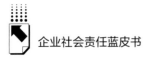

分）得分最低。

上市公司股东、实际控制人、董事、监事、高级管理人员，应当依照法律、行政法规、部门规章、规范性文件和自律规则行使权利、履行义务，维护上市公司利益。2023 年 9 月 5 日，金盘科技发布公告，"公司监事林瑜女士于 2023 年 9 月 1 日收到《中国证券监督管理委员会立案告知书》（编号：证监立案字 2023029002 号），主要内容如下：'因你涉嫌短线交易"金盘科技"股票，根据《中华人民共和国证券法》《中华人民共和国行政处罚法》等法律法规，2023 年 8 月 4 日，我会决定对你立案。'"

特定短线交易，是指上市公司、新三板挂牌公司持有 5% 以上股份的股东、董事、监事、高级管理人员在 6 个月内，将本公司股票或者其他具有股权性质的证券买入后又卖出，或者卖出后又买入的行为。由于董监高通常能获得公司的内部信息，他们从事短线交易可能会利用这些信息，对其他投资者造成不公平。为了保护投资者的权益和维护市场的公正性，相关证券法规明确禁止上市公司的董监高利用内部信息进行交易，违规者将面临法律惩罚。

实 践 案 例*
Practical Cases

B.7

三星：启程新三十年，未来熠熠星辉

摘　要： 三星自 1992 年进入中国以来，一直秉持"做中国人民喜爱的企业，贡献于中国社会的企业"理念，不断完善创新机制，实现技术突破和产品迭代，为人类社会创造美好生活而努力。在当前中国持续推进高水平对外开放的背景下，外资是构建中国新发展格局的重要参与者之一，三星持续开展在华投资、不断推进产业升级。截至 2022 年底，三星在华累计投资额为 536 亿美元，其中尖端产业投资 419 亿美元，占总投资比重的 78%。入华三十年，在扩大经营投资的同时，三星主动承担企业公民责任，持续加大企业社会责任领域的投入，聚焦乡村振兴、科学教育、环保公益等领域，开展社会责任行动，在中国这片广阔天空中向新的三十年迈进，展现"星光"的璀璨。

关键词： 企业社会责任　产业发展　双碳　民生　三星

---

* 本部分案例图片由相关企业提供。

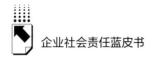

一 携手中国，实现产业发展

党的二十大报告强调，中国坚持对外开放的基本国策，始终致力于营造市场化、法治化、国际化营商环境，鼓励企业依法依规经营发展，并指出中国将推动各国各方共享中国大市场机遇、制度型开放机遇、深化国际合作机遇。作为最大的外商投资企业之一，三星坚持在华投资，前瞻布局新兴产业，不断推进与中国产业链的深度融合。

（一）产业转型升级

在中国"双循环"新发展格局之下，三星加快完成了从劳动密集型加工产业向技术密集型高端制造产业转型升级，加大在半导体、新能源动力电池、多层陶瓷电容等高精尖产业领域投资，并先后在北京、天津、广州、西安、深圳等地设立独立研究所，组建科研团队，转向新一代移动通信、人工智能、半导体等前沿技术领域的本土研发。截至 2022 年底，三星半导体工厂项目总投资高达 270 亿美元（约 1881.9 亿元），产值也从投产之初每年 100 多亿元持续上涨，是中国改革开放以来引进的单笔投资额最大的外商投资项目之一。

图 1　三星（中国）半导体有限公司外景

（二）创新科技成果

科技创新是产业升级的重要支撑，在 2022 年第五届进博会上，三星展示了全球首款量产的 3nm 芯片、全新升级的 2 亿像素图像传感器、业界首个 UFS4.0 闪存芯片等，旨在为用户提供更强大、更智能、更便捷的移动生活。此外，三星研发出的被称为"未来显示"的 Micro LED，是三星集所有高端技术于一身的产品，采用了目前业内最先进的 Micro LED 显示技术，是第一款真正意义上走进家庭的无边框显示产品。

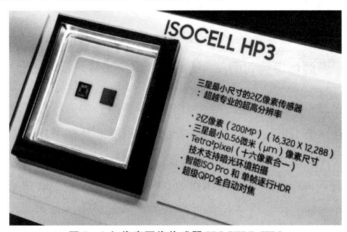

图 2　2 亿像素图像传感器 ISOCELL HP3

图 3　被称为"未来显示"的 Micro LED

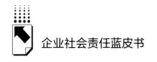

二 聚焦中国，探寻"双碳"路径

环境责任是衡量企业社会责任的重要维度，在国家"双碳"目标的大背景下，中国三星秉持人与自然生命共同体理念，坚持"绿色经营"，积极履行环境责任，不遗余力地维护人们美好的生存环境，以优异的成绩回应绿色可持续发展。2022年，中国三星环保投入为6.29亿元，相比前一年度增长27%；共施行2041个节能减排项目，总计节省97078吨标准煤，减排350434吨当量二氧化碳。

（一）资源可持续利用

三星通过一系列体系化、创新性的低碳举措，为高科技产业的绿色转型开辟新路，努力形成"可持续影响力"，积极推动整个社会迈向可持续发展。在天津，三星高新电机工厂改造废水系统，将工厂工业用水利用率从50%提升到80%，全年节约用水36000吨，相当于约300户家庭一年的用水量。在无锡，三星电子材料工厂对工厂的基础生产设备——冷冻泵内用于引导液体循环的叶轮进行了尺寸优化，使冷冻泵马达电量下降的同时提升了水泵流量，带来了更好的生产能效。在西安，三星半导体工厂将"绿色中心"流出的废水处理后形成人工湖泊，供员工休闲娱乐。此外，为在处理设备故障时也能同时确保生产过程中产生的污染物得到100%的处理，避免对环境造成污染，西安半导体工厂配备了一台备用设施，做好"一备一用"。

（二）绿色产品和包装

中国三星要求原料、成分、包装中绝不能含有有害物质，并力求在产品设计、采购、制造、使用、废弃的全过程中尽可能降低对环境的影响。三星近几年推出"环保包装"（Eco-packing）设计，鼓励消费者在使用三星创

图 4　三星（无锡）电子材料工厂的冷冻泵

新科技产品的同时，对包装盒进行剪裁与拼装，打造出创意小饰品点缀居家环境，营造绿色低碳环保新风尚。在产品研发上，三星也秉持可持续发展理念，2022 年 2 月发布的三星 Galaxy S23 系列产品本身的应用材料中可回收性和回收材料种类由上一代的 6 个内部组件增加到了 12 个内部和外部组件。产品包装上，三星 Galaxy S23 系列使用 100% 再生纸制作包装盒，保证资源的可持续性。

图 5　三星环保包装

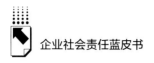

（三）打造绿色供应链

从逐渐走向世界的"中国制造"，到不断成长的中小供应商，中国三星作为可靠的合作伙伴，与他们携手共进。为帮助合作伙伴减少温室气体并使用更多的可再生能源，三星电子自 2019 年起成为 CDP 供应链成员，要求重点供应商设定温室气体减排目标，并为其提供激励措施、定期开展供应商培训。2022 年，中国三星共检查供应商 205 个（549次），举办供应商培训 523 次，参加培训的供应商员工有 3.1 万人次。截至 2022 年底，三星在中国的生产工厂共 4 家入选中国工业和信息化部的绿色供应链管理示范企业。三星电子（苏州）半导体有限公司成功入选112 家"绿色供应链管理企业"榜单，成为苏州市工业园区唯一获此殊荣的企业。

三　回馈中国，增进民生福祉

三星自 1992 年进入中国以来，企业经营得到长足发展，赢得了中国消费者的支持与厚爱。与此同时，中国三星始终怀抱"身在中国，心为中国"的初心，持续探索社会公益可持续、可复制、可借鉴的新模式、新思路，推动中国的乡村、教育、环保走上可持续发展之路，在中国实现营商一地、造福一方的公益愿景。

（一）振兴乡村产业

过去 8 年，中国三星累计投入 1.2 亿余元，在陕西省、河北省、贵州省、四川省等地实施了 13 个乡村振兴示范项目。在中国三星的帮助下，四川广安干埝村围绕民宿旅游，充分整合种植业、养殖业、农产品加工业等产业，打造集民宿、旅游、餐饮、采摘、农产品加工于一体的旅游经济，不断丰富多样化的民宿旅游体验，增加村民增收渠道；四川盐源杉八窝村安排专业人士为盐源苹果的生长保驾护航，并通过专业设备加持，如恒温冷库、苹果分选线、现代农业仓储保鲜库等，使盐源苹果成为"致富果"，极大改善了村民们的生活。

图 6　四川广安干埝村

（二）创新科教融合

《全民科学素质行动规划纲要（2021~2035 年）》中强调需要激发青少年好奇心和想象力，增强他们的科学兴趣、创新意识和创新能力，为加快建设科技强国夯实人才基础。中国三星利用自身在科技领域的资源和领先优势，为培养中国青少年科技创新力提供广阔平台。"Solve for Tomorrow 探知未来"是三星全球公益项目之一，旨在鼓励青少年关注科技发展，提升其对科学技术的热情，激发他们发现问题、解决问题的能力，自 2013 年引入中国后，已吸引 40 万余名学生参加，在全国大中院校形成了广泛而深远的影响。此外，在邓小平同志诞辰 120 周年即将来临之际，为更好实现邓小平同志关心青少年成长的遗愿，着力培养西部贫困地区青少年创新精神和实践能力，中国三星在邓小平故里——四川广安打造"小平实验室"，涵盖人工智能与机器人、虚拟现实、集成电路、航空航天等多个领先科技领域，旨在进一步激发青少年的科学热情，提升青少年的创新意识、创新能力和科学素养，让更多的孩子感受到科技带来的乐趣。

图7　第八届三星探知未来科普创新大赛比赛现场

（三）培养科技女性

科技领域需要创新，那就要依托不同的视角作为支撑。中国科技部、全国妇联等部门出台的《关于支持女性科技人才在科技创新中发挥更大作用的若干措施》提到，要为女性科技人才成长进步、施展才华、发挥作用创造更好环境，培养女学生的科学兴趣，鼓励女性从事科学技术工作。中国三星在2018年启动的"探知未来科技女性培养计划"（STEM GIRLS），可以称作"以企业之力探索女性科技人才培养方法"的典型代表。截至2022年底，"STEM GIRLS"项目已成功举办五期，覆盖北京、上海、广东等十余省（市）初高中，累计有60000余名女中学生报名参加，参与领域涵盖生物物理、生态环境、机械工程、生命科学、建筑能源等十个研究方向，为国家发展注入引领未来、敢于担当、善于创新的女性力量。

图 8　第五期 STEM GIRLS 探知未来科技女性培养计划线下实践

四　总结与展望

　　作为中国社会的一员，中国三星将"做中国人民喜爱的企业，贡献于中国社会的企业"理念贯穿于企业经营管理始终，致力于与合作伙伴和客户共享价值，为中国客户提供最好的产品和服务，不断探索新的业务领域，在创新的过程中不断发展前行，助力建设更加包容、美丽、和谐的未来。

B.8
苹果：加快行动，与中国的合作伙伴
一起迈向零碳

摘　要： 作为一家大型全球化公司，Apple 将采取果断有力的行动减轻对气候的影响视为己任。为此，Apple 加速迈向雄心勃勃的 2030 目标——使每一件产品实现碳中和。2022 年，Apple 积极响应中国"双碳"目标，从低碳设计、呼吁供应商脱碳、直接减排等多个方面，推广现有的成熟方案，探索未来的解决之道，携手合作伙伴共同助力中国环境保护进程，共同践行"绿水青山就是金山银山"理念，为中国实现绿色低碳高质量发展，促进人与自然和谐共生的生态文明建设贡献力量。

关键词： 绿色运营　绿色供应链　绿色设计　Apple

一　背景介绍

Apple 正式创立于 1977 年，总部位于美国加利福尼亚州。Apple 于 1984 年推出 Macintosh，为个人技术带来了巨大变革。今天，Apple 凭借 iPhone、iPad、Mac、Apple Watch 和 Apple TV 引领全球创新。Apple 的五个软件平台 iOS、iPadOS、macOS、watchOS 和 tvOS，带来所有 Apple 设备之间的顺畅使用体验，同时以 App Store、Apple Music、Apple Pay 和 iCloud 等突破性服务赋予人们更大的能力。

在中国，Apple 通过各种方式为中国经济、社会以及环境的发展贡献力量。截至 2022 年底，Apple 在中国大陆已经设立 10 家公司、77 家分公司，在大中华区开设 54 家零售店。Apple 专注于服务顾客、投资经济、引领创新和履行社会责任，并通过投入大量资金与技术支持，为供应商赋能。

在中国，"绿水青山就是金山银山"理念深入人心，绿色越来越成为高质量发展的底色。2022 年，促进人与自然和谐共生成为中国生态文明建设新的重点任务。2020 年，Apple 的公司运营实现了碳中和，但 Apple 深知还能做到更多。因此，Apple 设定了更远大的目标：到 2030 年实现产品碳中和，包括 Apple 的整个供应链以及用户设备在整个生命周期内的能源使用。Apple 各个团队迅速采取行动，得益于他们的创新进取，取得了非凡的进展。

二 实践与成效

（一）高效运营 Apple 场所设施

即便 Apple 的数据中心、零售店和办公室均已实现 100% 可再生电力供电，Apple 仍会注重从一开始就节省能源。Apple 衡量包括研发设施在内的各类场所中的天然气和电力用量，审计 Apple 的能效表现，并在必要时借鉴运用能源管理优秀范例来减轻用电负荷。

现有建筑：Apple 对世界各地建筑物的性能表现进行审计，然后部署经确认的减排措施。改造翻新的重点在于对建筑物进行管控，着重减少能源使用和提升运营效率。Apple 主要会减少天然气的使用，并将天然气设备替换为电力设备。

数据中心：Apple 不断监测和改进冷却系统的控制功能。2022 年，Apple 部署了自主研发的服务器设计，进一步提高了数据中心的能效。这套设计围绕能效和计算效率而开发，每年可节省超过 5670 万千瓦时的能源。

新建场所设施：Apple 在新建场所设施的设计之初就融入了能效理念，根据当地的温度、湿度和日照情况，对每处选址的条件和规划详加考虑。

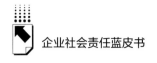

（二）呼吁供应商脱碳

1. 推动供应商转用可再生电力

制造供应商的用电是 Apple 整个制造供应链碳排放的最主要来源。正因如此，Apple 推动整个供应链转用 100%可再生电力的工作。

Apple 的供应商清洁能源项目可通过政策倡导，提供关于可再生能源采购方案的信息及渠道，以及创造与可再生能源专家接洽的机会，帮助供应商转用清洁的可再生电力。Apple 已在中国和日本直接投资了近 500 兆瓦的太阳能和风能项目，且有近 70 家在中国的主要生产合作伙伴承诺到 2030 年仅使用清洁能源生产 Apple 产品，相比 2022 年增长约 24%。

此外，为了支持供应商转用可再生电力，Apple 帮助他们寻找高品质解决方案，以便他们决定如何最好地满足自身的特定需求。通过中国清洁能源基金，Apple 及供应商开展清洁能源项目投资。截至 2023 年 3 月，该基金已投资超过 650 兆瓦的可再生电力项目，这些投资已投入使用近 100%。

Apple 也在通过寻找新的解决方案来适应不断变化的可再生能源市场，包括在特定地区首创包含更多企业采购方案的采购结构。在中国，这包括绿色电力交易平台和跨省购电协议，为供应商提供了更多选择。Apple 还投入巨资，通过清洁能源学院等平台在整个供应链中提供教育和培训。2022 年，中国、韩国、日本和越南的 170 多家供应商参与者参加了 Apple 的清洁能源学院。

2. 改善供应链的能源效率

在 Apple 的总碳足迹中，产品制造就占 65%之多。为了解决这一影响，Apple 与供应商紧密合作，优先减少能源消耗，这是 Apple 的一项战略重点。

为了支持供应商的能源效率项目，Apple 会通过评估帮助他们把握优化的机会和设计解决方案，提供包括技术支持的广泛教育和培训机会，并为这些项目寻求外部融资机会，为实现改进扫除障碍。在供应商建设能效更高的系统时，Apple 为其提供新的培训材料、教材和更多的资助机会，不断扩大支持面。2022 年，有逾 100 家供应商工厂参加了 Apple 的能源效率项目，节

图 1　近 70 家中国供应商承诺 100% 使用可再生能源

省超过 16 亿千瓦时的电力以及约 2039000 百万英热单位的额外能源，这些成果共计减少超过 130 万吨二氧化碳当量的排放。

（三）低碳设计

Apple 会优先考虑在碳排放量中占比很大的材料和部件。

在材料及材料处理方面的举措，Apple 的原则是少即是多。提高制造流程的效率，不仅可以减少浪费，还有助于 Apple 充分利用所采购的材料。此外，Apple 还在产品设计上不断精进，以便从源头上减少产品所需的材料。2022 年，Apple 继续投资于多个研发项目，以期减少材料加工过程中产生的废弃物，缩短机械加工时间并降低相关能耗，更高效地将材料转换成所需的形状，以及最大限度提高生产废料的回收和再加工水平。

材料选择是 Apple 缩减产品碳足迹的另一个切入点。Apple 的策略是过渡到使用低碳冶炼和回收再造的材料。Apple 采用的是全方位举措：转用再生材料，在无法采用再生材料的领域，则诉诸于低碳供应商和技术创新，以

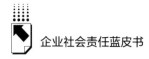

进一步脱碳。2022 年，Apple 开始出货采用经认证再生钢的产品，并进一步扩大经认证再生金的使用，这两种材料通常具有显著的碳足迹。

产品能耗在 Apple 的总碳足迹中占 24%，而且也会影响到每个用户的个人能耗。因此，Apple 为降低产品能源用量设立了进取型指标。在设计的最初阶段，Apple 就着手解决这一挑战，从软件的运行效率，到各部件的用电需求，全方位考察每件产品。2022 年，Apple 所有符合条件的产品均获得了ENERGYSTAR 能源之星的卓越能效评级。

图 2　部分产品机身采用 100%再生金属

（四）直接减排

Apple 一直致力于通过创新减少产品的环境影响，Apple 与多家铝材公司以及加拿大和魁北克政府开展合作，对合资企业 ELYSIS 进行投资。该企业致力于将专利技术投入商用，消除传统冶炼工艺所产生的直接温室气体排放。此外，使用含氟温室气体（F-GHG）是供应链中直接排放的主要构成来源之一。Apple 与主要制造商密切合作，与他们携手避免将这些气体排放到大气中。

为了将产品从制造商处运送到客户手中，Apple 正尽可能转用比空运碳排放更低的运输方式，如海运。2022 年，Apple 推出了 Mac Studio、Studio Display 和 Air Pods（第三代）这三款新产品，通过启用以 Apple 制造商为起点的海运供应链，利用海运方式进行出货。以海运方式取代空运，平均每件商品可减少 95% 的运输相关排放。此外，Apple 也在积极寻求运输技术方面的创新，包括与供应商合作，使用代用燃料和电动汽车。

Apple 还在不断探索新途径来减少员工通勤产生的碳足迹。比如，帮助员工从单独开车出行过渡到使用大众交通工具、通勤客车或园区单车。

（五）碳清除

Apple 计划扩大对自然项目的投资。2021 年，Apple 与保护国际基金会和高盛公司合作推出了 Restore Fund 基金。目前该基金已完成超过 1 亿美元的项目投资，预计从 2025 年开始碳清除量可超过 100 万吨。设立这样一个基金，既能创造财务收益，又能带来实际可衡量的碳影响，Apple 希望能推动更广泛的变革，鼓励全球各地对碳清除领域进行资本投入。

三 总结与展望

要实现 Apple 2030 年的碳目标，除了要推广现有的成熟方案，还要探索未来的解决之道。这包括推进开发各种新技术，比如采用不产生直接碳排

图 3　ELYSIS 采用低气候影响的创新工艺

放的铝材冶炼，采用 Apple Restore Fund 这类创新的融资方式，推动制定支持低碳经济的政策，以及持续投入研发等。Apple 致力于在环境目标上取得显著成果，并进一步影响公司生态范围以外的领域。这是一项迫切的任务，需要大家的共同努力才能成功。

B.9

台达：打造五星级零碳工厂，
致力迈向净零未来

摘　要：　台达创立于 1971 年，深耕中国大陆 30 多年，为全球提供电源管理与散热解决方案。台达长期关注全球气候变化议题，早在 2015 年就加入了 We Mean Business 倡议，2017 年设定科学减碳目标（SBT）并通过审核，承诺 2025 年碳密集度较 2014 年下降 56.6%，2021 年超前达成此目标，进一步承诺于 2030 年达成 RE100 及碳中和。台达长期推动自主节能，自 2011 年成立跨地区能源管理委员会，多年来已进行多项节能改善措施，在生产增长的状况下，2022 年工厂用电量较 2021 年减少 2483 万千瓦时。台达强化使用可再生电力，2022 年，台达中国大陆运营网点屋顶光伏发电量总计 1559 万千瓦时，加上外购绿电 8133 万千瓦时，通过使用可再生电力共减少 77142 吨二氧化碳排放。台达注重产品生态设计，生产的直流无刷马达散热风扇已通过 ISO 14067 产品碳足迹认证。2023 年，台达集团下属的中达电子（江苏）有限公司正式通过全球检测认证机构 TÜV 南德意志集团零碳工厂（Ⅰ型）五星级认证及碳中和达成认证。

关键词：　零碳工厂　应对气候变化　碳中和

台达创立于 1971 年，为全球提供电源管理与散热解决方案，并在工业自动化、楼宇自动化、通信电源、数据中心基础设施、电动车充电、可再生能源、储能与视讯显示等多项产品方案领域居重要地位，逐步实现智能制造

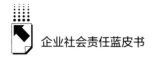

企业社会责任蓝皮书

与智能城市的发展愿景。台达秉持"环保 节能 爱地球"的经营使命，将企业可持续发展与商业模式相结合，运用高效率电力电子核心技术，以应对气候变化带来的环境议题。台达运营网点遍布全球，在五大洲近 200 个销售网点、研发中心和生产基地为客户提供服务。

台达深耕中国大陆 30 多年，运营总部设于上海，子公司中达电通负责市场营销与服务网络建设。四大生产基地位于广东东莞、江苏吴江、安徽芜湖、湖南郴州，在建中的华西生产基地位于重庆。在中国大陆，台达拥有 33527 名员工、68 个运营网点、5 个生产网点，以及 33 个研发中心与实验室，研发工程师达 2356 人。

在"双碳"目标指引下，制造业迈向低碳、高质量发展已是大势所趋。台达长期关注全球气候变化议题，早在 2015 年就加入了 We Mean Business 倡议，2017 年设定科学减碳目标（SBT）并通过审核，承诺 2025 年碳密集度较 2014 年下降 56.6%，2021 年超前达成此目标，进一步承诺于 2030 年达成 RE100 及碳中和。呼应全球控制升温 1.5°C 的减排路径，台达制定了 2050 年全球网点达成净零排放（Net Zero）的长期策略与目标，并于 2022 年成为亚洲高科技硬设备产业首家通过 SBTi 净零科学减碳目标审查的企业，承诺在 2030 年前将范畴一与范畴二碳排放较 2021 年降低 90%。2022 年台达已达成碳排放量下降 13.5% 的年度目标，全球网点可再生电力比例达 63%，逐步迈向 2030 的 RE100 与碳中和目标。

多年来，台达践行减碳与可持续发展的努力屡获肯定，已连续 12 年入选道琼斯可持续发展指数（Dow Jones Sustainability Indices，DJSI）之"世界指数"（DJSI World Index），于 2022 年 CDP 全球环境信息研究中心年度评比荣获"气候变化"与"水安全管理"双"A"评级，并连续 6 年荣获供应链参与领导者。台达已连续 8 年位列"企业社会责任蓝皮书"中"外企十强"，《2022 台达可持续发展报告》亦获"五星佳级"最高等级评价，台达绿色案例入选生态环境部"2021 年绿色低碳典型案例"等。

2023 年，台达集团下属的中达电子（江苏）有限公司正式通过全球检测认证机构 TÜV 南德意志集团零碳工厂（Ⅰ型）五星级认证及碳中和达成认证。依据中国节能协会发布的《T/CECA-G 0171-2022 零碳工厂评价规范》，台达吴江五厂完全满足评价要求，工厂 100% 应用可再生电力，且进行 100% 碳抵消，总分达 91.2 分；并在自主减排绩效指标、能源和碳智能信息化管理系统、产品生态设计、可再生能源使用等 12 项获满分，因此被评定为 I 型五星级"零碳工厂"。

图1　台达吴江五厂获评五星"零碳工厂"

一　长期推动自主节能

台达自 2009 年起即自主推动厂区节能，五年间厂区单位产值用电量节省 50%。自 2011 年成立跨地区能源管理委员会，历年来已进行多项节能改善措施，成立生产设备节能技术工作小组，整合内外部节能实务经验，平行推展到全球主要生产厂区。2011～2022 年，台达全球生产网点已累计施行 2826 项节能方案，共节电 3.55 亿千瓦时，约当减少 27.67 万吨碳排放。其中，中国大陆 2022 年共实施节能方案 179 项，技术节能与管理节能相结合，在生产增长的状况下，2022 年工厂用电量较 2021 年减少 2483 万千瓦时。

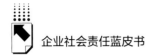

单位产值综合能耗同比下降 10%，碳密集度（生产每单位产值所排放的二氧化碳）同比下降 36%。

台达吴江五厂制定规范的节能目标和节能减排等措施，深度挖掘自身减碳潜力，凭借建筑降碳、工艺降碳、设备降碳、协调降碳、调整能源结构等，2022 年温室气体排放绝对量较 2021 年下降 54%，结合碳抵消措施，达成 100%碳中和。此外，吴江五厂导入台达自行研发的能源在线监控信息系统 Delta Energy Online，通过 AIoT（智能物联网）技术采集调用智能电表数据，实现能源和碳智能信息化管理。

二　强化使用可再生电力

台达于 2021 年 3 月宣布加入全球可再生电力倡议组织 RE100，承诺全球所有网点，将于 2030 年前达成 100%使用可再生电力及碳中和的总目标。同年，台达正式成立台达全球 RE100 委员会，下辖 8 个工作小组；每个工作小组由地区总经理带领，建立区域型的推动组织，负责各地区所有网点的可再生电力目标推动及达成。2022 年，可再生电力达成率首度纳入董事长、首席执行官，以及各工作小组的地区最高主管的绩效指标，影响超过 5%的薪酬奖励。

图 2　台达加入全球可再生电力倡议组织 RE100

台达以节能为基础以减少用电量，可再生电力以自发自用为最优先策略，其次为直购可再生电力，如可再生电力购电协议与绿色电力产品等"证电合一"的可再生电力，再次为非搭售型可再生能源凭证，致力达到承诺目标。2022年台达全球共计自发自用2545万千瓦时太阳能、采购1.4亿千瓦时绿色电力，以及购买2.8亿千瓦时可再生能源凭证，全球可再生电力使用比例已达63%。

2022年，台达中国大陆运营网点屋顶光伏发电量总计1559万千瓦时，加上外购绿电8133万千瓦时，通过使用可再生电力共减少77142吨二氧化碳排放。其中，吴江五厂通过自建屋顶太阳能光伏厂区、购买绿色电力及国际可再生能源凭证，达成100%使用可再生电力，实现能源消费结构降碳。

三　注重产品生态设计

台达自2010年开始，依据PAS 2050及ISO 14067标准，挑选代表性产品以生命周期评估方法学执行产品碳足迹研究，开展笔记本电脑外接电源适配器、直流风扇、太阳能逆变器、高效整流模块、交换式电源适配器及电动车车载充电机等产品碳足迹盘查，并取得第三方查证声明书。2022年发布《台达集团产品碳足迹策略》，扩大产品碳足迹盘查类型，应用既有的台达材料碳排数据库，亦将建置产品碳足迹计算方法学、导入国际碳系数数据库、建立知识平台，并分析产品碳足迹热点及减碳机会，将通过循环商业模式、产品绿色设计、产品能效提升、低碳原材料供应商合作、厂内节能及可再生电力运营、绿色物流建立、废弃物管理等方式，携手价值链伙伴共同加速产品碳足迹减量行动。

台达从源头产品设计到最终废弃处理的产品生命周期，皆以绿色设计、循环设计的精神，开发节能产品及解决方案。通过提供循环设计教育训练，导入循环设计、延长产品生命、创造产品剩余价值等策略，以期能在产品设计或服务时，从产品生命周期的角度考量，减少资源使用、降低环境冲击。

台达吴江五厂主要生产产品为散热和风扇产品，依循《台达集团产品

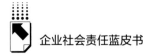

碳足迹策略》，进行全生命周期碳管理，致力于减少生命周期各阶段的碳足迹，生产的直流无刷马达散热风扇已通过 ISO 14067 产品碳足迹认证。

可持续发展是利人利己的百年事业，台达在持续强化核心竞争力的同时，也累积不同成功案例经验及积极发展多元应用方案，为城市和环境而努力。吴江五厂获评五星级零碳工厂是台达迈向净零目标的一个成功实践，未来台达将平行复制吴江五厂的减碳经验，在全球范围内打造更多零碳工厂。期望与全球伙伴携手合作，减轻人类发展对环境的冲击，共同朝向全球 1.5℃的气候目标迈进。

B.10
蚂蚁集团：发挥平台数字技术能力，
共促灵活就业市场高质量发展

摘　要： 蚂蚁集团作为民营经济和平台经济的代表，通过"平台的平台"模式，链接生态伙伴，利用支付宝的优势流量触达用户，通过蚂蚁的实名、信用、匹配、安全、风控、支付、保险等产品力，助力提升招聘撮合效率、完善劳动权益保障水平及提高职业认证率，在促进灵活就业市场高质量发展方面取得了一定成效。

关键词： 数字技术　平台模式　灵活就业

一　蚂蚁集团 ESG 可持续发展战略

蚂蚁集团起步于 2004 年诞生的支付宝，源于一份为社会解决信任问题的初心。经过 19 年的发展，已成为世界领先的互联网开放平台。支付宝已为超 10 亿用户、8000 万商家提供支付服务保障和便捷丰富的生活服务，并与 1.1 万家数字化服务商合作，共同助力服务业的数字化升级，助力实体经济蓬勃发展。其发起成立的网商银行，作为全国首批民营银行之一，专注于服务小微经营者，已累计为超过 5000 万小微经营者提供数字信贷服务。同时，蚂蚁集团持续向行业全面开放自身技术，为产业链的数字化协作贡献力量。并和全球合作伙伴一起共建开放共赢的全球数字普惠生态，让全球消费者"一个钱包走遍世界"，让全球商家可"一个账户卖遍全球"。

2022 年，蚂蚁集团借鉴 ESG 框架，在国家"创新、协调、绿色、开放、共享"的新发展理念的引领下，升级了"数字普惠"、"绿色低碳"、

"科技创新"和"开放生态"四位一体的 ESG 可持续发展战略。随着国家对平台企业进一步提出"引领发展、创造就业、国际竞争"的期待,蚂蚁集团更加自觉地把公司发展和价值创造与国家和社会的发展大局更紧密地结合起来。

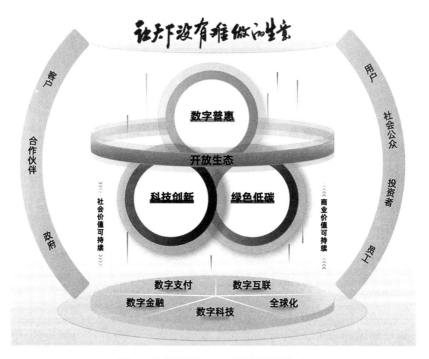

图 1 蚂蚁集团 ESG 可持续发展战略

二 灵活就业政策和行业背景

党的二十大报告指出,"健全劳动法律法规,完善劳动关系协商协调机制,完善劳动者权益保障制度,加强灵活就业和新就业形态劳动者权益保障",并指出,"完善重点群体就业支持体系,消除影响平等就业的不合理限制和就业歧视,使人人都有通过勤奋劳动实现自身发展的机会"。

在经济下行压力增大的严峻形势下,灵活就业和新就业形态发挥了重要的"蓄水池"功能，为防范规模性失业风险、保持就业局势总体稳定做出了积极贡献。从全国范围看，灵活就业人群已超 2 亿，且大部分集中在服务业。专家预测，未来 15 年我国的灵活就业人员数量可能达到 4 亿人。

但目前灵活就业行业发展仍面临较大提升空间：对于用工企业来说，招工难，规范管理成本高，亟须降本提效；对于求职者而言，劳动权益保障欠缺，岗位与技能不匹配；对于服务平台而言，人岗匹配效率低。

三　蚂蚁集团促就业工作主要实践

在当前就业优先战略下，作为平台经济的代表，蚂蚁集团积极利用过去 19 年积累的产品和技术能力解决部分痛点和问题，通过数字化手段帮助就业产业链降本提效，协助机构、用工企业、服务平台等实现就业的数字化转型升级。

（一）提升存量效率——提供一站式全流程数字化就业服务

以往，求职者的就业链路没有集中统一的平台。一方面，求职者需在各大招聘平台搜索信息，同时面试流程烦琐，需要逐一面试；应聘成功后，也面临发工资、投保等银行和保险公司的多头对接问题；同时可能遭遇用工机构、企业不投保的情况。另一方面，用工量大的机构和企业，则面临集中招聘期面试成本高的困难。

2023 年 2 月，支付宝基于"平台的平台"业务模式，上线了支付宝就业小程序，对政府机构和生态伙伴开放就业场域和产品能力，为求职者提供一站式全流程服务。政府机构和招聘平台可以在自身支付宝小程序发布岗位，也可以通过支付宝就业小程序频道发布岗位。支付宝还支持政府机构或者招聘平台生活号直播带岗，让招聘方式更多元、更丰富，并将提供流量激励，让招聘机构可触达更多用户，提升招聘效率。

"支付宝就业"小程序确保服务权威，企业真实，岗位真实，让用户可以快速找到安全可靠的工作和各种就业服务：比如刚刚大学毕业的学生，可

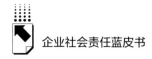

以在小程序找到就业补贴或创业支持相关服务；灵活就业的用户，如果在找工作中遇到纠纷，可以找到免费的法律援助服务；农民工如果没有领到报酬，可以使用欠薪投诉的服务，等等。

（二）创造增量机会——助推服务业数字化创造新就业

服务业是灵活就业的重点承载场景。统计数据显示，2021年，中国服务业就业人员达3.5亿人，占全国就业人员总数的48%。

目前支付宝App上活跃着1.2万数字化服务商，通过小程序、生活号等阵地和工具帮助商家进行数字化经营。随着数字技术和实体经济深度融合，传统产业持续转型升级，催生了大量新产业、新业态、新模式，创造出更多新的就业机会和岗位。

据不完全统计，支付宝生态衍生出了超过47种新职业，包括数据标注师、心愿制作师、收钱码系统软件开发师、大数据路线规划师、数字微客、垃圾智能识别师、蚂蚁森林护林员、云客服等，为灵活就业拓展增量做出了积极探索。

（三）提高质量水平——支付宝官方技能认证服务

基于生态实践场景，支付宝孵化了技能认证体系。截至目前，支付宝参与了5项数字新职业标准的起草，被浙江省人社厅评为"一试双证试点企业"，可对个人和企业做职业技能认证和实训。目前包括广州松田职业学院、赣州师范高等专科学校、山东司法警官职业学院等在内，有2万人获得认证。

四 蚂蚁集团促就业工作的经验和成效

（一）深耕技术和产品，打造全套解决方案

针对行业性痛点难题，蚂蚁集团紧扣技术和产品创新，打造了一整套就

业服务数字化解决方案，包括九大类 32 种产品能力。其中有六大核心产品力，包括人岗匹配、芝麻工作证、芝麻企业信用、区块链合同、IoT 刷脸和安全风控等。举例来说，芝麻工作证可以一键授权，无须多次填写，方便高效。芝麻企业信用可一键查询企业情况，确保企业真实。区块链合同可有效保障用工规范性。

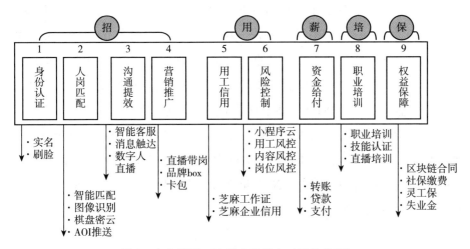

图 2　九大类别、32 种产品能力（开放共建）

（二）融入主流业务，确保可持续发展

要保持就业服务的可持续性，在创造社会价值的同时，也要保证商业上的可持续。支付宝将促就业工作融入主流业务，投人、投钱、投技术。从 2021 年支付宝启动促就业专项以来，项目组从最开始来自业务、产品和解决方案团队的三个成员，不断纳入新的力量，截至目前已组建了近百人的促就业工作组，包括技术、交互、客权、芝麻、大安全、资金、认证、战发、市场和研究院等多个团队的业务骨干，确保工作的机制保障、组织保障和资源保障。

（三）开放生态合作，有效扩大规模

支付宝目前已合作生态超 200 家，链入由各级政府机构如人社部和各地

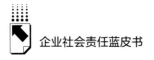

人社部门等合作方提供的社保缴纳、创业补贴、失业保障、职称认定等官方就业保障服务超 400 多种，就业岗位超过 2000 万，覆盖全国超 300 个城市，仅 2023 年 1~9 月，直播带岗超过 2000 场。

例如，支付宝与"1 号职场"招聘平台合作，联合推出了名为"1 键求职机"的创新产品服务，2023 年"五福"活动期间，一场带岗直播，吸引2000 万人次关注，相当于 700 场线下招聘会的效果。帮助灵工就业头部平台"青团社"人岗匹配率提升 80%，累计服务人数已突破 6000 万。帮助浙江开化县上线灵活就业小程序"蜜蜂公会"，促成求职者人均增收 900 元，岗位转化率增长 50%。帮助浙江省嘉兴市打造了全国首个就业二维码"嘉兴海宁智慧就业码"，做到"线上招聘不停歇，就业服务不打烊"。

支付宝促就业数字化解决方案，因提供了可信技术支持和大幅度提升了人岗匹配，2023 年 7 月，被中国互联网大会评选为 2023 年度"互联网助力经济社会数字化转型"案例；2023 年 9 月，在服贸会上获评"2023 服务业数字化解决方案优秀案例"。

评 级 报 告

Rating Report

B.11
典范和卓越企业社会责任（ESG）报告

摘　要： 企业社会责任报告评级是中国企业社会责任运动中的一项开创性的工作，对于推动全社会企业社会责任报告的发布、提高企业社会责任报告的质量、增强企业的社会责任能力、推动企业社会责任工作健康发展都具有重要意义。中国企业社会责任报告评级专家委员会制定并发布我国第一份社会责任报告评价标准，秉持"科学、公正、开放"的原则，从过程性、实质性、完整性、平衡性、可比性、可读性、创新性、可及性等维度持续开展社会责任（ESG）报告评级工作，与社会各界一道共同推动提升中国企业社会责任（ESG）信息披露水平和管理水平，助力中国企业高质量发展。

关键词： 企业社会责任　评级报告　可持续发展

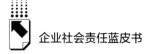

2010 年，中国社会科学院企业社会责任研究中心发起成立"中国企业社会责任报告评级专家委员会"（简称"评级专家委员会"），制定并发布我国第一份社会责任报告评价标准——《中国企业社会责任报告评级标准（2010）》，希望通过报告评级规范并提高我国企业社会责任报告编制水平。2010 年 6 月，中国企业社会责任报告评级专家委员会出具第一份评级报告——《中国石化 2009 可持续发展报告》；2011 年 6 月，出具第一份五星级报告——《中国南方电网 2010 年可持续发展报告》；2012 年 3 月，出具第一份外资企业评级报告——《佳能（中国）2011 年社会责任报告》；2012 年 6 月，出具第一份行业协会报告——《中国黄金行业 2011 年社会责任报告》。

随着国内外社会责任事业深入发展，社会责任报告被赋予多重意义，承载更多功能与价值。为适应社会责任报告的新趋势、新变化，持续提升报告评级的专业性、科学性与权威性，2014 年 1 月，《中国企业社会责任报告编写指南（CASS-CSR3.0）》发布，评级标准 2014 版本发布；2016 年 9 月，《中国企业社会责任报告指南（CASS-CSR4.0）》编修启动；2017 年 11 月，《中国企业社会责任报告指南（CASS-CSR4.0）》发布；2018 年 4 月，《中国企业社会责任报告评级标准（2018）》发布；2019 年 3 月，《中国企业社会责任报告评级标准（2019）》发布；2020 年 3 月，《中国企业社会责任报告评级标准（2020）》发布；2022 年 7 月，《中国企业社会责任报告指南（CASS-ESG5.0）》发布；2023 年 3 月，《中国企业 ESG 报告评级标准（2023）》发布，进一步更新了评级依据、评分标准等内容，规范报告编制流程，提升报告质量，强化报告沟通与传播功能，推动中国企业社会责任信息披露实现更高质量发展。

截至 2022 年底，中国企业社会责任报告评级专家委员会已累计为 1025 份中外企业社会责任（ESG）报告提供报告评级服务，企业社会责任（ESG）报告评级已经成为国内最具权威性、最有影响力的报告评价业务，为中外大企业所广泛认可（见图 1）。

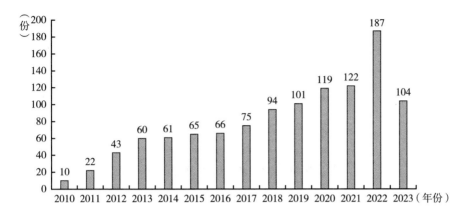

图1 2010~2023 年报告评级数量（截至 2023 年 9 月 20 日）

2023 年参评企业

◆**五星佳级：**华润置地、华润电力、伊利集团、蒙牛乳业、国家能源集团、华润燃气、中国宝武、中国南方电网、LG 化学、华润集团、国投集团、兵器工业集团、中国石化、中国一汽、现代汽车集团（中国）、东风公司、台达、江苏悦达起亚

◆**五星级：**天润新能、广汽丰田、深圳供电局、华润水泥、华润万象生活、广汽本田、东方电气（CSR）、东方电气（ESG）、中国交建、上海农商银行、中国铜业、驰宏锌锗、华润置地深圳大区、华润金融、华润资产、华润置地华北大区、华润置地华中大区、华润置地华南大区、华润三九、河钢集团、华润置地华东大区、SK 海力士（中国）、复星医药、马钢股份、华润信托、华润置地华西大区、新城控股、镇海炼化、海立股份、华润置地东北大区、太钢不锈、宝武资源、越秀集团、广新集团、中南股份、华润万家、华润怡宝、宝武环科、云南铜业、华润健康、中芯国际、宝钢包装、国家电投、欧冶云商、华发集团、中国旅游集团、中国民生银行、中国大唐、云南能投、紫金矿业

◆**四星半级：**中铝国际、西北油田、国电南瑞、南网储能、重庆燃气集团、康佳集团、中山公用、四川发展、中钢国际、北方国际、越秀地产、金

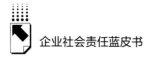

自天正、江苏体彩、浙江体彩、广州无线电、中钢集团、宝武水务、云锡控股公司、宝钢金属、以岭药业、宝地资产、广交易、云南农垦集团、格力集团、珠海水控集团、珠海交通集团、珠海农控集团、欧冶工业品、云南省贵金属集团、广州净水、广州排水、大横琴集团、广东铁投集团、深圳福彩

◆**四星级：**中金珠宝、国能湖南公司

一 华润置地2022可持续发展报告①

华润置地有限公司连续第 10 年向"中国企业社会责任报告评级专家委员会"申请报告评级，经评定，《华润置地有限公司 2022 可持续发展报告》（简称《报告》）为"五星佳级"，是一份典范的企业社会责任报告。本份评级报告由中国社会科学院教授、中国社会责任百人论坛秘书长钟宏武，北方工业大学经济管理学院副教授魏秀丽共同评审。

（一）过程性（★★★★★）

公司成立企业社会责任委员会，董事会主席担任委员会主席，把控整体方向及关键内容，办公室牵头成立报告编制工作组，统筹协调具体工作，董事会负责报告终审；将报告定位为披露履责信息、完善社会责任管理、强化利益相关方沟通、提升责任影响力的重要工具，功能价值定位明确；根据行业对标分析、公司发展规划、专家建议、利益相关方调查等识别实质性议题；积极推动所有下属大区和上市公司独立编发可持续发展报告，构建"1+N"的报告体系；计划通过官方网站发布报告，并将以电子版、印刷品、中英文版的形式呈现报告，具有卓越的过程性表现。

（二）实质性（★★★★★）

《报告》系统披露了贯彻宏观政策、确保房屋住宅质量、合规拆迁与老

---

① 后文呈现的是相关报告专家评级意见的主要内容。

城区保护、保护农民工权益、避免土地闲置、噪声污染控制、废弃物循环利用、绿色建筑等所在行业关键性议题，叙述详细充分，实质性表现卓越。

（三）完整性（★★★★★）

《报告》主体内容从"打造更持续的生态""塑造更理想的生活""成为更亲密的伙伴""奔赴更美好的未来"等角度系统披露了所在行业核心指标的93.38%，完整性表现卓越。

（四）平衡性（★★★★★）

《报告》披露了"关于产品及服务的投诉数目""员工流失率""工伤事故死亡人数""营业场所踩踏并导致人员重伤事故""腐败事件发生率""涉贪污、贿赂、勒索、欺诈及洗黑钱的诉讼案件"等负面数据，并简述客户投诉事件的处理情况及改进措施，具有卓越的平衡性表现。

（五）可比性（★★★★★）

《报告》披露了"资产总额""营业收入""销售物业签约额""慈善公益捐赠支出""综合能源消耗量""绿色建筑认证面积"等137个关键指标连续3年的对比数据，并通过"合约销售额位居行业第4"等进行横向比较，可比性表现卓越。

（六）可读性（★★★★★）

《报告》以"为更好的城市"为主题，从生态、生活、伙伴、未来四个层面展开，全面展现企业在关键议题上的履责理念、管理与实践，框架结构清晰，重点议题突出；以诗歌形式呈现叙述性引言，提升了报告的悦读性；多处通过嵌入二维码形式展示企业优秀责任管理实践，强化了报告的传播性和沟通力；图表搭配相得益彰，案例绩效丰富翔实，具有卓越的可读性表现。

（七）创新性（★★★★★）

《报告》设置"紫荆花开耀香江：与香港，共成长"责任专题，聚焦香

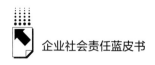

港回归 25 周年，展现企业履责实践，彰显了企业履责的引领性和报告内容的时代感；章节结尾设置"责任专栏"，呈现企业在关键议题上的履责实践和成效，提升了报告的深度和广度；持续修订《华润置地有限公司环境、社会及管治（ESG）工作管理手册》，提升了信息披露的规范性；构建 ESG 战略体系，进一步明确 ESG 工作的战略方向、具体目标和重点任务，完善了 ESG 工作的顶层架构，创新性表现卓越。

（八）综合评级（★★★★★+）

经评级小组评价，《华润置地有限公司 2022 可持续发展报告》的过程性、实质性、完整性、平衡性、可比性、可读性及创新性均达到五星级，综合为"五星佳级"，是企业社会责任报告中的典范。

二　华润电力2022可持续发展报告

华润电力控股有限公司连续第 10 年向"中国企业社会责任报告评级专家委员会"申请报告评级，经评定，《华润电力控股有限公司 2022 可持续发展报告》（简称《报告》）为"五星佳级"，是企业社会责任报告中的典范。本份评级报告由中国社会科学院教授、中国社会责任百人论坛秘书长钟宏武，中国电力企业联合会专家委员会副主任委员王志轩共同评审。

（一）过程性（★★★★★）

公司可持续发展委员会牵头成立报告编制工作组，独立非执行董事担任委员会主席，把控报告整体方向及关键内容，董事会负责报告终审；报告所引用的信息和数据客观、真实，已通过董事会确认；将报告定位为合规披露履责信息、提升 ESG 管理水平、回应资本市场诉求、强化利益相关方沟通、提升品牌形象的重要工具，功能价值定位明确；结合国家宏观政策、国际国内社会责任标准、公司发展战略、利益相关方调查等识别实质性议题，构建具有华润电力特色的社会责任指标体系，推动下属企业（华润电力广西公司）编制社会责任报告，过程性表现卓越。

（二）实质性（★★★★★）

《报告》系统披露了完善 ESG 治理、服务国家战略、产品技术创新、产品质量管理、节约能源资源、减少"三废"排放、应对气候变化、保护知识产权、安全生产、员工健康与安全、员工发展与培训、可持续供应链等所在行业关键性议题及前沿议题，叙述详细充分，实质性表现卓越。

（三）完整性（★★★★★）

《报告》主体内容从"拥抱双碳，引领低碳转型""慎终如始，守正合规前行""价值赋能，推动创新共赢""尊贤爱才，聚力同心发展""温暖同行，携手共创美好"等角度系统披露了所在行业核心指标的 90.20%，完整性表现卓越。

（四）平衡性（★★★★★）

《报告》披露了"员工流失率""重大设备事故""一般设备事故""员工人身伤亡事故""非计划停运台次"等负面数据，并详细描述了违规违纪事件的相关处理进展及结果，具有卓越的平衡性表现。

（五）可比性（★★★★★）

《报告》披露了"节能减排技术改造投入""灰渣综合利用率""新增就业人数""公益慈善捐赠总额""新增专利授权""发电运营权益装机容量"等 69 个关键指标连续 3 年的对比数据，强调了使用一致的披露统计方法，并对"温室气体排放总量""供电碳排放强度""外购电力"等核心指标的统计口径进行详细说明；通过"普氏能源资讯全球能源企业 250 强第 187 位"和"《福布斯》全球上市公司 2000 强第 1305 位"等数据进行横向比较，可比性表现卓越。

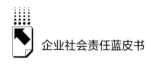

（六）可读性（★★★★★）

《报告》设置"民生为本，能源保供稳促发展"责任专题，展现企业在保障能源供应方面的亮点实践，彰显了国有企业的责任担当；从五大篇章系统阐述企业在环境保护、企业管理、创新合作、员工赋能、社区发展等方面的年度履责进展，框架结构清晰，重点议题突出；各章以"面临的挑战""我们的行动""主要绩效"起篇，提纲挈领，总领性强，利于相关方快速把握关键信息；封面设计采用卡通插画风格，融入企业标志性建筑、主营业务元素及特色标识，增强了报告的辨识度和生动性；报告设计风格简洁，以直观对比图方式凸显履责成效，显著增强报告的易读性，可读性表现卓越。

（七）可及性（★★★★★）

《报告》发布时间与年报发布时间保持一致，让利益相关方能够更早地关注和了解企业在公司治理、环境保护、履行社会责任等方面的信息；拟在公司官网、交易所网站挂网发布，并利用官微等社交渠道传播；可通过网络搜索下载、邮寄等渠道获取报告，可及性表现卓越。

（八）综合评级（★★★★★＋）

经评级小组评价，《华润电力控股有限公司2022可持续发展报告》为"五星佳级"，是企业社会责任报告中的典范。

三　伊利集团2022可持续发展报告

内蒙古伊利实业集团股份有限公司连续第6年向"中国企业社会责任报告评级专家委员会"申请报告评级，经评定，《内蒙古伊利实业集团股份有限公司2022可持续发展报告》（简称《报告》）为"五星佳级"，是企业社会责任报告中的典范。本份评级报告由北京师范大学新闻传播学院院长张洪忠、中国社会科学院教授、责任云研究院院长张蒽共同评审。

（一）过程性（★★★★★）

集团成立董事会战略与可持续发展委员会，董事长担任主任委员，把控报告整体方向，审核报告终稿，企业公共事务部牵头组建报告编写工作组，统筹具体编制工作；将报告定位为完善社会责任管理、强化利益相关方沟通、提升企业品牌美誉度的重要工具，功能价值定位明确；根据国家宏观政策、国际国内社会责任标准、行业对标分析、公司重大事项、利益相关方调查等识别实质性议题；组织系列可持续专项议题培训，开展工作评价，评选优秀案例，强化了社会责任工作纵向融合力度；计划通过举办发布会、官方网站发布报告，并将以电子版、印刷品、中英文版等形式呈现报告，过程性表现卓越。

（二）实质性（★★★★★）

《报告》系统披露了食品安全管理、保障食品营养健康、食品信息披露、应对客户投诉、绿色采购、节约能源资源、发展循环经济、产品包装材料减量、绿色农业、员工权益保护、带动农村经济发展等食品行业关键性议题，叙述详细充分，具有卓越的实质性表现。

（三）完整性（★★★★★）

《报告》主体内容从"全面价值经营""优质产品和服务""零碳美好未来""共富美好生活"等角度系统披露了食品行业核心指标的 93.62%，完整性表现卓越。

（四）平衡性（★★★★★）

《报告》披露了"产品召回比例""产品和服务信息与标识的违规事件数""食品质量安全事件数""严重泄漏次数""信息系统安全事故数""损失工时事故人数"等负面数据信息，并简述客户投诉处理情况与改进措施，平衡性表现卓越。

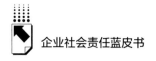

（五）可比性（★★★★★）

《报告》披露了"营业总收入""支付各项税费""研发总投入""环保总投入""能源消耗量""安全培训人次""女性高管比例""对外捐赠额"等66个指标连续3年的对比数据；并通过"位居全球乳业五强、亚洲乳业第一""全球专利申请总数、发明申请总量位居世界乳业第二名"等数据进行横向比较，可比性表现卓越。

（六）可读性（★★★★★）

《报告》沿用"让世界共享健康"的主题，从四个行动领域系统阐述企业在公司治理、创新赋能、产品和服务、绿色低碳、产业链共建、社会贡献等关键议题上的履责进展，框架清晰，重点突出；封面设计虚实结合，巧妙融合美好生活场景与"WISH 2030"主题，凸显行业特征与国际视野，增强了报告的辨识度；篇章跨页采用契合章节主题的实景大图，以理念与目标、履责成效起篇，提纲挈领，总领性强，以便利益相关方快速把握；图表搭配相得益彰，案例绩效丰富翔实，具有卓越的可读性表现。

（七）创新性（★★★★★）

《报告》开篇设置"全面践行联合国2030可持续发展目标"板块，展示联合国可持续发展目标（SDGs）下的责任行动，凸显企业履责行动、国际视野与价值追求；编制《生物多样性保护报告》《零碳未来报告》专项报告，构建了多形态报告体系；率先发布《伊利集团零碳未来计划》和《伊利集团零碳未来计划路线图》，升级形成"WISH 2030"金钥匙可持续发展体系，进一步完善可持续发展管理与行动路径，彰显行业履责引领性，创新性表现卓越。

（八）综合评级（★★★★★+）

经评级小组评价，《内蒙古伊利实业集团股份有限公司2022可持续发展报告》为"五星佳级"，是企业社会责任报告中的典范。

四 蒙牛乳业2022可持续发展报告

中国蒙牛乳业有限公司连续第 8 年向"中国企业社会责任报告评级专家委员会"申请报告评级，经评定，《中国蒙牛乳业有限公司 2022 可持续发展报告（ESG 报告）》（简称《报告》）为"五星佳级"，是企业社会责任报告中的典范。本份评级报告由北京师范大学新闻传播学院院长张洪忠，中国社会科学院教授、责任云研究院院长张蒽共同评审。

（一）过程性（★★★★★）

公司集团事务部牵头组建报告编制工作组，统筹推进编制工作，报告经公司核心高管组成可持续发展执行委员会审核，并由公司董事会最终审阅；将报告定位为披露社会责任信息、完善社会责任管理、强化利益相关方沟通的重要工具，功能价值定位明确；根据国家宏观政策、国际国内社会责任标准、行业对标分析、公司发展战略、专家建议、利益相关方调查等识别实质性议题；积极推动旗下雅士利、中国圣牧、现代牧业独立编发环境、社会及管治报告，强化社会责任工作纵向管理力度；计划通过官方网站发布报告，并将以电子版、印刷品、中英文版、中文繁体版的形式呈现报告，具有卓越的过程性表现。

（二）实质性（★★★★★）

《报告》系统披露了食品安全管理、保障食品营养与健康、食品信息披露、广告宣传合规、应对客户投诉、绿色采购、产品包装材料减量化、节约能源、发展循环经济、支持绿色农业、保护员工权益、带动农村经济发展等食品行业关键性议题，叙述详细充分，具有卓越的实质性表现。

（三）完整性（★★★★★）

《报告》主体内容从"可持续的公司治理""共同富裕的乳业责任"

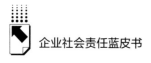

"环境友好的绿色生产""负责任的产业生态圈""营养普惠的卓越产品"等角度披露了食品行业核心指标的92.91%,完整性表现卓越。

（四）平衡性（★★★★★）

《报告》披露了"产品召回事件""重大数据泄露事件""职业病病例""员工因工亡故人数""员工因工亡故比率""工伤损失工作小时数"等负面数据信息,并简述在产品追溯及召回方面的相关举措,平衡性表现卓越。

（五）可比性（★★★★★）

《报告》披露了"营业收入""产品出厂质检合格率""对外公益总投入""员工诉求回应率""综合能源消耗量""中水回收率"等52个关键指标连续3年的对比数据,并通过获评"国资委'央企ESG·先锋50指数'排名第一"等进行横向对比,可比性表现卓越。

（六）可读性（★★★★★）

《报告》采用议题型框架结构,系统阐述了对员工、社区、环境、客户等利益相关方的年度履责进展,回应了利益相关方的期望与诉求;整体设计风格简约清新,封面设计凸显企业所在行业特征,融入主营业务和社会责任元素,生动形象地传达企业履责价值;篇章跨页嵌入叙述性引言、关键议题及章节2022年重大成果,提纲挈领,便于利益相关方快速了解章节内容,提升了报告的可读性,具有卓越的可读性表现。

（七）创新性（★★★★★）

《报告》设置"ESG亮点展示"特色板块,深度回应联合国可持续发展目标（SDGs）,突出了企业的国际视野与价值追求;持续完善"GREEN可持续发展战略",确立五大战略支柱,细分15项议题,并逐项细化28个战略行动,彰显了企业的责任担当;设置"气候相关财务信息披露专题"板块,明确"双碳"阶段的关键路径,凸显了企业的责任引领,创新性表现卓越。

（八）综合评级（★★★★★+）

经评级小组评价，《中国蒙牛乳业有限公司2022可持续发展报告（ESG报告）》为"五星佳级"，是企业社会责任报告中的典范。

五 国家能源集团2022可持续发展报告

国家能源投资集团有限责任公司连续第6年向"中国企业社会责任报告评级专家委员会"申请报告评级，经评定，《国家能源集团2022可持续发展报告》（简称《报告》）为"五星佳级"，是企业社会责任报告中的典范。本份评级报告由中国社会科学院教授、中国社会责任百人论坛秘书长钟宏武，北京师范大学新闻传播学院院长张洪忠共同评审。

（一）过程性（★★★★★）

集团企业管理与法律事务部牵头成立报告编制小组，部门主任负责把控报告整体方向，部门副主任把控报告编制关键节点，董事会负责报告终审；将报告定位为披露社会责任信息、提升社会责任管理水平、强化利益相关方沟通、提升公司品牌形象的重要工具，功能价值定位明确；根据国家宏观政策、国际国内社会责任标准、公司发展战略、利益相关方调查等识别实质性议题；构建国家能源集团 CE·CE 社会责任体系，提高 ESG 管理水平；计划召开专项发布会发布报告，同时嵌入行业会议进行二次发布，并将以电子版、印刷品、中英文版的形式呈现报告，具有卓越的过程性表现。

（二）实质性（★★★★★）

《报告》系统披露了服务国家战略、能源保供、科技创新、安全生产、发展清洁能源、节约能源资源、绿色转型、生态恢复与治理等所在行业关键性议题，叙述详细充分，实质性表现卓越。

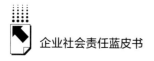

（三）完整性（★★★★★）

《报告》主体内容从"力能扛鼎·赋能更久续的经营""力任其难·赋能更久治的生态""力从心发·赋能更久安的社会"等角度披露了所在行业核心指标的91.69%，完整性表现领先。

（四）平衡性（★★★★★）

《报告》披露了"重大设备事故数""重大人员伤亡数""员工流失率""管理人员末等调整和不胜任退出人数"等负面数据信息，并简述公司从严治党相关问题及处分的举措及成效，平衡性表现卓越。

（五）可比性（★★★★★）

《报告》披露了"发电量""供热量""新能源装机容量""利税总额""研发投入""报告期内吸纳就业人数""安全生产投入""对外捐赠总额"等94个关键指标连续3年的对比数据，并通过"煤炭销量、发电量世界第一""风电装机规模世界第一"等指标进行横向比较，可比性表现卓越。

（六）可读性（★★★★★）

《报告》以"国家能源 责任动力"为主题，以"力"字为主线，从展现经营久续、生态久治、社会久安三大方面着力，详述企业履责绩效，全面回应利益相关方期望与诉求；区别于传统表达方式，报告文辞瑰丽，对仗工整，语言表达丰富且具感染力，显著提升了报告的悦读性；跨页选用具有企业特色的实景图，内页图片恢宏大气、设计精美，同时多处嵌入二维码链接，提升报告交互性及沟通力，可读性表现卓越。

（七）创新性（★★★★★）

《报告》设置"砥砺风雨已五年 引领超越谱新篇"责任专题，从党建引领、能源保供、产业转型、国企改革、创新升级等方面系统梳理、集中展现公司重组后五年来的发展成果；打造社会责任日晷模型，建立"国家能源集团 CE · CE 社会责任体系"，将责任指标融入日常经营中，实现标准化、体系化社会责任管理；首次打造"1+M+N（主报告+专项报告+子分公司报告）"报告矩阵，进一步推动下属单位共同履责，创新性表现卓越。

（八）综合评级（★★★★★+）

综合以上七项评价指标，《国家能源集团 2022 可持续发展报告》在过程性、实质性、完整性、平衡性、可比性、可读性、创新性方面均表现卓越。综合来看，该报告是一份"五星佳级"报告，是企业社会责任报告中的典范。

六　华润燃气2022可持续发展报告

华润燃气控股有限公司连续第 7 年向"中国企业社会责任报告评级专家委员会"申请报告评级，经评定，《华润燃气控股有限公司 2022 可持续发展报告》（简称《报告》）为"五星佳级"，是企业社会责任报告中的典范。本份评级报告由中国社会科学院教授、中国社会责任百人论坛秘书长钟宏武，北方工业大学经济管理学院副教授魏秀丽共同评审。

（一）过程性（★★★★★）

公司办公室牵头成立报告编制工作组，统筹具体编制工作，董事局主席负责报告终审；将报告定位为披露履责信息、提高可持续发展管理水平、宣贯可持续发展理念、传递企业负责任形象的重要工具，功能价值定位明确；根据国家宏观政策、国际国内社会责任标准、行业对标分析、专家意见、华润集团核心议题、公司发展战略、利益相关方调查等识别实质性议题；积极推动下属企业重庆燃气、成都燃气独立编发社会责任报告，构建多层次报告体系；计划通过官方网站发布报告，并将以电子版、印刷品、视频的形式呈现报告，过程性表现卓越。

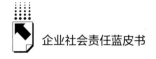

（二）实质性（★★★★★）

《报告》系统披露了保障气质良好、确保资费透明、普及安全用气、优化客户服务、保障燃气供应、生产和运输安全保障、职业健康管理、应急和灾害保障体系等所在行业关键性议题，叙述详细充分，具有卓越的实质性表现。

（三）完整性（★★★★★）

《报告》主体内容从"聚力凝心创造美好价值""臻于匠心实现美好生活""持以恒心守护美好生态""笃定信心奔赴美好前程""一体同心凝聚美好合力""拳拳仁心绘就美好未来"等角度系统披露了所在行业核心指标的93.89%，完整性表现卓越。

（四）平衡性（★★★★★）

《报告》披露了"安全生产事故数""员工伤亡人数""千人死亡率""员工流失率""年度新增职业病和企业累计职业病例""供应商受到经济、社会或环境方面处罚的个数"等负面数据信息，并简述大连公司客户投诉事件的处理情况，平衡性表现卓越。

（五）可比性（★★★★★）

《报告》披露了"资产总额""利润总额""安全培训投入""社会捐赠总额""综合能源消费量""温室气体排放总量""碳强度"等135个关键指标连续3年的对比数据，并通过"行业排名（普氏能源资讯全球排名）112名""华润燃气客户满意度连续多年名列当地公用事业单位第一名"等进行横向比较，可比性表现卓越。

（六）可读性（★★★★★）

《报告》以"不止是陪伴，更是点燃梦想"为主题，从六大篇章全面展现企业年度可持续发展理念、实践与成效，框架结构清晰，章节体例一致，重点议题突出，回应了相关方的期望与诉求；封面设计采用矢量风格，巧妙融合美好生活场景及企业主营业务元素，提升了报告的辨识度；篇章跨页与封面设计风格在保持一致的同时选用与章节相匹配的场景与色彩，前后呼应，并嵌入叙述性引言及"2022 责任绩效"，提纲挈领，总领性强；设置"利益相关方感言"专栏佐证企业履责成效，嵌入二维码延伸解读报告内容，具有卓越的可读性表现。

（七）创新性（★★★★★）

《报告》设置"责任专栏"板块，图文搭配讲述亮点项目和行动，凸显了企业的履责意义，展现了企业的责任引领；通过商业计划检讨会制订下一年工作改进计划，制定相关制度，进一步完善《华润燃气社会责任工作管理办法》；制作视频，拟通过华润燃气视频号进行发布，扩大报告传播力，创新性表现卓越。

（八）综合评级（★★★★★+）

经评级小组评价，《华润燃气控股有限公司 2022 可持续发展报告》的过程性、实质性、完整性、平衡性、可比性、可读性及创新性均达到五星级，综合为"五星佳级"，是企业社会责任报告中的典范。

七　中国宝武2022社会责任报告

中国宝武钢铁集团有限公司连续第 4 年向"中国企业社会责任报告评级专家委员会"申请报告评级，经评定，《中国宝武钢铁集团有限公司 2022年社会责任报告》（简称《报告》）为"五星佳级"，是企业社会责任报告中的典范。本份评级报告由国务院国资委原党委委员、秘书长彭华岗担任评级专家委员会主席，中国社会科学院教授、中国社会责任百人论坛秘书长钟宏武，中国企业联合会企业创新工作部主任张文彬共同评审。

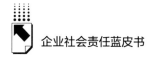
（一）过程性（★★★★★）

集团党委宣传部、企业文化部牵头成立报告编制小组，统筹具体编制工作，各部门和子公司提供基础资料并进行审核，党委宣传部、企业文化部副部长把控报告整体方向，企业文化处处长负责把控关键节点，董事长、总经理负责报告最终审定；将报告定位为提高社会责任管理水平、强化利益相关方沟通、塑造企业责任品牌形象的重要工具，功能价值定位准确；根据国内外社会责任标准、国家政策趋势、行业对标分析、公司发展战略、利益相关方调查等识别实质性议题；计划召开专项发布会、社会责任报告集中发布活动并发布报告，并将在国务院国资委组织的中央企业报告集中发布活动中进行二次发布；将以电子版、印刷品、中英文版本呈现报告，具有卓越的过程性表现。

（二）实质性（★★★★★）

《报告》系统披露了贯彻宏观政策、产品质量管理、产品创新、责任采购、职业健康管理、安全生产、环保技术和设备的研发与应用、节约能源资源、发展循环经济、厂区周边环境治理等所在行业关键性议题，叙述详细充分，具有卓越的实质性表现。

（三）完整性（★★★★★）

《报告》主体内容从"产品卓越 点亮'超亿吨宝武'生命底色""品牌卓著 彰显'强国重企'的品牌知名度和美誉度""创新领先 铸就科技自立自强'钢铁长城'""治理现代 推动新时代'宝武之治'落实落地"等角度系统披露了所在行业核心指标的93.46%，具有卓越的完整性表现。

（四）平衡性（★★★★★）

《报告》披露了"安全生产事故数""员工工伤事故伤害人数""员工辞职人数占员工总数比例"等负面数据信息，并简要描述"未发生重大风

险事件"、查办违反中央八项精神问题事件及处置整改情况，平衡性表现
卓越。

（五）可比性（★★★★★）

《报告》披露了"营业总收入""钢产量""节能技改总投入""吨钢综
合能耗""新增员工人数""定点帮扶资金"等 105 个关键指标连续 3 年的
对比数据；通过"钢产量及市场占有率均保持全球第一""'世界品牌 500
强'钢铁品牌第二位""'世界级钢铁企业竞争力排名'第五名"等进行横
向比较，具有卓越的可比性表现。

（六）可读性（★★★★★）

《报告》以"凝心聚力建设世界一流企业"为主题，框架结构清晰，重
点议题突出，详细阐述了企业在科技创新、环境保护、安全生产、产品品
质、员工成长、公益慈善等重点议题下的履责行动与绩效；封面设计采用概
念图风格，提炼出"同心圆"图形元素，深度呼应"同一个宝武"，色调呼
应企业品牌标识；章节跨页选用契合章节主题的实景大图，嵌入叙述性引言
和关键数据绩效，提纲挈领，提高了报告的易读性；设置"名词解释"专
栏解读专业术语，嵌入二维码进行影像化延伸，增强了报告的沟通力，具有
卓越的可读性表现。

（七）创新性（★★★★★）

《报告》设置"聚焦产品卓越 提升产品竞争力""深耕品牌建设 奏响
钢铁强音""勇闯低碳'无人区'实现科创新突破""凝心聚力铸初心 笃行
不怠开新局"四个责任专题，精准聚焦企业在致力科技创新、打造卓越产
品、践行绿色低碳、加强党的建设等方面的责任行动与成效，彰显了中央企
业的责任担当；建立健全"1+N+M"报告体系及常态化发布机制，将《中
国宝武社会责任工作制度》升级为企业基本管理制度，推进制定《企业社
会责任报告/ESG 报告编写规范》，规范社会责任管理，创新性表现卓越。

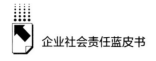

（八）综合评级（★★★★★＋）

经评级小组评价，《中国宝武钢铁集团有限公司2022年社会责任报告》的过程性、实质性、完整性、平衡性、可比性、可读性及创新性均达到五星级，综合为"五星佳级"，是企业社会责任报告中的典范。

八 中国南方电网2022社会责任报告

中国南方电网有限责任公司连续第14年向"中国企业社会责任报告评级专家委员会"申请报告评级，经评定，《中国南方电网2022企业社会责任报告》（简称《报告》）为"五星佳级"，是企业社会责任报告中的典范。本份评级报告由中国社会科学院教授、中国社会责任百人论坛秘书长钟宏武，中国电力企业联合会专家委员会副主任委员王志轩共同评审。

（一）过程性（★★★★★）

公司党建工作部（企业文化部）牵头成立报告编制小组，统筹报告编制工作，董事长、总经理、党组副书记把控报告整体方向；将报告作为彰显央企定位、披露重点工作、讲好南网故事的重要工具，功能价值定位明确；根据行业发展形势、利益相关方座谈、公司发展战略、国内外社会责任标准要求等识别实质性议题；推动下属单位编制社会责任报告，提升社会责任管理水平；报告经党组会前置研究、董事会决定后发布，并将以电子版、印刷品、中英文版、H5版的形式呈现报告，过程性表现卓越。

（二）实质性（★★★★★）

《报告》系统披露了可靠电力供应、保障农村及边远地区用电、建设现代供电服务体系、员工权益保护、设备管理、提高电力输送效率、建设本质安全型企业、建设数字电网、构建新型电力系统等所在行业关键性议题，叙述详细充分，实质性表现卓越。

（三）完整性（★★★★★）

《报告》主体内容从"电力供应""绿色环保""经营效率""社会和谐""责任管理"等角度披露了所在行业核心指标的 93.96%，完整性表现卓越。

（四）平衡性（★★★★★）

《报告》披露了"线损率""中心城区停电时间""客户平均停电时间""三级以上电力事故""系统内人身伤亡事故"等数据，并对公司开展水电站风险隐患排查治理并关停存在运行风险的 73 座电站，对涉电公共安全隐患排查经过及整改情况等事件进行简述，平衡性表现卓越。

（五）可比性（★★★★★）

《报告》披露了"售电量""电网建设投资""农村供电可靠率""研发投入""营业收入""电能替代电量""非化石能源装机容量""对外捐赠支出总额"等 44 个关键指标连续 3 年的对比数据，并就"供电可靠率""世界品牌500 强""充电桩市场占用率"等指标进行横向比较，可比性表现卓越。

（六）可读性（★★★★★）

《报告》延续企业四维社会责任模型的报告框架，从电力供应、绿色环保、经营效率、社会和谐四个方面系统展示企业履责实践及成效，全面回应利益相关方期望与诉求；封面以"碳"的英文首字母"C"为设计元素，融入地球与南方五省区地标元素，体现企业可靠、安全、绿色的电力能源服务辐射五省区经济社会发展，具有企业辨识度；内页排版清晰简约，灵活时尚，注重"以图说话"，图片形式丰富多样，提升报告悦读性和生动性，可读性表现卓越。

（七）创新性（★★★★★）

《报告》设置开篇专栏"奋进新时代 辉煌十年路"，从电力供应、绿色

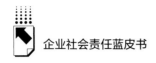

环保、经营效率、社会和谐四个方面讲述南网新时代非凡十年发展成就；设置开篇语"总书记有指示 中央有部署—南网见行动 落实见成效"，在提纲挈领展现责任行动的同时提升报告站位；以小栏目的形式对专业知识进行科普讲解；在责任治理中首次加入 ESG 管理内容，推动 ESG 管理落地，创新性表现卓越。

（八）综合评级（★★★★★+）

经评级小组评价，《中国南方电网 2022 企业社会责任报告》的过程性、实质性、完整性、平衡性、可比性、可读性、创新性均达到五星级，综合为"五星佳级"，是企业社会责任报告中的典范。

九　LG 化学2022社会责任报告

LG 化学（中国）投资有限公司连续第 11 年向"中国企业社会责任报告评级专家委员会"申请报告评级，经评定，《LG 化学（中国）2022 社会责任报告》（简称《报告》）为"五星佳级"，是企业社会责任报告中的典范。本份评级报告由北京师范大学新闻传播学院院长张洪忠，中国社会科学院教授、责任云研究院院长张蒽共同评审。

（一）过程性（★★★★★）

公司政府事务部牵头成立报告编制工作组，统筹、协调与推进社会责任编制工作，大中华区总裁担任报告编制总负责人，把控报告整体方向并负责报告终审；将报告定位为提高社会责任管理水平、披露履责信息、强化利益相关方沟通、增强企业影响力、提升企业品牌美誉度的重要工具，功能价值定位明确；结合国家宏观政策、国内外社会责任标准、行业对标分析、公司发展战略、利益相关方调查等识别实质性议题；支持在华法人 LG 甬兴编制发布社会责任报告，强化了社会责任工作纵向融合力度；计划通过官方网站发布报告，并将以电子版、印刷品的形式呈现报告，过程性表现卓越。

（二）实质性（★★★★★）

《报告》披露了贯彻宏观政策、产品与服务质量管理、职业健康管理、安全生产与应急管理、科技创新、应对气候变化、节能减排、发展循环经济、供应链责任等所在行业关键性议题，叙述详细充分，实质性表现卓越。

（三）完整性（★★★★★）

《报告》主体内容从"与客户同行 协同发展创造价值""与绿色同行 低碳环保守护地球""与伙伴同行 携手并进合作共赢""与员工同行 汇聚英才成就幸福""与社会同行 爱心相通传递温暖"等角度系统披露了所在行业核心指标的 94.33%，具有卓越的完整性表现。

（四）平衡性（★★★★★）

《报告》披露了"事务职员流失率""安全事故总数""工伤次数""工伤人数""化学品泄漏发生次数""职业病发生率"等负面数据信息，并简述生产车间噪声问题及治理措施，平衡性表现卓越。

（五）可比性（★★★★★）

《报告》披露了"销售额""纳税总额""员工培训投入""环境投资费用""温室气体排放总量"等 89 个关键指标连续 3 年的对比数据，并通过"位列 2022 全球最具价值化学品牌排行榜第三"等进行横向比较，可比性表现卓越。

（六）可读性（★★★★★）

《报告》采用利益相关方型框架结构，以"与……同行"为主线，从五大篇章系统阐述企业年度履责理念、行动与成效，回应了利益相关方的期望与诉求；封面设计采用体现可持续发展的大场景图，契合公司致力成为"引领可持续发展的全球领先科学企业"理念；篇章跨页嵌入总结性引言及

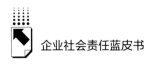

关键议题，提纲挈领，利于读者快速把握重点内容；引用利益相关方证言佐证履责成效，强化了报告的传播力与公信力，可读性表现卓越。

（七）创新性（★★★★★）

《报告》开篇设置"构建稳固战略合作关系：用心打造'客户之年'""向环境零污染目标奋斗：可持续环保材料改变生活"两大责任聚焦，展现企业专注为客户创造价值、提供创新可持续的产品和解决方案的实践与成效，凸显企业的责任与担当；实施可持续发展战略，推进"五大核心课题"，明确三大新增长引擎，完善了可持续发展的顶层规划，推进企业可持续发展，具有卓越的创新性表现。

（八）综合评级（★★★★★+）

经评级小组评价，《LG 化学（中国）2022 社会责任报告》的过程性、实质性、完整性、平衡性、可比性、可读性及创新性均达到五星级，综合为"五星佳级"，是企业社会责任报告中的典范。

十　华润集团2022可持续发展报告

华润（集团）有限公司连续第 12 年向"中国企业社会责任报告评级专家委员会"申请报告评级，经评定，《华润（集团）有限公司 2022 年度可持续发展报告》（简称《报告》）为"五星佳级"，是一份典范的企业社会责任报告。本份评级报告由中国社会科学院教授、中国社会责任百人论坛秘书长钟宏武，北方工业大学经济管理学院副教授魏秀丽共同评审。

（一）过程性（★★★★★）

集团办公室牵头成立报告编制工作组，集团副总担任主编，统筹编制工作，负责报告终审，办公室负责人担任执行主编，办公室副主任担任副主编，指导执行具体工作；将报告定位为健全信披机制、宣贯社会责任理念、强化利益相关方沟通、提升社会责任管理水平的重要工具，功能价值定位明确；结合国家宏观政策、国际国内社会责任标准、年度社会责任热点、公司重大事项、利益相关方调查等识别实质性议题；连续第5年实现全集团社会责任报告编制三级全覆盖，并对35家所属单位社会责任报告进行分析点评，提升了社会责任信息披露质量；计划召开专项发布会发布报告，并将以电子版、印刷品、中英文版的形式呈现报告，过程性表现卓越。

（二）实质性（★★★★★）

《报告》系统披露了产品质量管理、产品创新、职业健康管理、员工权益保护、安全生产、环保技术和设备的研发与应用、节约能源资源、减少"三废"排放、厂区周边环境治理等所在行业关键性议题，叙述详细充分，具有卓越的实质性表现。

（三）完整性（★★★★★）

《报告》主体内容从"经济责任""员工责任""客户责任""环境责任""伙伴责任""公共责任"等角度系统披露了所在行业核心指标的94.38%，具有卓越的完整性表现。

（四）平衡性（★★★★★）

《报告》披露了"员工离职率""千人死亡率""重大劳动争议数""人权问题投诉""农民工工资拖欠""EHS系统性风险"等负面数据信息，并披露了华润雪花啤酒聊城公司的负面舆情事件，平衡性表现卓越。

（五）可比性（★★★★★）

《报告》披露了"营业收入""资产总额""慈善公益支出""研发投入""万元产值可比价综合能耗较上年同比下降""环保总投资"等70个关键指标连续3年的对比数据，并通过"位列中国社会科学院'企业社会责

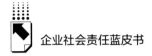

任蓝皮书'全国 300 强总榜单第一位""世界品牌 500 强位列第 66 位"等进行横向比较,可比性表现卓越。

(六)可读性(★★★★★)

《报告》以"不止是陪伴"为主题,以利益相关方理论为基础,从经济、员工、客户、环境、伙伴、公共六大责任系统呈现企业年度履责进展,诠释了企业对履行社会责任的深刻理解;封面设计运用集团主营业务元素,以三维造型塑造不同的"陪伴"场景,增强了报告的辨识度与亲和力;各章开篇设置"Story",以故事体生动讲述责任实践,并以"理念与目标"及章节关键绩效起篇,增强了报告的沟通价值;案例绩效丰富翔实,图文搭配相得益彰,具有卓越的可读性表现。

(七)创新性(★★★★★)

《报告》在各章节设置 VR 拓展阅读企业履责实践,强化了报告的传播性和沟通力;发布"华润集团社会责任'十四五'规划",进一步明确责任信息披露要求,强化了社会责任纵向融合力度;首次举办集中发布会并邀请专家对集团及下属企业报告作深入分析点评,推动下属企业改善提升报告编制水平,创新性表现卓越。

(八)综合评级(★★★★★+)

经评级小组评价,《华润(集团)有限公司 2022 年度可持续发展报告》的过程性、实质性、完整性、平衡性、可比性、可读性及创新性均达到五星级,综合为"五星佳级",是企业社会责任报告中的典范。

十一 国投集团2022可持续发展报告

国家开发投资集团有限公司连续第 9 年向"中国企业社会责任报告评级专家委员会"申请报告评级,经评定,《国家开发投资集团有限公司 2022

可持续发展报告》（简称《报告》）为"五星佳级"，是企业社会责任报告中的典范。本份评级报告由北京师范大学新闻传播学院院长张洪忠，中国社会科学院教授、责任云研究院院长张蕙共同评审。

（一）过程性（★★★★★）

集团党群工作部新闻中心牵头成立报告编制工作组，统筹推进编制工作，关键部门负责资料提报并审核报告内容；将报告定位为强化社会责任管理、塑造责任品牌形象、强化利益相关方沟通的重要工具，功能价值定位明确；根据国家宏观政策、国际国内社会责任标准、行业对标分析、公司重大事项、利益相关方调查等方式识别实质性议题；编制《国投社会责任工作管理办法（试行）》，完善社会责任工作顶层设计；发布《2022 海外社会责任报告》，推动下属企业国投电力、国投资本、中成股份、美亚柏科等独立编写 ESG 报告，形成了多层次、多形态的报告体系；计划通过官方网站发布报告，并将以电子版、印刷品、长图版的形式呈现报告，具有卓越的过程性表现。

（二）实质性（★★★★★）

《报告》系统披露了优化业务布局、科技创新、保障能源供应、员工权益保护、深化国企改革、负责任投资、发展清洁能源、绿色金融、助力乡村振兴、全面风险管控等所在行业关键性议题，叙述详细充分，具有卓越的实质性表现。

（三）完整性（★★★★★）

《报告》主体内容从"投资于价值""投资于未来""投资于社会""投资于责任"等角度系统披露了所在行业核心指标的 92.36%，具有卓越的完整性表现。

（四）平衡性（★★★★★）

《报告》披露了"员工流失率""生产安全一般事故数""生产安全事

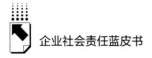

故死亡人数""千人死亡率""千人重伤率""环境污染责任事件"等负面数据信息,并简述了风险管理体制机制及发布风险预警情况,具有卓越的平衡性表现。

(五)可比性(★★★★★)

《报告》披露了"资产总额""经济增加值""女性经营管理人员""定点扶贫(帮扶)投入""节能环保总投入""万元产值综合能耗"等65个关键指标连续3年的对比数据,具有卓越的可比性表现。

(六)可读性(★★★★★)

《报告》延续"以投资创造更美好的未来"主题,从四大维度阐述企业责任行动与成效,框架结构清晰,章节主题鲜明,回应了相关方的期望与诉求,诠释了企业对履行社会责任的深刻理解;封面创意沿用矢量风格,篇章跨页及内页设计选用多帧实景大图,提升了报告的辨识度与感染力;整体设计简洁明了,通过图表、图像和数据的可视化形式呈现信息,使报告更直观、生动,具有卓越的可读性表现。

(七)创新性(★★★★★)

《报告》开篇设置"雅砻江为绿色发展添重器——柯拉光伏电站融合发展新模式""改革创新,国投健康打造高品质养老服务""解码科改标杆中国电子院改革之道"三大专题,系统展现企业在环境、社会、治理方面的履责实践与成效,彰显了中央企业的责任担当;构建"责任投资驱动社会责任管理模式",形成具有企业特色的社会责任管理"三叶草模式",凸显企业的责任引领与使命担当;编纂《国投集团:责任投资驱动型社会责任管理》,总结推广国投集团社会责任管理经验,推动责任沟通与交流,创新性表现卓越。

(八)综合评级(★★★★★+)

经评级小组评价,《国家开发投资集团有限公司2022可持续发展报告》

的过程性、实质性、完整性、平衡性、可比性、可读性及创新性均达到五星级，综合为"五星佳级"，是企业社会责任报告中的典范。

十二　兵器工业集团2022社会责任报告

中国兵器工业集团有限公司连续第 12 年向"中国企业社会责任报告评级专家委员会"申请报告评级，经评定，《中国兵器工业集团有限公司 2022社会责任报告》（简称《报告》）为"五星佳级"，是企业社会责任报告中的典范。本份评级报告由中国社会科学院教授、中国社会责任百人论坛秘书长钟宏武，北方工业大学经济管理学院副教授魏秀丽共同评审。

（一）过程性（★★★★★）

集团公司成立社会责任报告编委会，由集团公司党组成员、副总经理植玉林担任主任委员，全程指导报告编制并对报告进行最终审核，社会责任部负责报告编写具体工作；将社会责任报告作为完善社会责任管理、强化利益相关方沟通、展示集团公司品牌形象的重要工具；根据国家相关政策、集团公司发展战略、关键利益相关方访谈、特种行业可持续发展议题相关性和重要性识别出实质性议题；构建社会责任报告编写指标体系，推动北方国际、江南化工等下属单位编制发布社会责任/ESG 报告；以 PDF 格式、长图版、印刷品等形式呈现报告，计划通过集团公司网站发布、邮寄国家相关机关和下属单位、赠送来访客户等方式，充分发挥报告的沟通价值；持续参加央企报告联合发布会进行报告的宣传和推广，具有卓越的过程性表现。

（二）实质性（★★★★★）

《报告》系统披露了贯彻宏观政策、客户关系管理、确保信息安全、产品质量管理、科技创新、职业健康安全管理、安全生产、环保技术和设备的研发与应用、节约资源能源等所在行业关键性议题，叙述详细充分，具有卓越的实质性表现。

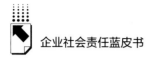

（三）完整性（★★★★★）

《报告》主体内容从"恪守强军首责 用心守护和平""服务经济建设 用力争创一流""共创美好生活 用情温暖社会"等角度系统披露了所在行业核心指标的 90.44%，具有卓越的完整性表现。

（四）平衡性（★★★★★）

《报告》披露了"重大风险事件""环境污染事故数""生产安全事故死亡人数""生产安全死亡事故发生数""员工流失率"等负面数据信息，并针对国内外安全事故的发生案例，详细阐述了集团公司组织全系统开展事故"五个再"工作（再反思、再认识、再分析、再评估、再强基固本）相关进展及成效，具有卓越的平衡性表现。

（五）可比性（★★★★★）

《报告》披露了"利润总额""资产总额""重点产品一次交验合格率完成率""安全生产投入""公益投入""万元产值综合能耗""二氧化硫排放量"等 59 个关键指标连续 3 年的对比数据，并通过"位列世界 500 强企业排名第 136 位""工业金刚石产销规模位列全球第一"等横向对比数据，可比性表现卓越。

（六）可读性（★★★★★）

《报告》从恪守强军首责、服务经济建设、共创美好生活三大篇章系统呈现企业年度履责理念和实践，框架结构清晰，重点议题突出，诠释了企业对履行社会责任的深刻理解；封面设计采用插画风格，勾勒"卫星""坦克"等主营业务元素，与美好生活场景元素相融合，增强了报告的辨识度；篇章跨页呼应报告封面设计，勾勒契合章节主题的特色履责场景，嵌入叙述性引言、重点议题及关键绩效，有助于利益相关方快速把握信息；多处引用第三方证言佐证企业履责成效，强化了报告的公信力；增加"小知识"窗口，普及专业名词解释，具有卓越的可读性表现。

（七）创新性（★★★★★）

《报告》开篇设置"突出政治引领 全面加强党的领导党的建设""沙场'秋'点兵 中国兵器闪耀亮相珠海航展"两大责任专题，聚焦企业在强军报国、加强党的建设方面的行动与成效，彰显了中央企业的责任担当；推动所属上市公司编制和发布 ESG 报告，2022 年 12 家上市公司实现 ESG 相关专项报告单独披露"全覆盖"，形成了"集团+下属单位"报告发布体系；不断完善集团公司社会责任管理指标体系研究成果，为丰富和完善我国企业社会责任指标开展有益尝试，具有卓越的创新性表现。

（八）综合评级（★★★★★+）

经评级小组评价，《中国兵器工业集团有限公司 2022 社会责任报告》的过程性、实质性、完整性、平衡性、可比性、可读性及创新性均达到五星级，综合为"五星佳级"，是企业社会责任报告中的典范。

十三　中国石化2022社会责任报告

中国石油化工集团有限公司连续第 14 年向"中国企业社会责任报告评级专家委员会"申请报告评级，经评定，《中国石油化工集团有限公司 2022社会责任报告》（简称《报告》）为"五星佳级"，是企业社会责任报告中的典范。本份评级报告由中国社会科学院教授、中国社会责任百人论坛秘书长钟宏武，北方工业大学经济管理学院副教授魏秀丽共同评审。

（一）过程性（★★★★★）

集团公司社会责任办公室（党组宣传部）牵头成立报告编制工作组，把控整体方向和关键节点，统筹推进编制工作，董事会社会责任委员会负责

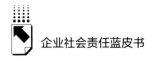

报告终审；将报告定位为完善社会责任管理、强化利益相关方沟通、提升品牌美誉度的重要工具，功能价值定位明确；结合国家宏观政策、国内外社会责任标准、行业对标分析、公司发展战略、社会关注焦点等识别实质性议题；编制印发《社会责任工作管理办法（2022）》，积极推动中国石化股份公司、西北油田、镇海炼化等所属企业编发社会责任报告，强化社会责任工作纵向管理力度；计划召开专项发布会发布报告，并将以电子版、印刷品、中英文版的形式呈现报告，具有卓越的过程性表现。

（二）实质性（★★★★★）

《报告》系统披露了贯彻宏观政策、产品质量管理、产品可持续供应、产品运输安全保障、职业健康管理、安全生产、科技创新、节能减排、发展循环经济、应对气候变化、生态保护与修复、供应链责任等石油化工业关键性议题，叙述详细充分，具有卓越的实质性表现。

（三）完整性（★★★★★）

《报告》主体内容从"能源至净·保障安全供应""环境至优·共建美丽中国""合作至信·深化互利共赢""生活至美·增进民生福祉""开放至诚·推动共同繁荣""管理至精·引领持续发展"等角度系统披露了石油化工业核心指标的 92.75%，完整性表现卓越。

（四）平衡性（★★★★★）

《报告》披露了"石油泄漏环境事件数""突发环境污染和生态破坏事件数""因信息公开工作不到位被处罚数"等负面数据信息，并就金陵石化建立环保举报奖励制度以助力整改工厂异味情况进行详细阐述，平衡性表现卓越。

（五）可比性（★★★★★）

《报告》披露了"实现税费""原油加工量""援藏援青投入（总部）"

"女性员工比例""外排废水达标率""碳交易量"等 53 个关键指标连续 3 年的对比数据，并通过"在《财富》世界 500 强企业中排名第 5 位""炼油能力排名全球第 1 位""中央企业专利质量评价结果 A 档第 1 名"等进行横向比较，可比性表现卓越。

（六）可读性（★★★★★）

《报告》沿用"能源至净 生活至美"的主题，采用议题型框架，全面阐述企业年度履责理念、行为与绩效，回应利益相关方的期望与诉求；封面设计延续水墨风格，巧妙融合主营业务、"情暖驿站""爱心驿站""春蕾加油站"公益项目等履责画面，篇章页及内页选用多帧特色履责实景图片，增强报告的辨识度与悦读性；设置"延伸阅读"、嵌入二维码延伸解读报告内容，可读性表现卓越。

（七）创新性（★★★★★）

《报告》开篇设置"四十载春华秋实铸辉煌，为中国式现代化贡献石化力量""新时代非凡十年结硕果，新征程履责标杆树新风""十载真情帮扶山乡巨变，乡村振兴谱写共富篇章"三大责任聚焦，各章开篇引用"党的二十大精神"重要阐述，并均以"专题"结尾，展现企业履责站位之高、亮点突出，彰显中央企业的责任担当；首次发布"十大社会责任示范项目"，以评促建，提升公司社会责任管理水平；发布《中国石化涪陵页岩气田勘探开发 10 周年社会责任报告》《中国石化定点帮扶甘肃东乡 10 年履责报告（2013~2023）》等专项报告，构建多形态的报告传播矩阵，强化传播效果。

（八）综合评级（★★★★★+）

经评级小组评价，《中国石油化工集团有限公司 2022 社会责任报告》的过程性、实质性、完整性、平衡性、可比性、可读性及创新性均达到五星级，综合为"五星佳级"，是企业社会责任报告中的典范。

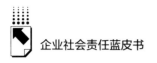

十四　中国一汽2022可持续发展报告

中国第一汽车集团有限公司连续第 8 年向"中国企业社会责任报告评级专家委员会"申请报告评级,经评定,《中国第一汽车集团有限公司 2022 可持续发展报告》(简称《报告》)为"五星佳级",是企业社会责任报告中的典范。本份评级报告由中国社会科学院教授、中国社会责任百人论坛秘书长钟宏武,北方工业大学经济管理学院副教授魏秀丽共同评审。

(一)过程性(★★★★★)

集团成立可持续发展报告编写委员会,由集团公司党委常委会把控整体方向并负责报告终审,营销创新院(品牌公关部)牵头成立报告编写小组,统筹具体编制工作;将报告定位为披露社会责任信息、完善社会责任管理、强化利益相关方沟通的重要工具,功能价值定位明确;结合国家宏观政策、国际国内社会责任标准、行业对标分析、集团发展战略、利益相关方调查等识别实质性议题;积极推动下属企业一汽解放独立编发首本 ESG 报告,深化社会责任工作的纵向融合;计划举办专项发布会发布报告,并将以电子版、印刷品、长图版的形式呈现报告,过程性表现卓越。

(二)实质性(★★★★★)

《报告》系统披露了贯彻宏观政策、客户关系管理、确保产品安全、支持科技研发、产品召回机制、职业健康管理、安全生产、新能源产品的研发与销售、节约资源能源、设备回收再利用等汽车制造业关键性议题,叙述详细充分,实质性表现卓越。

(三)完整性(★★★★★)

《报告》主体内容从"创领·做强做优,实现跃迁成长""偕行·共建共享，聚合协同力量""至善·勇担勇为，诠释国之大者"等角度系统披露了汽车制造业核心指标的93.29%，完整性表现卓越。

（四）平衡性（★★★★★）

《报告》披露了"较大及以上生产安全事故""重大人身伤亡事故""生产性工伤人数""员工流失率""有害物质泄露次数""重大环境污染事故""客户信息泄露事件发生率"等负面数据信息，并详细描述缺陷汽车产品召回原因及处理措施，具有卓越的平衡性表现。

（五）可比性（★★★★★）

《报告》披露了"资产总额""研发投入""汽车配件本地化采购率""安全生产投入""对外捐赠总额""碳排放量""节能环保资金投入"等88个关键指标连续3年的对比数据，并就"世界500强第79位""中国500强第27位"等进行横向比较，可比性表现卓越。

（六）可读性（★★★★★）

《报告》以"奋进新征程 建功新时代"为主题，系统展示了企业在科技创新、客户服务、员工发展、环境保护、公益慈善等重点议题下的履责理念、实践与成效，诠释了企业对履行社会责任的深刻理解；封面及篇章跨页沿用水墨设计风格，将山水风景和主营产品元素巧妙融合，提升了报告的辨识度；设置"延伸阅读"板块，嵌入二维码展示企业优秀责任管理实践，扩展了报告内容；设计"镌刻荣耀"特色专栏，展示年度荣誉，引入利益相关方证言佐证企业履责成效，强化了报告的沟通价值，可读性表现卓越。

（七）创新性（★★★★★）

《报告》开篇设置"锚定碳中和愿景，抢跑新能源赛道""党建引领铸忠诚，淬炼底色守初心""乡村振兴建新功，接续奋斗久为功"三大责任专

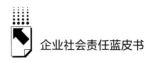

题，聚焦企业在助跑"双碳"、党建引领、乡村振兴等方面的有力行动与成效，彰显了中央企业的责任担当；各章开篇以"我们的目标、我们的回应、我们的成效"结构形式起篇，环环相扣、自成体系，强化了报告的沟通效果；计划建设包含社会责任管理模型、指标体系和考核评价体系等在内的社会责任管理体系，一体化提升企业社会责任管理水平和责任品牌影响力，具有卓越的创新性表现。

（八）综合评级（★★★★★+）

经评级小组评价，《中国第一汽车集团有限公司 2022 可持续发展报告》的过程性、实质性、完整性、平衡性、可比性、可读性及创新性均达到五星级，综合为"五星佳级"，是企业社会责任报告中的典范。

十五　现代汽车集团（中国）2022社会责任报告

现代汽车（中国）投资有限公司连续第 10 年向"中国企业社会责任报告评级专家委员会"申请报告评级，经评定，《现代汽车集团（中国）2022社会责任报告》（简称《报告》）为"五星佳级"，是企业社会责任报告中的典范。本份评级报告由中国社会科学院教授、中国社会责任百人论坛秘书长钟宏武，北方工业大学经济管理学院副教授魏秀丽共同评审。

（一）过程性（★★★★★）

集团可持续发展部牵头成立报告编写工作组，在华总裁担任报告主编，负责审批和监督编制工作，在华副总裁把控整体方向，审核关键信息，并负责报告终审；将报告定位为提高社会责任管理水平、披露社会责任信息、强化利益相关方沟通的重要工具，功能价值定位明确；结合国家宏观政策、行业对标分析、公司重大事项、利益相关方调查等识别实质性议题；积极推动江苏悦达起亚、摩比斯等在华法人独立编发社会责任或 ESG 报告，深化社会责任工作的纵向融合；计划通过官方网站发布报告，并将以印刷品、长图版、SMART 版、电子书的形式呈现报告，过程性表现卓越。

（二）实质性（★★★★★）

《报告》系统披露了贯彻宏观政策、客户关系管理、确保产品安全性、科技研发、产品召回、职业健康管理、安全生产、新能源交通运输设备的研发与销售、节约能源资源、报废设备回收再利用等汽车制造业关键性议题，叙述详细充分，具有卓越的实质性表现。

（三）完整性（★★★★★）

《报告》主体内容从"匠造·葆长青""服务·有温度""环境·更先锋""员工·共奋进""伙伴·同成长""社会·聚美好"等角度系统披露了汽车制造业核心指标的 93.29%，完整性表现卓越。

（四）平衡性（★★★★★）

《报告》披露了"安全生产事故数""员工因公受伤人数""员工因公死亡人数""员工流失人数""客户服务中心处理投诉数量""客户服务中心投诉解决率"等负面数据信息，并详述现代格瑞 GRAND SANTAFE 汽车召回事件的缘由与解决方式，平衡性表现卓越。

（五）可比性（★★★★★）

《报告》披露了"销售总额""纳税总额""环境总投入""二氧化碳排放量""公益活动投入金额""乡村振兴资金投入"等 57 个关键指标连续 3 年的对比数据，并通过"现代汽车·起亚全球销量第 3 位""2022 年全球最佳品牌 100 强现代汽车第 35 位"等进行横向比较，可比性表现卓越。

（六）可读性（★★★★★）

《报告》以"The right move for the right future"为主题，聚焦可持续发

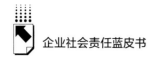

展关键议题，从产品、顾客、环境、员工、伙伴、社会六个维度系统呈现企业年度履责进展，框架结构清晰，全面回应了利益相关方的期望与诉求；封面设计采用矢量风格，融入企业在华20周年及主营业务元素，篇章页嵌入叙述性引言、关键绩效及可视化图表，增添了报告的辨识度与易读性；设置在华20周年社会贡献大事记板块，集中呈现履责行动，凸显了企业的履责意义；嵌入二维码延伸解读报告内容，以"Hyundai科普"板块解读专业术语，强化了报告的传播性和沟通力；整体风格简约大气，图片美观、科技感强，可读性表现卓越。

（七）创新性（★★★★★）

《报告》设置"回顾二十载社会贡献""全方位氢能解决方案"责任聚焦，展示企业在社会贡献、响应"双碳"战略方面的责任行动，彰显了企业贯彻落实中国宏观政策的责任担当；支持《中韩ESG发展比较研究报告》《中国汽车行业供应链可持续管理研究报告》等ESG和行业前瞻责任议题课题研究，引领行业前沿；制定针对中国市场的ESG评价标准，面向主要在华法人开展ESG评价项目，聚焦主要法人、重点议题，推动ESG经营在华落地，创新性表现卓越。

（八）综合评级（★★★★★+）

经评级小组评价，《现代汽车集团（中国）2022社会责任报告》的过程性、实质性、完整性、平衡性、可比性、可读性及创新性均达到五星级，综合为"五星佳级"，是企业社会责任报告中的典范。

十六　东风公司2022可持续发展报告

东风汽车集团有限公司连续第10年向"中国企业社会责任报告评级专家委员会"申请报告评级，经评定，《东风汽车集团有限公司2022可持续发展报告》（简称《报告》）为"五星佳级"，是企业社会责任报告中的典范。本份评级报告由中国社会科学院教授、中国社会责任百人论坛秘书长钟宏武，北方工业大学经济管理学院副教授魏秀丽共同评审。

（一）过程性（★★★★★）

公司社会责任工作办公室牵头成立报告编制工作组，工会主席、东风公益基金会副理事长担任组长，把控整体方向及关键内容，并负责报告终审；将报告定位为完善社会责任工作体系、提升社会责任管理水平、强化利益相关方沟通的重要工具，功能价值定位明确；根据国家宏观政策、国际国内社会责任标准、行业对标分析、公司发展规划、利益相关方调查等识别实质性议题；推动下属东风本田、东风日产等 7 家企业独立编发社会责任报告，深化社会责任管理的纵向融合力度；计划召开社会责任报告发布会议，并将以电子版、印刷品、中英文版的形式呈现报告，具有卓越的过程性表现。

（二）实质性（★★★★★）

《报告》系统披露了贯彻宏观政策、客户关系管理、确保产品安全、支持科技研发、产品召回机制、职业健康管理、安全生产、新能源汽车研发与销售、节约能源资源等汽车制造业关键性议题，叙述详细充分，具有卓越的实质性表现。

（三）完整性（★★★★★）

《报告》主体内容从"润丰行动""润兴行动""润美行动"等角度系统披露了汽车制造业核心指标的 93.96%，具有卓越的完整性表现。

（四）平衡性（★★★★★）

《报告》披露了"投诉单""员工流失率""安全生产事故数""纪委处分人数"等负面数据信息，并详述召回东风风神全新 AX7 马赫版汽车的原因及处理办法，平衡性表现卓越。

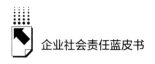

（五）可比性（★★★★★）

《报告》披露了"纳税总额""市场占有率""东风科技活动经费支出""女性高级管理者比例""东风公益基金会全年支出"等 47 个关键指标连续 3 年的对比数据，并通过"央企责任管理·先锋 30 指数第 6 名""中国制造企业 500 强第 9 位"等进行横向比较，可比性表现卓越。

（六）可读性（★★★★★）

《报告》沿用"东风化雨 润泽四方"的主题，紧扣主题，以"润"为关键字，通过三大行动系统阐述年度履责理念、实践及成效，全面回应利益相关方的期望与诉求；封面设计及篇章跨页设计各品牌"汽车"实景大图，凸显行业特征，增强了报告的辨识度与感染力；嵌入二维码延伸解读报告内容、利益相关方证言板块，强化报告的沟通效果；整体设计简约大气，案例翔实，充分向公众展示履责成效，可读性表现卓越。

（七）创新性（★★★★★）

《报告》设置"回首 2022·履责之路共奔赴 东风善行同见证"，集中呈现年度行动，凸显了企业的履责意义；设置"风暖援藏路·心手相牵二十载 倾力兴藏一家亲"专题，集中展现企业援藏二十年的数据、变迁以及援藏干部感言，彰显企业响应乡村振兴国家战略的责任担当；发布《东风"润"计划 3.0 工作评价体系》，作为东风首份社会责任工作评价体系，明确三大维度 20 个评价议题，并对二级单位开展系统考评，促进企业社会责任工作纵深推进；聚焦汽车行业责任品牌建设，支持相关课题研究，强化行业社会责任理论建设，创新性表现卓越。

（八）综合评级（★★★★★+）

经评级小组评价，《东风汽车集团有限公司 2022 可持续发展报告》的过程性、实质性、完整性、平衡性、可比性、可读性及创新性均达到五星级，综合为"五星佳级"，是企业社会责任报告中的典范。

十七　台达2022可持续发展报告

台达连续第 9 年向"中国企业社会责任报告评级专家委员会"申请报告评级，经评定，《台达 2022 可持续发展报告》（简称《报告》）为"五星佳级"，是企业社会责任报告中的典范。本份评级报告由中国社会科学院教授、中国社会责任百人论坛秘书长钟宏武，中国企业联合会企业创新工作部主任张文彬共同评审。

（一）过程性（★★★★★）

台达中国大陆可持续发展委员会牵头成立报告编制小组，各部门主管审核报告内容；报告完成后，总经理、副总经理、委员会主席负责报告终审，并提出最终修改意见；将报告定位为完善社会责任管理、促进企业可持续发展、强化利益相关方沟通、树立企业负责任形象的重要工具，功能价值定位明确；依据国家相关政策、国内外权威社会责任标准、公司重大发展战略、利益相关方调查等识别实质性议题；计划通过召开专项发布会发布报告，以印刷版和电子版两种方式进行呈现，并通过微信公众号、新媒体等方式进行传播，具有卓越的过程性表现。

（二）实质性（★★★★★）

《报告》系统披露了产品质量管理、产品技术创新、供应链 CSR 管理、职业健康管理、安全生产、环保产品的研发与应用、危险品仓储、运输和废弃管理制度、产品和包装回收再利用等所在行业关键性议题，叙述详细充分，实质性表现卓越。

（三）完整性（★★★★★）

《报告》主体内容从"坚守本心 致力永续经营""别具匠心 引领创新

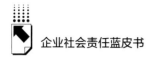

发展"“不忘初心 践行绿色低碳"“凝聚人心 携手员工共进"“秉承真心 筑梦益路同行"等角度系统披露了所在行业核心指标的 93.33%，具有卓越的完整性表现。

（四）平衡性（★★★★★）

《报告》披露了"员工流失人数"“安全生产事故数"“员工因公死亡人数"“员工因公受伤人数"“重大客户投诉数量"等负面数据；简要描述"未发生一起职业病事件"“没有因为贪污受贿造成的诉讼及损失，亦无因为违反竞争法而发生的诉讼及损失"“无重大环境事件发生"；详细描述台达积极应对客户投诉，开展满意度调查，建立客户投诉闭环处理机制等内容，具有卓越的平衡性表现。

（五）可比性（★★★★★）

《报告》披露了"营业收入"“营业利润"“社会保险覆盖率"“捐献总额"“安全生产投入金额"“环保总投资"等 92 个关键指标连续 3 年的对比数据；通过"全球第 125 家通过 SBTi 净零科学减碳目标审查的企业"“全球第 87 家制定科学减碳目标并通过审查的企业"进行横向比较，具有卓越的可比性表现。

（六）可读性（★★★★★）

《报告》以"环保 节能 爱地球"为主题，采用议题型框架结构，从五大篇章详细阐述了企业对各利益相关方的履责理念、实践及成效，框架逻辑清晰，重点议题突出；封面设计突出呈现企业履责亮点，生动形象、具体可感，提升了报告的辨识度；章节跨页采用体现企业业务特点的实景大图，融合企业主营业务元素，凸显了行业特色；以第三方证言形式呈现企业履责绩效，增强了报告的可信力；设置"延伸阅读"专栏，解读行业专业术语，增强了报告的易读性；多处嵌入二维码链接，扩展延伸报告内容，增强了报告的传播力，具有卓越的可读性表现。

（七）创新性（★★★★★）

《报告》开篇设置"立足双碳 共创净零未来""研发赋能 铸造科创标杆""人才立基 打造雇主品牌"三大责任专题，聚焦企业在聚焦双碳、坚持创新、员工发展等关键性议题上的责任行动，彰显企业责任担当；制定《企业社会责任守则》，明确定义四项主要原则；参与中国社会科学院《企业 ESG 评价指南》《企业 ESG 管理体系要求》（团标）制定和《中国企业 ESG 报告评级标准（2023）》编制，为本土 ESG 发展贡献实践经验，具有卓越的创新性表现。

（八）综合评级（★★★★★+）

经评级小组评价，《台达 2022 可持续发展报告》的过程性、实质性、完整性、平衡性、可比性、可读性及创新性均达到五星级，综合为"五星佳级"，是企业社会责任报告中的典范。

十八　江苏悦达起亚2022社会责任报告

江苏悦达起亚汽车有限公司连续第 7 年向"中国企业社会责任报告评级专家委员会"申请报告评级，经评定，《江苏悦达起亚汽车有限公司 2022 年企业社会责任报告》（简称《报告》）为"五星佳级"，是企业社会责任报告中的典范。本份评级报告由中国社会科学院教授、中国社会责任百人论坛秘书长钟宏武，北方工业大学经济管理学院副教授魏秀丽共同评审。

（一）过程性（★★★★★）

公司社会责任委员会牵头成立报告编写组，企划本部长把控整体方向及关键节点，并负责报告终审；将报告定位为合规披露履责信息、提升社会责任管理水平、强化利益相关方沟通、展示负责任形象的重要工具，功能价值定位明确；根据国家宏观政策、行业对标分析、利益相关方调查等识别实质

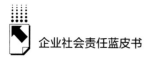

性议题；构建社会责任报告指标体系，系统提高社会责任管理水平；计划通过官方网站发布报告，并以电子版、印刷品、长图版、简版、电子书的形式呈现报告，过程性表现卓越。

（二）实质性（★★★★★）

《报告》系统披露了贯彻宏观政策、客户关系管理、确保产品安全性、科技研发、产品召回、职业健康管理、安全生产、新能源交通运输设备的研发与销售、节约能源资源、报废设备回收再利用等汽车制造业关键性议题，叙述详细充分，具有卓越的实质性表现。

（三）完整性（★★★★★）

《报告》主体内容从"致信·责任管理""致诚·治理责任""致远·经济责任""致美·环境责任""致善·社会责任"等角度系统披露了汽车制造业核心指标的90.60%，完整性表现卓越。

（四）平衡性（★★★★★）

《报告》披露了"客户信息泄露事件数""重大环境风险事件数""环境污染事件数""工伤死亡率""新增职业病例数""客服中心处理投诉数量""员工流失人数""员工流失率""安全生产事故数""员工工伤人数"等负面数据信息，并详述全新一代 K3 插电混动汽车召回事件的缘由与解决方式，平衡性表现卓越。

（五）可比性（★★★★★）

《报告》披露了"纳税总额""研发投入""女性管理者比例""公益投入""环保经营培训人次""废弃物回收利用率"等 77 个关键指标连续 3 年的对比数据，并通过"2022 年度中国汽车客户之声（VOC+）'售后服务满意度奖'合资品牌第一名""2022 年全球最佳品牌 100 强起亚第 87 位"等进行横向比较，可比性表现卓越。

（六）可读性（★★★★★）

《报告》以"深化转型 锐意行动"为主题，系统呈现公司在"责任管理""治理责任""经济责任""环境责任""社会责任"五个维度的年度履责进展，框架结构清晰，全面回应了利益相关方的期望和诉求；设置"刻录2022闪光时刻"板块，聚焦年度重点亮点事件，集中呈现履责行动，回应利益相关方期望；篇章页嵌入叙述性引言、关键绩效，增添报告的辨识度与易读性；以"起亚Tips"专栏解读专业术语，引入利益相关方证言佐证履责成效，增强了报告的沟通效果，可读性表现卓越。

（七）创新性（★★★★★）

《报告》专设"聚焦·深度转型者"板块，通过新能源战略、电动化转型、清洁能源转换、环保合作、起亚家园等五大专题，集中展现企业履责特色，突出了报告的与时俱进和企业履责的责任引领；邀请社会责任领域权威专家进行专业点评，增强报告公信力；正在编制社会责任报告编制发布实施细则，明确报告编制原则、流程和内容，进一步增强企业社会责任工作的规范性；计划嵌入第三方发布会进行报告发布，强化报告的传播效果和沟通价值，创新性表现卓越。

（八）综合评级（★★★★★＋）

经评级小组评价，《江苏悦达起亚汽车有限公司2022年企业社会责任报告》的过程性、实质性、完整性、平衡性、可比性、可读性及创新性均达到五星级，综合为"五星佳级"，是企业社会责任报告中的典范。

十九　天润新能2022可持续发展报告

北京天润新能投资有限公司连续第6年向"中国企业社会责任报告评级专家委员会"申请报告评级，经评定，《北京天润新能投资有限公司2022

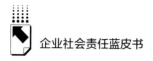

可持续发展报告》（简称《报告》）为"五星级"，是一份卓越的企业社会责任报告。本份评级报告由中国社会科学院教授、中国社会责任百人论坛秘书长钟宏武，中国企业联合会企业创新工作部主任张文彬共同评审。

（一）过程性（★★★★★）

公司行政资源部牵头成立报告编制工作组，统筹具体编制工作，董事长把控报告整体方向并负责报告终审；将报告定位为披露社会责任信息、完善社会责任管理、强化利益相关方沟通、提升公司品牌形象的重要工具，功能价值定位明确；根据国家宏观政策、国际国内社会责任标准、行业对标分析、公司发展规划、利益相关方调查等识别实质性议题；建立社会责任管理制度体系，完善企业社会责任工作管理能力；计划通过官方网站发布报告，并将以电子版、印刷品、视频版的形式呈现报告，具有卓越的过程性表现。

（二）实质性（★★★★★）

《报告》系统披露了产品质量管理、科技创新、职业健康管理、安全生产、环保设备使用、节约能源资源、减少"三废"排放、生态环境治理等所在行业关键性议题，实质性表现卓越。

（三）完整性（★★★★☆）

《报告》主体内容从优化公司治理、多元绿能供应、科技创新驱动、落实安全生产、强化风险防控、成就幸福职工、携手伙伴共赢、绿色低碳发展、接续乡村振兴、情系公益慈善等角度系统披露了所在行业核心指标的87.68%，完整性表现领先。

（四）平衡性（★★★★☆）

《报告》披露了"风机故障率""轻伤以上人身安全事故""重大及以上设备损坏事故""舞弊事件的发生数量""重大质量事故""重大及以上质量事故"等负面数据，具有领先的平衡性表现。

（五）可比性（★★★★★）

《报告》披露了"权益装机容量""风机可利用率""纳税额""研发投入""新招聘员工数量""单位产值综合能耗""环水保投入"等 41 个关键指标连续 3 年的对比数据，可比性表现卓越。

（六）可读性（★★★★★）

《报告》采用议题型框架结构，从上下篇章展开，上篇聚焦主责主业展现企业年度履责进展，下篇从五大维度阐述企业对利益相关方的履责实践，篇章布局清晰，框架结构完整；报告封面采用手绘插画风格，可持续发展符号串联企业主营业务元素，提升了报告的辨识度；篇章跨页以实景大图为背景，嵌入叙述性引言及关键议题，提升了报告的感染力；引入相关方证言佐证履责成效，提升了报告的公信力，可读性表现卓越。

（七）创新性（★★★★☆）

《报告》设置"十五载青春正盛 向未来风光可期"责任专题，展现企业 15 年砥砺前行、探索绿色能源的责任实践，彰显了企业的责任担当；积极参与《企业 ESG 评价体系》的研究与制定，突出了企业的责任引领；响应国家"双碳"战略，建立碳排放管理体系，制定《碳中和路线图》，具有领先的创新性表现。

（八）综合评级（★★★★★）

经评级小组评价，《天润新能 2022 可持续发展报告》为五星级，是一份卓越的企业社会责任报告。

二十　广汽丰田2022社会责任报告

广汽丰田汽车有限公司连续第 8 年向"中国企业社会责任报告评级专

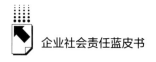

家委员会"申请报告评级，经评定，《广汽丰田2022年企业社会责任报告》（简称《报告》）为"五星级"，是一份卓越的企业社会责任报告。本份评级报告由北京师范大学新闻传播学院院长张洪忠、中国社会科学院教授、责任云研究院院长张蒉共同评审。

（一）过程性（★★★★★）

公司成立社会责任委员会，总经理、执行副总经理共同担任委员长，把控报告整体质量，涉外广报科牵头成立报告编制工作组，负责关键部门协调、关键节点推进、细节信息收集、报告编写和整理复盘等工作，努力实现以报告促管理的目标；通过国家宏观政策、国际国内社会责任趋势、同业关注议题、利益相关方调查等识别实质性议题；计划通过"世界微笑日"发布报告，并将以电子版、印刷品、中日文版、长图版、折页小册子的形式呈现报告，过程性表现卓越。

（二）实质性（★★★★★）

《报告》系统披露了贯彻宏观政策、客户关系管理、产品安全、科技研发、产品召回、职业健康管理、安全生产、新能源汽车的研发与销售、节约能源资源等汽车制造业关键性议题，叙述详细充分，实质性表现卓越。

（三）完整性（★★★★☆）

《报告》主体内容从"造车""顾客""伙伴""环境""员工""社区"等方面系统披露了汽车制造业核心指标的83.89%，具有领先的完整性表现。

（四）平衡性（★★★★★）

《报告》披露了"销售投诉率""服务投诉率""发出的车辆召回数""工伤轻伤/重伤人数""因工作关系死亡人数/比率"等负面数据信息，

并详细列出召回车种、召回项目，详述召回过程，具有卓越的平衡性表现。

（五）可比性（★★★★★）

《报告》披露了"汽车销量""产品一次合格率""客户满意度""经销商培训受训人数""职业体检率""能源消耗总量""年度公益投入"等 106 个指标连续 3 年的对比数据，并披露"2022 年中国汽车用户满意度测评（CACSI）蝉联销售/售后服务满意度合资品牌双项并列第一"等业内横向比较信息，可比性表现卓越。

（六）可读性（★★★★★）

《报告》以"驰而不息 行必所至"为主题，从三大板块、八大篇章全面解读年度履责理念、行动与成效，框架结构清晰，重点议题突出，回应了利益相关方的诉求；正文文字描述、插图、表格互相烘托及补充，较好地对社会责任理念、措施与绩效进行阐述与表达；蓝色设计基调，清新自然；多渠道发布及解读报告内容，具有卓越的可读性表现。

（七）创新性（★★★★☆）

《报告》中社会责任理念"驰而不息 行必所至"较好地呼应了企业社会责任行业特征；开篇设置"广汽丰田 18 年成长大事记"，详细列出历年来社会责任重点事件；设置"同行篇""笃行篇""远行篇"三大板块，阐述角度别具一格；各议题标题加入履责关键词，具有点睛作用；文字与设计均积极回应联合国可持续发展目标（SDGs），展现了企业履责的与时俱进和价值追求，创新性表现领先。

（八）综合评级（★★★★★）

经评级小组评价，《广汽丰田 2022 年企业社会责任报告》为五星级，是一份卓越的企业社会责任报告。

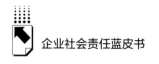

二十一　深圳供电局2022社会责任报告

深圳供电局有限公司连续第 10 年向"中国企业社会责任报告评级专家委员会"申请报告评级,经评定,《深圳供电局有限公司 2022 年社会责任实践报告》(简称《报告》)为"五星级",是一份卓越的企业社会责任报告。本份评级报告由中国电力企业联合会专家委员会副主任王志轩,中国社会科学院教授、责任云研究院院长张蕙共同评审。

(一)过程性(★★★★★)

公司党建工作部牵头成立报告编写小组,部门主任担任总负责和总协调,董事长、党委副书记把控报告整体方向,党委会审议最终报告;将报告定位为强化利益相关方沟通、传递企业价值的重要工具,功能价值定位明确;根据国家宏观政策、全球可持续发展趋势、公司发展战略、利益相关方调查、专家意见等识别实质性议题;编制过程中注重社会责任培训;计划召开专项报告发布会,并将以电子版、印刷品、H5 版、中英文版等多种形式呈现报告,具有卓越的过程性表现。

(二)实质性(★★★★★)

《报告》系统披露了保障电力供应、提供优质服务、员工权益保护、保障安全生产、电力设备管理、提高电力输送效率、绿色供电等所在行业关键性议题,叙述详细充分,实质性表现卓越。

(三)完整性(★★★★☆)

《报告》主体内容从"电力供应·助推发展'加速度'""绿色环保·擦亮最美'深圳蓝'""经营效率·同创开放新格局""社会和谐·共绘民生新图景"等角度披露了所在行业核心指标的 89.26%,完整性表现领先。

（四）平衡性（★★★★★）

《报告》披露了"重大及以上人员伤亡数""恶性误操作事故发生次数""百万工时工伤意外率"等负面数据信息，并对涉电安全隐患排查等方面的举措及成效进行简述，平衡性表现卓越。

（五）可比性（★★★★★）

《报告》披露了"电网建设投资""售电量""消纳清洁能源发电量""利税总额""社会捐赠额""志愿服务时长"等 34 个关键指标连续 3 年的对比数据，并对政府公共服务满意度、获得电力评价等指标进行横向比较，可比性表现卓越。

（六）可读性（★★★★★）

《报告》以"万家灯火 南网情深"为主题，延续电力供应、绿色环保、经营效率、社会和谐四大篇章，系统展示企业履责绩效，全面回应利益相关方期望与诉求；设计风格清晰简约，采用丰富图表、数据展示关键内容，排版灵活时尚，多用全景图、跨页图形式呈现，同时多处设计"延伸阅读"等交互窗口，增强报告易读性和沟通力，可读性表现卓越。

（七）创新性（★★★★☆）

《报告》各篇章以"新时代十年，拾光前行"开篇专栏形式，从电力发展成果、促进环境友好、经营发展业绩、服务社会和谐四个方面集中展现深圳供电局十年发展成果；多处引入"利益相关方声音"佐证履责成效，增强了报告的公信力，创新性表现领先。

（八）综合评级（★★★★★）

经评级小组评价，《深圳供电局有限公司 2022 年社会责任实践报告》为五星级，是一份卓越的企业社会责任报告。

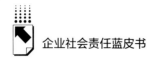

二十二　华润水泥2022可持续发展报告

华润水泥控股有限公司连续第 5 年向"中国企业社会责任报告评级专家委员会"申请报告评级，经评定，《华润水泥控股有限公司 2022 可持续发展报告》为"五星级"，是一份卓越的企业社会责任报告。本份评级报告由中国社会科学院教授、中国社会责任百人论坛秘书长钟宏武，中国企业联合会企业创新工作部主任张文彬共同评审。

（一）过程性（★★★★★）

公司董事局主席担任企业文化与社会责任指导委员会主任，把控整体方向，负责报告终审；将报告定位为披露履责信息、完善社会责任管理、强化利益相关方沟通、彰显企业品牌形象的重要工具，功能价值定位明确；根据国家宏观政策、国内外社会责任标准、行业对标分析、公司重大战略、利益相关方调查等识别实质性议题；计划举办线下专项发布会发布报告，并将以电子版、印刷品、中英文版、简版、长图版、文化海报等形式呈现报告，具有卓越的过程性表现。

（二）实质性（★★★★★）

《报告》系统披露了产品质量管理、科技创新、职业健康管理、安全生产、环保技术和设备的研发与应用、节约能源资源、工业危废物管理、减少"三废"排放、矿山治理等所在行业关键性议题，叙述详细充分，具有卓越的实质性表现。

（三）完整性（★★★★★）

《报告》主体内容从"创一流以筑基业长青""塑品牌以铸价值之美""草木深以赴生态之约""焕活力以圆美好梦想""聚合力以促共进共赢""润初心以谋物阜民安"等角度系统披露了所在行业核心指标的 91.55%，完整性表现卓越。

（四）平衡性（★★★★★）

《报告》披露了"员工流失率""职业病发生次数""一般及以上事故发生数""事故员工千人死亡率"等负面数据信息，并简述提高水泥管桩快速养护强度、解决客户难题的案例，具有卓越的平衡性表现。

（五）可比性（★★★★★）

《报告》披露了"资产总值""营业额""新增专利授权数""慈善捐助总额""节能减排技术改造投入""吨水泥电耗"等 137 个关键指标连续 3 年的对比数据；并就"中国水泥协会'中国水泥上市公司综合实力排名'第四位"等进行横向比较，可比性表现卓越。

（六）可读性（★★★★★）

《报告》以利益相关方理论为基础，系统展现了对政府、股东、客户、环境、员工、伙伴、社区等利益相关方的履责理念、实践与成效，框架结构清晰，重点议题突出；设置"华润水泥在 2022"，展示企业年度履责重点实践，回应利益相关方期望，彰显了企业的责任引领；封面设计凸显企业所在行业特色，融入企业主营业务元素，紧密呼应企业责任理念，提升了报告辨识度；多处通过嵌入二维码展示企业优秀责任管理实践，强化了报告的传播性和沟通力；设置六个责任故事，从利益相关方视角阐述履责行动，具有卓越的可读性表现。

（七）创新性（★★★★☆）

《报告》积极响应和重点回应联合国可持续发展目标及党的二十大内容，展现企业年度履责绩效和关键议题亮点实践，突出了报告的与时俱进和企业履责的责任引领；将社会责任报告编制委员会调整升级为可持续发展报告编制委员会，将社会责任报告和 ESG 报告合并升级为可持续发展报告，提升可持续发展工作的系统性，创新性表现领先。

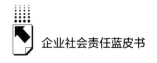

（八）综合评级（★★★★★）

经评级小组评价，《华润水泥控股有限公司2022可持续发展报告》为五星级，是一份卓越的企业社会责任报告。

二十三　华润万象生活2022可持续发展报告

华润万象生活有限公司连续第3年向"中国企业社会责任报告评级专家委员会"申请报告评级，经评定，《华润万象生活有限公司2022可持续发展报告》（简称《报告》）为"五星级"，是一份卓越的企业社会责任报告。本份评级报告由北方工业大学经济管理学院副教授魏秀丽，中国社会科学院教授、责任云研究院院长张蒽共同评审。

（一）过程性（★★★★☆）

公司成立由董事会、可持续发展委员会、ESG工作小组以及各业务单位组成的工作架构。董事会作为公司可持续发展工作的最高负责及决策机构，参与ESG议题重要性评估及判定，提出ESG管理建议，审议年度可持续发展报告；报告所引用的信息和数据客观、真实，公司对内容的真实性、准确性和完整性负责；将报告定位为合规披露履责信息、提高ESG管理水平、强化利益相关方沟通、塑造企业负责任品牌形象的重要工具，功能价值定位明确；结合国家宏观政策、国际国内ESG标准、公司发展战略、利益相关方调查等识别实质性议题，具有领先的过程性表现。

（二）实质性（★★★★★）

《报告》系统披露了完善ESG治理、服务国家战略、产品技术创新、节约能源和资源、减少"三废"排放、应对气候变化、服务质量管理、员工健康与安全、可持续供应链等所在行业关键性议题，叙述详细充分，实质性表现卓越。

（三）完整性（★★★★☆）

《报告》主体内容从"万象生态，赋能可持续未来""以人为本，共筑成长平台""伙伴共赢，构建可持续价值链""绿色发展，践行环境友好承诺""诚信经营，夯实永续发展基石"等角度系统披露了所在行业核心指标的 89.54%，完整性表现领先。

（四）平衡性（★★★★★）

《报告》披露了"员工流失率""事故死亡数""千人负伤率""一般及以上事故发生数""火灾千人死亡率""百万营业额经济损失率""百万营业额死亡率""客户投诉数目""提出并已审结的贪污诉讼案件数目"等负面数据，并详细描述华润万象生活针对客户投诉"一点万象"App 问题的处理和改善措施，具有卓越的平衡性表现。

（五）可比性（★★★★★）

《报告》披露了"营业收入""利润总额""志愿服务活动总时数""新增就业人数""环保总投入""绿色采购支出金额"等 175 个关键指标连续 3 年的对比数据；并通过"商业地产企业表现 No.1""商业地产品牌价值表现 No.1""商业不动产影响力企业 No.1"等进行横向比较，可比性表现卓越。

（六）可读性（★★★★★）

《报告》每章均设置责任故事，解读延伸报告内容，增强了报告的易读性和趣味性；同时设置目标进度环节，通过目标设定—进度回顾凸显企业履责成效，重点议题突出，回应了利益相关方的期望与诉求；篇章跨页采用实图设计，充分融入主业元素，风格简约大气；以利益相关方证言形式呈现企业履责成效，强化了报告的传播力与公信力，报告具有卓越的可读性表现。

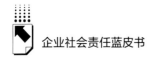

（七）可及性（★★★★★）

《报告》是华润万象生活有限公司发布的第 3 份可持续发展报告，与公司财务报告同时发布；提供中英文版本，拟在公司官网、交易所网站挂网发布，并利用官微、第三方媒体等社交渠道传播；在公司经营区域进行展示，也可通过网络搜索下载、邮寄等渠道获取报告，可及性表现卓越。

（八）综合评级（★★★★★）

经评级小组评价，《华润万象生活有限公司 2022 可持续发展报告》为五星级，是一份卓越的企业社会责任报告。

二十四　广汽本田2022社会责任报告

广汽本田汽车有限公司连续第 4 年向"中国企业社会责任报告评级专家委员会"申请报告评级，经评定，《广汽本田汽车有限公司 2022 企业社会责任报告》（简称《报告》）为"五星级"，是一份卓越的企业社会责任报告。本份评级报告由中国社会科学院教授、中国社会责任百人论坛秘书长钟宏武，中国企业联合会企业创新工作部主任张文彬共同评审。

（一）过程性（★★★★☆）

公司总经理室企业广报科牵头成立报告编制工作组，统筹具体编制工作，各部门长审核确认报告内容，总经理、执行副总经理负责报告终审；建立三级联动的责任管理架构，推动广汽本田企业社会责任工作；将报告定位为披露履责信息、提升社会责任管理水平、强化利益相关方沟通、塑造企业品牌形象的重要工具，功能价值定位明确；结合国家宏观政策、国际国内社会责任标准、行业对标分析、公司发展战略、专家意见、利益相关方调查等识别实质性议题；计划通过官方网站发布报告，并将以电子版、长图版、视频版的形式呈现报告，过程性表现领先。

（二）实质性（★★★★★）

《报告》系统披露了贯彻宏观政策、客户关系管理、确保产品安全、科技研发、产品召回、职业健康管理、安全生产、新能源产品的研发与销售、节约能源资源等汽车制造业关键性议题，叙述详细充分，具有卓越的实质性表现。

（三）完整性（★★★★★）

《报告》主体内容从"创新·引领智电浪潮""绿色·守护美丽地球""合作·协同伙伴共赢""向善·乐享喜悦生活"等角度系统披露了汽车制造业核心指标的 91.28%，具有卓越的完整性表现。

（四）平衡性（★★★★★）

《报告》披露了"员工流失率""员工死亡人数""安全生产事故数""因工作关系死亡人数比率""环保违法违规事件数"等负面数据信息，并对"员工流失率"指标进行细分披露，同时简述缺陷产品召回的相关举措，平衡性表现卓越。

（五）可比性（★★★★★）

《报告》披露了"合格率""特约店、e 中心数量""纳税总额""安全生产投入""环保总投资""温室气体减排量"等 92 个关键指标连续 3 年的对比数据，并通过"J. D. Power 中国主流车品牌销售满意度（SSI）第一名""中国主流车品牌售后服务满意度（CSI）第一名""中国主流车品牌新车质量（IQS）第一名"等进行横向比较，可比性表现卓越。

（六）可读性（★★★★★）

《报告》沿用"让梦走得更远"的主题，以创新、环境、伙伴、社会四个篇章主题系统阐述企业年度履责进展，回应了利益相关方的期望与诉求；

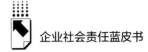

封面设计勾勒汽车造型，巧妙融入报告主题及主营业务元素，凸显行业特征，提升了报告的辨识度；篇章跨页采用矢量插画的设计形式，生动形象地展现报告篇章主题、传达企业履责价值；通过长图和视频解读报告内容，增强了报告的沟通和传播价值，具有卓越的可读性表现。

（七）创新性（★★★★☆）

《报告》在开篇设置"广汽本田与SDGs（联合国可持续发展目标）"小节，系统呈现企业积极响应联合国可持续发展目标的履责行动，彰显报告的国际视野；设置"奋进：坚持党建引领，阔步奋勇前行""造梦：汇聚无限热爱，超越顾客期待"两大责任专题，聚焦企业在党的建设、客户服务方面的履责实践，充分展现企业的责任担当，创新性表现领先。

（八）综合评级（★★★★★）

经评级小组评价，《广汽本田汽车有限公司2022企业社会责任报告》为五星级，是一份卓越的企业社会责任报告。

二十五　东方电气2022社会责任报告

东方电气股份有限公司连续第2年向"中国企业社会责任报告评级专家委员会"申请报告评级，经评定，《东方电气股份有限公司2022社会责任报告》（简称《报告》）为"五星级"，是一份卓越的企业社会责任报告。本份评级报告由中国社会科学院教授、中国社会责任百人论坛秘书长钟宏武，北京工业大学经济管理学院副教授魏秀丽共同评审。

（一）过程性（★★★★★）

企业文化部牵头组建社会责任报告编制工作小组，统筹具体编制工作，核心部门提供基础资料并审核相关内容，由企业文化部负责推进报告终审；将报告定位为披露社会责任信息、完善社会责任管理、强化利益相关方沟通、提升企业品牌美誉度的重要工具，功能价值定位明确；结合国家宏观政策、国际国内社会责任标准、行业对标分析、公司发展战略、利益相关方调查等识别实质性议题；通过官方网站发布报告，并以电子版、印刷品的形式呈现报告，过程性表现卓越。

（二）实质性（★★★★★）

《报告》披露了产品质量管理、产品创新、职业健康管理、安全生产、环保技术及设备的研发与应用、危险化学品管理、减少"三废"排放等所在行业关键性议题，叙述详细充分，实质性表现卓越。

（三）完整性（★★★★）

《报告》主体内容从"融绿施策""拥绿出发""携绿共进""向绿而行"等角度系统披露了所在行业核心指标的 79.58%，具有优秀的完整性表现。

（四）平衡性（★★★★★）

《报告》披露了"重大质量事故及重大客户投诉""较大及以上生产安全事故""重大环境污染事故""能源节约与生态环境保护重大违法违规事件""重大舞弊、贪腐案件"等负面数据信息，具有卓越的平衡性表现。

（五）可比性（★★★★★）

《报告》披露了"总资产""研发投入""安全生产投入""定点帮扶投入资金""环保总投入""综合能耗"等 56 个指标数据进行横向比较，可比性表现卓越。

（六）可读性（★★★★★）

《报告》采用议题型框架结构，从四大篇章系统展示企业对政府、员工、行业、伙伴、环境等利益相关方的履责行动与成效，详细回应利益相关

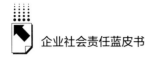

方的期望与诉求；封面设计嵌入企业 LOGO，融入企业特色产业元素，展现企业主责主业，篇章页采用契合主题的高清实景大图，提升了报告的辨识度，内页采用图文并茂的形式，并设置了较多的数据图表，提升了报告的感染力，可读性表现卓越。

（七）创新性（★★★★★）

《报告》主体框架以"绿"为核心关键字，设置"融绿施策""拥绿出发""携绿共进""向绿而行"四大板块，依次叙述公司在践行社会责任方面的重要实践，充分体现了公司在坚持可持续发展理念、服务双碳战略方面的履责使命担当；各章开篇设置响应联合国可持续发展目标板块，积极回应国际社会关注的重点议题内容，体现央企责任担当，创新性表现卓越。

（八）综合评级（★★★★★）

经评级小组评价，《东方电气股份有限公司 2022 社会责任报告》为五星级，是一份卓越的企业社会责任报告。

二十六　东方电气2022ESG 报告

东方电气股份有限公司连续第 2 年向"中国企业社会责任报告评级专家委员会"申请报告评级，经评定，《东方电气股份有限公司 2022 年度环境、社会及管治报告》（简称《报告》）为"五星级"，是一份卓越的企业ESG 报告。本份评级报告由中国社会科学院教授、中国社会责任百人论坛秘书长钟宏武，北京工业大学经济管理学院副教授魏秀丽共同评审。

（一）过程性（★★★★★）

公司董事会办公室牵头推进报告编制工作，成立报告编制工作组，各职能部门负责基础资料提报并审核相关内容，董事会负责报告终审并推进定稿发布；将报告定位为合规披露履责信息、完善责任管理、强化利益相关方沟通、提升品牌形象的重要工具，功能价值定位明确；结合国家宏观政策、国内外指标体系、行业对标分析、公司发展战略、公司重大事项、利益相关方调查、专家评审、客户座谈会等识别实质性议题，过程性表现卓越。

（二）实质性（★★★★★）

《报告》披露了完善 ESG 治理、服务国家战略、产品技术创新、应对气候变化、员工健康与安全、可持续供应链等所在行业关键性议题，叙述详细充分，实质性表现卓越。

（三）完整性（★★★★☆）

《报告》主体内容从"践行低碳 共创绿色未来""以人为本 共绘美好生活""奋楫笃行 共谱发展新章"等角度系统披露了所在行业核心指标的 81.70%，具有领先的完整性表现。

（四）平衡性（★★★★）

《报告》披露了"安全生产事故数""重大及以上生产安全事故数""一般及以上环境事件发生数""能源节约与生态环境保护重大违法违规事件发生数""因工亡故员工人数""新增职业病数"等负面数据信息，平衡性表现优秀。

（五）可比性（★★★★★）

《报告》披露了"营业总收入""利润总额""员工总人数""安全生产投入""员工志愿活动次数""温室气体排放量""温室气体排放密度"等 89 个关键指标连续 3 年的对比数据，并通过"东方电气国家级企业技术中心获评优秀（最高等级），在全国 1744 家参评企业中排名第 7"等进行横向比较，可比性表现卓越。

（六）可读性（★★★★★）

《报告》从三大篇章系统展示企业在环境、社会、管治等方面的履责行

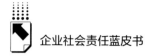

动与成效，详细回应利益相关方的期望与诉求；报告封面融入主营业务元素，凸显行业特征，提升了报告的辨识度，章节跨页选用高清实景大图，凸显章节特色及企业形象，增强了报告的感染力；设置"新跨越 向未来"板块，集中呈现年度履责进展，提升了报告的悦读性；以直观对比图方式凸显履责成效，显著增强了报告的易读性，可读性表现卓越。

（七）可及性（★★★★★）

《报告》与公司年报同时发布；通过公司官网、上海证券交易所、香港联交所挂网发布，发布渠道明确；报告披露了官网官微、行业媒体、自媒体等多信息公开渠道，提高了报告及企业 ESG 信息获取的便捷性。

（八）综合评级（★★★★★）

经评级小组评价，《东方电气股份有限公司 2022 年度环境、社会及管治报告》为五星级，是一份卓越的企业 ESG 报告。

二十七　中国交建2022ESG 报告

中国交通建设股份有限公司首次向"中国企业社会责任报告评级专家委员会"申请报告评级，经评定，《中国交建 2022 年度环境、社会及管治报告》（简称《报告》）为"五星级"，是一份卓越的企业 ESG 报告。本份评级报告由中国社会科学院教授、中国社会责任百人论坛秘书长钟宏武，中国企业联合会企业创新工作部主任张文彬共同评审。

（一）过程性（★★★★★）

公司成立 ESG 管理工作委员会，公司党委书记、董事长任主任，分管领导任副主任、总部各部门负责人任委员；党委工作部牵头编制年度报告并提交董事会最终审定；将报告定位为合规披露履责信息、强化利益相关方沟通的重要工具，功能价值定位明确；根据国家宏观政策、国内外指标体系、公司发展规划、利益相关方需求等识别实质性议题；构建 ESG 指标体系，优化管理流程；推动下属单位发布报告，形成 1+M（下属单位报告）+N（一带一路报告）的报告体系，并计划召开专项发布会；报告将以中英文电子版、印刷品、微信版等多种形式呈现，过程性表现卓越。

（二）实质性（★★★★★）

《报告》披露了完善 ESG 治理、服务国家战略、污染物管理、工程质量管理、施工安全、绿色建筑、高效使用建筑材料、保护进城务工人员权益等所在行业关键性议题，叙述详尽充分，实质性表现领先。

（三）完整性（★★★★）

《报告》主体内容从"管治篇 强国固基·造就永续发展之路""环境篇 水漾山青·铸就永续生态之路""社会篇 益世利民·成就永续美好之路"等角度披露了所在行业核心指标的 73.35%，完整性表现优秀。

（四）平衡性（★★★★★）

《报告》披露了"因工死亡人数""一般及以上突发环境事件""员工流失率""客户隐私泄露事件次数"等负面数据信息，并对工程项目高空坠落及机械伤害事件的经过及整改措施进行案例描述，平衡性表现卓越。

（五）可比性（★★★★★）

《报告》披露了"新签合同额""研发投入""全年能源消耗总量""客户满意度""志愿活动时长""慈善捐赠总额"等 94 个关键指标连续 3 年的对比数据，并对世界 500 强排名、国资委经营业绩考核等指标进行横向比较，可比性表现卓越。

（六）可读性（★★★★☆）

《报告》采用议题型框架结构，从"管治篇""环境篇""社会篇"三

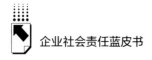

大篇章系统展示企业履责行动及成效,全面回应利益相关方期望与诉求;设置专题,聚焦企业年度履责重点实践,彰显了企业履责的引领性;采用中英文排版设计,国际化风格突出,彰显企业特色;内页多处使用"第三方证言""数说2022""我们的荣誉"等小栏目,增强报告易读性和沟通力,可读性表现领先。

(七)可及性(★★★★★)

《报告》与公司年报发布时间间隔预计1个月以内;有明确的发布渠道,通过召开专项发布会、公司官网、交易所网站等渠道发布报告,并将通过行业交流会向大众媒体等进行传播,增强报告的沟通性和影响力;支持报告网络搜索、邮寄等获取方式,渠道多样,简单便捷,具有卓越的可及性表现。

(八)综合评级(★★★★★)

综合以上七项评价指标,《中国交建2022年度环境、社会及管治报告》在过程性、实质性、平衡性、可比性、可及性上表现卓越,在可读性方面表现领先,在完整性方面表现优秀。综合来看,该报告是一份卓越的企业ESG报告。

二十八　上海农商银行2022ESG 报告

上海农村商业银行股份有限公司连续第2年向"中国企业社会责任报告评级专家委员会"申请报告评级,经评定,《上海农村商业银行股份有限公司2022年度社会责任暨环境、社会及治理(ESG)报告》(简称《报告》)为"五星级",是一份卓越的企业ESG报告。本份评级报告由中国社会科学院教授、责任云研究院院长张蕙,北方工业大学经济管理学院教授魏秀丽共同评审。

(一)过程性(★★★★★)

《报告》编写由董事会办公室牵头,成立报告编制工作组,并由董事会负责报告的最终审定；报告旨在披露公司 ESG 实践和成果，回应利益相关方期待与关注，持续提升可持续发展表现，功能价值明确；将责任理念与自身发展战略和经营活动特点相结合，开展实质性议题识别、评估和披露工作；开展第三方鉴证工作并出具鉴证报告，确保信息真实、准确、可靠，过程性表现卓越。

（二）实质性（★★★★★）

《报告》系统披露了完善 ESG 治理、服务国家战略、节能减排、应对气候变化、推进绿色和可持续金融、推动金融普惠、客户权益保护、金融科技创新、普及金融教育、数据安全与隐私保护等所在行业关键性议题，具有卓越的实质性表现。

（三）完整性（★★★★☆）

《报告》主体内容从"尚德尚善 完善公司治理""惠城惠民 服务实体经济""至精至勤 优化客户服务""共愿共美 融合人与自然"等角度系统披露了所在行业核心指标的 89.52%，完整性表现领先。

（四）平衡性（★★★★）

《报告》披露了"不良贷款率""员工流失率""因工死亡人数""工伤个案数量""重大信息安全和客户隐私泄露事件"等负面数据，平衡性表现优秀。

（五）可比性（★★★★★）

《报告》披露了"资产总额""吸收存款本金""绿色租赁余额""电子账单节约用纸""手机银行客户""公益慈善捐赠金额"等 115 个指标连续 3 年的对比数据，并通过"2022 年全球银行 1000 强榜单，第 124 名""全国农商银行中排名第 2 位"等数据进行横向比较，具有卓越的可比性表现。

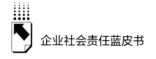

（六）可读性（★★★★★）

《报告》框架采用议题型结构，重点议题清晰；封面设计巧妙融入企业LOGO，以插画形式勾勒美好场景，增强了报告的辨识度；设置"秉持金融向善 深耕普惠金融"专题，聚焦企业在乡村振兴、扶持中小微企业、提供便民服务中的履责实践；设置"2022关键绩效"板块，集中展现重要关键绩效；章节跨页融合企业主营业务元素，整体风格简约清新，具有卓越的可读性表现。

（七）可及性（★★★★★）

《报告》是企业发布的首份社会责任暨环境、社会及治理（ESG）报告，与公司年报同步发布；在公司官网、上海证券交易所网站挂网发布，并通过官微等社交渠道传播；以印刷版和电子版形式呈现，可及性表现卓越。

（八）综合评级（★★★★★）

经评级小组评价，《上海农村商业银行股份有限公司2022年度社会责任暨环境、社会及治理（ESG）报告》为五星级，是一份卓越的企业ESG报告。

二十九 中国铜业2022社会责任报告

中国铜业有限公司连续第2年向"中国企业社会责任报告评级专家委员会"申请报告评级，经评定，《中国铜业有限公司2022企业社会责任报告》（简称《报告》）为"五星级"，是一份卓越的企业社会责任报告。本份评级报告由中国社会科学院教授、中国社会责任百人论坛秘书长钟宏武，中国企业联合会企业创新工作部主任张文彬共同评审。

（一）过程性（★★★★★）

《报告》由公司社会责任工作委员会办公室牵头，成立报告编制工作组，统筹具体编制工作，关键部门提供基础资料并审核相关内容，上报公司董事会，进行审核，提出最终修改意见；将报告定位为合规披露履责信息、完善社会责任管理、强化利益相关方沟通、宣贯企业文化、展示责任品牌形象的重要工具，功能价值定位明确；参考国家政策、国内外标准、公司发展战略等识别重要议题，作为报告披露重点；计划通过中铝集团社会责任报告发布会发布报告，以微信公众号、公司网站、外部新闻媒体、新媒体、会议会展等方式进行传播，具有卓越的过程性表现。

（二）实质性（★★★★★）

《报告》系统披露了贯彻宏观政策、数字矿山建设、职业健康管理、安全生产、环境管理体系、环保技术和设备的研发与应用、资源储备、节约土地资源、减少"三废"排放、矿区生态保护等一般采矿业关键性议题，叙述详细充分，具有卓越的实质性表现。

（三）完整性（★★★★☆）

《报告》主体内容从"稳健运营'铜'守诚信之道""励志笃行'铜'铸卓越价值""向绿而兴'铜'植绿色底蕴""匠心筑梦'铜'谱责任担当""以人为本'铜'筑幸福家园""共享发展'铜'绘和谐画卷"等角度系统披露了所在行业核心指标的83.44%，完整性表现领先。

（四）平衡性（★★★★☆）

《报告》披露了"员工流失率""较大及以上安全生产事故数""发生环境污染事件"等负面数据，并简要描述"生产安全责任事故"相关情况，具有领先的平衡性表现。

（五）可比性（★★★★★）

《报告》披露了"利润总额""研发投入""碳排放总量""安全生产投入""劳动合同签订率"等77个关键指标连续3年的对比数据，具有卓越的可比性表现。

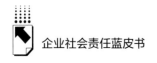

（六）可读性（★★★★★）

《报告》框架结构清晰，篇章题目嵌入"铜"字，从六大篇章系统阐述了企业对客户、环境、员工、伙伴、社会等利益相关方年度履责实践与成效，重点议题突出；封面采用矢量插图，融入贴合企业元素，凸显行业特征，提高了报告的辨识度；章节跨页选用契合章节主题的实景大图，提升了报告的易读性；以丰富的案例向公众展示履责成果，增强了报告的传播性和沟通力，具有卓越的可读性表现。

（七）创新性（★★★★★）

《报告》设置"党建领航，'中铜先锋'奋楫逐浪行""改革稳舵，'铜'心勠力激发新动能"两大责任专题，聚焦企业在加强党建、深化改革方面的履责绩效，彰显了国企责任担当；推动社会责任工作日益完善，提炼形成 CSR "6+6+6" 赋能型管控模式，发布《中国铜业 2021 社会责任报告》《中国铜业 2021 绿色可持续发展报告》，推动下属企业云南铜业、驰宏锌锗独立编发社会责任/ESG 报告；积极参与社会责任报告评级，增强了信息披露的规范性，具有卓越的创新性表现。

（八）综合评级（★★★★★）

经评级小组评价，《中国铜业有限公司 2022 企业社会责任报告》为五星级，是一份卓越的企业社会责任报告。

三十　驰宏锌锗2022社会责任报告

云南驰宏锌锗股份有限公司连续第 4 年向"中国企业社会责任报告评级专家委员会"申请报告评级，经评定，《云南驰宏锌锗股份有限公司 2022 企业社会责任报告》（简称《报告》）为"五星级"，是一份卓越的企业社会责任报告。本份评级报告由中国社会科学院教授、中国社会责任百人论坛秘书长钟宏武，中航证券首席经济学家董忠云共同评审。

（一）过程性（★★★★★）

公司成立报告编制小组，统筹具体编制工作，关键部门提供基础资料并确认报告内容，董事会审核，提出最终修改意见；将报告定位为提高社会责任管理水平、满足合规要求、强化利益相关方沟通、树立负责任品牌形象的重要工具，功能价值定位明确；参考国家政策、国内外标准、公司发展战略等识别重要议题，作为报告披露重点；计划通过中铝集团社会责任报告发布会发布报告，并将以电子版、印刷品的形式呈现报告，具有卓越的过程性表现。

（二）实质性（★★★★★）

《报告》系统披露了贯彻宏观政策、数字矿山建设、职业健康管理、安全生产、环境管理体系、环保技术和设备的研发与应用、资源储备、节约土地资源、减少"三废"排放、矿区生态保护等一般采矿业关键性议题，叙述详细充分，实质性表现卓越。

（三）完整性（★★★★☆）

《报告》主体内容从"匠心经营，筑牢卓越发展之基""创新求强，汇聚科技智造之能""低碳环保，深耕绿色发展之道""和合共生，聚合同创美好之心""担当履责，投身奉献社会之路"等角度系统披露了所在行业核心指标的86.62%，完整性表现领先。

（四）平衡性（★★★★★）

《报告》披露了"员工流失率""因不合规被中止合作的供应商数量""发生环境污染事件""因违反反腐政策而被处罚或解雇的员工人数"等负面数据，并简要描述"客户质量异议反馈""连续4年生产安全事故为零"相关情况，具有卓越的平衡性表现。

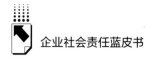

（五）可比性（★★★★★）

《报告》披露了"董事会人数""守法合规培训次数""综合能源消耗量""年度新鲜水用水量""安全生产资金投入""员工总数"等 114 个关键指标连续 3 年的对比数据；通过"国务院国资委'央企 ESG·风险管理先锋 50 指数'，第 25 名"进行横向比较，具有卓越的可比性表现。

（六）可读性（★★★★★）

《报告》采用议题型框架结构，重点议题突出，从五大篇章系统阐述了企业对客户、环境、员工、伙伴、社会等利益相关方年度履责实践与成效；封面设计采用插图风格，融入企业主营业务元素，紧密呼应企业责任理念，提升了报告的辨识度；章节跨页采用契合篇章主题的实景大图，嵌入叙述性引言，整体风格简约清新，凸显了行业特色；嵌入二维码进行影像化延伸，扩展了报告内容，具有卓越的可读性表现。

（七）创新性（★★★★☆）

《报告》开篇设置"2022 关键绩效"聚焦年度重点关键绩效，展现企业履责实践；积极响应和重点回应联合国可持续发展目标，展现企业年度履责绩效和关键议题亮点实践，突出报告与时俱进，创新性表现领先。

（八）综合评级（★★★★★）

经评级小组评价，《云南驰宏锌锗股份有限公司 2022 企业社会责任报告》为五星级，是一份卓越的企业社会责任报告。

三十一 华润置地深圳大区2022可持续发展报告

华润置地有限公司深圳大区连续第 2 年向"中国企业社会责任报告评级专家委员会"申请报告评级，经评定，《华润置地深圳大区 2022 可持续发展报告》（简称《报告》）为"五星级"，是一份卓越的企业社会责任报告。本份评级报告由中国社会科学院教授、中国社会责任百人论坛秘书长钟宏武，北方工业大学经济管理学院副教授魏秀丽共同评审。

（一）过程性（★★★★☆）

深圳大区党群工作部牵头成立报告编制小组，统筹具体编制工作，深圳大区党委书记、总经理担任编写组组长，负责报告终审；将报告定位为与利益相关方沟通，回应其诉求与期望，以报告促管理提升，促进深圳大区可持续发展的工具，功能价值定位明确；根据公司发展战略、行业对标分析、专家意见、利益相关方调查等识别实质性议题；计划通过华润置地官方网站和华润置地深圳大区官微发布报告，并将以电子版、印刷品、长图版等形式呈现报告。具有领先的过程性表现。

（二）实质性（★★★★☆）

《报告》披露了贯彻宏观政策、质量管理、合规拆迁与老城区保护、保护农民工权益、噪声污染控制、废弃砖石/原料/土壤等循环利用、绿色建筑等所在行业关键性议题，叙述相对详细充分，具有领先的实质性表现。

（三）完整性（★★★★★）

《报告》主体内容从"战略引领，凝聚更广阔的价值力量""激发活力，提供更温暖的城市生活""保护环境，塑造更健康的自然生态""美好共鉴，创享更普惠的民生幸福"等角度系统披露了所在行业核心指标的90%，具有卓越的完整性表现。

（四）平衡性（★★★★★）

《报告》披露了"安全隐患项""工伤事故死亡人数""商标侵权诉讼""客户健康与安全负面事件""员工流失率"等负面数据信息，并简述针对银湖蓝山项目业主对游乐场投诉进行整改的情况。平衡性表现卓越。

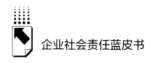

（五）可比性（★★★★★）

《报告》披露了"资产总额""住宅客户满意度""安全生产投入""女性管理者比例""经济合同履约率""慈善公益捐赠支出""综合能源消耗量""二氧化碳排放量"等 41 个关键指标连续 2 年的对比数据，并通过"2022 年营销体系整体业绩第一名"等进行横向比较。可比性表现卓越。

（六）可读性（★★★★★）

《报告》以"为更好的城市"为主题，以"更"为索引，从四大篇章全面展现了企业在关键议题上的年度履责实践与成效，框架结构清晰，重点议题突出，回应了利益相关方的诉求；封面以线稿形式体现深圳大区业务特色，融入城市发展和美好生活场景，凸显行业特征，提升了报告的辨识度；设置"2022 大事记"特色板块，集中展示年度重点履责实践；设置"责任聚焦"，集中呈现主责主业方面的亮点履责成效；设置"责任故事"，以故事形式讲述深圳大区优秀履责事迹；设置"利益相关方声音"特色专栏，佐证企业履责成效。具有卓越的可读性表现。

（七）创新性（★★★★☆）

《报告》各章节以"'圳'在路上"概述深圳大区年度履责进展；责任聚焦设计成拉页的形式，新颖有创意，提升阅读的兴趣；设置拓展阅读二维码，多样化呈现深圳大区的履责实践。创新性表现领先。

（八）综合评级（★★★★★）

经评级小组评价，《华润置地深圳大区 2022 可持续发展报告》为五星级，是一份卓越的企业社会责任报告。

三十二　华润金融2022可持续发展报告

华润金控投资有限公司连续第 4 年向"中国企业社会责任报告评级专

家委员会"申请报告评级，经评定，《华润金控投资有限公司 2022 可持续发展报告》（简称《报告》）为"五星级"，是一份卓越的企业社会责任报告。本份评级报告由中国社会科学院教授、中国社会责任百人论坛秘书长钟宏武，中航证券首席经济学家董忠云共同评审。

（一）过程性（★★★★★）

公司办公室牵头成立报告编制工作组，统筹具体编制工作，董事局负责报告终审；将报告定位为披露社会责任信息、强化责任监管、完善社会责任管理、强化利益相关方沟通、塑造企业负责任品牌形象的重要工具，功能价值定位明确；根据国家宏观政策、国际国内社会责任标准、社会舆论关注点、行业对标分析、公司发展规划、利益相关方调查等识别实质性议题；积极推动华润银行、信托、资产、资本等业务单元发布独立的可持续发展报告，构建了多层次的报告体系；计划通过官方网站发布报告，并将以电子版、H5 版、印刷品的形式呈现报告，具有卓越的过程性表现。

（二）实质性（★★★★★）

《报告》披露了贯彻宏观政策、保护客户信息安全、金融产品多样性、信息透明与真实、投资者培训与教育、风险管理、社会责任投资、数字化转型、绿色金融等所在行业关键性议题，叙述详细充分，实质性表现卓越。

（三）完整性（★★★★★）

《报告》主体内容从"融聚动能，让发展更有质量""融通百业，让产业更具活力""融汇合力，让行业更显精彩""融合共建，让社会更加美好"等角度系统披露了所在行业核心指标的 90.33%，完整性表现卓越。

（四）平衡性（★★★★☆）

《报告》披露了"工伤事故发生数""员工死亡人数""员工流失率""内部控制重大缺陷"等负面数据信息，具有领先的平衡性表现。

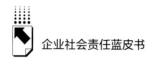

（五）可比性（★★★★★）

《报告》披露了"营业收入""净资产""责任采购比率""纳税总额""环保总投入""绿色贷款总额"等 42 个关键指标连续 3 年的对比数据，可比性表现卓越。

（六）可读性（★★★★★）

《报告》以"产业金融，不止是陪伴，更是相融共生"为主题，以"融"为关键字，贯穿全篇，从四大篇章全面展现了企业在关键议题上的履责理念、实践与成效，框架结构清晰，回应了相关方的期望与诉求；封面及篇章跨页设计以立体金融场景插画形式描绘，提升了报告的辨识度和感染力；设置"拓展阅读"板块，嵌入二维码延伸解读报告内容，引入利益相关方证言佐证履责成效，增强了报告的沟通价值，可读性表现卓越。

（七）创新性（★★★★☆）

《报告》设置"绿色金融，助力产业低碳发展"责任聚焦，阐述企业为产业的绿色转型发展提供金融支持的亮点实践，彰显了企业的责任担当；设置"可持续发展绩效"专栏，以图表形式集中展示重点履责绩效，便于相关方快速把握关键数据；报告发布形式增加 H5 版报告，增强了报告的传播力和感染力，具有领先的创新性表现。

（八）综合评级（★★★★★）

经评级小组评价，《华润金控投资有限公司 2022 可持续发展报告》为五星级，是一份卓越的企业社会责任报告。

三十三　华润资产2022可持续发展报告

华润资产管理有限公司连续第 3 年向"中国企业社会责任报告评级专

家委员会"申请报告评级，经评定，《华润资产管理有限公司 2022 可持续发展报告》（简称《报告》）为"五星级"，是一份卓越的企业社会责任报告。本份评级报告由中国社会科学院教授、中国社会责任百人论坛秘书长钟宏武，中航证券首席经济学家董忠云共同评审。

（一）过程性（★★★★★）

公司综合管理部牵头成立报告编制工作组，统筹具体编制工作，并召开报告编制办公会沟通汇报项目计划；总经理负责报告最终审定，将报告定位为披露履责信息、完善社会责任管理、强化利益相关方沟通、塑造责任品牌形象的重要工具，功能价值定位明确；结合国家宏观政策、国际国内社会责任标准、华润集团核心议题、公司发展战略、专家意见、利益相关方调查等识别实质性议题；计划通过官方网站发布报告，并将以印刷品、长图、视频的形式呈现报告，过程性表现卓越。

（二）实质性（★★★★★）

《报告》披露了贯彻宏观政策、强化风险管控、服务区域建设、保护客户信息、员工权益保护、推进数智金融、提升服务水平、绿色办公等所在行业关键性议题，叙述详细充分，实质性表现卓越。

（三）完整性（★★★★☆）

《报告》主体内容从"上篇：御势而上 奋楫笃行，做强做优创一流""中篇：尽心竭诚 化险有为，润泽百业焕生机""下篇：和合共生 臻善臻美，筑梦同行谱华章"等角度系统披露了所在行业核心指标的 88%，完整性表现领先。

（四）平衡性（★★★★☆）

《报告》披露了"员工流失率""腐败事件发生率""工伤事故发生数""员工死亡人数""网络安全事故事件""重大风险事件"等负面数据，平衡性表现领先。

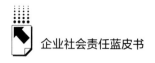

（五）可比性（★★★★★）

《报告》披露了"营业收入""资产总额""慈善公益捐赠支出""员工满意度""安全生产投入""客户满意度"等 52 个关键指标连续 3 年的对比数据，可比性表现卓越。

（六）可读性（★★★★★）

《报告》以"不止陪伴 更是赋能"为主题，主体分为上、中、下篇系统呈现了企业年度履责理念、实践与成效，框架结构清晰，重点议题突出；开篇设置"数说 2022"板块，以数据形式直观呈现年度履责亮点，凸显了企业的履责意义；封面设计采用彩绘风格，勾勒虚拟履责场景，凸显行业特征，提升了报告的辨识度；篇章跨页采用契合章节主题的大图彩绘设计，嵌入叙述性引言，增强了报告的感染力；嵌入二维码进行影像化延伸，扩展了报告内容，可读性表现卓越。

（七）创新性（★★★★☆）

《报告》设置"渝康模式闯出混改新路子，整合优化抓出改革真实效"责任聚焦，积极响应国家大政方针，聚焦企业在参与国家战略方面的亮点实践，展现企业责任担当；文章主体详细描述在"深耕大湾区建设""助力乡村振兴""支持属地防疫防控"等履责实践，突出企业在热点议题上的责任引领，体现报告内容的时代感；积极回应联合国可持续发展目标（SDGs），展现了报告的与时俱进和企业的履责追求；首次增加视频发布方式，丰富报告呈现形式，创新性表现领先。

（八）综合评级（★★★★★）

经评级小组评价，《华润资产管理有限公司 2022 可持续发展报告》为五星级，是一份卓越的企业社会责任报告。

三十四　华润置地华北大区2022可持续发展报告

华润置地有限公司华北大区连续第7年向"中国企业社会责任报告评级专家委员会"申请报告评级，经评定，《华润置地华北大区2022年度可持续发展报告》（简称《报告》）为"五星级"，是一份卓越的企业社会责任报告。本份评级报告由中国社会科学院教授、中国社会责任百人论坛秘书长钟宏武，中国企业联合会企业创新工作部主任张文彬共同评审。

（一）过程性（★★★★☆）

公司成立由高层组成的社会责任委员会，负责监督和管理社会责任相关事项、定期听取工作汇报；由营销管理部牵头成立报告编制工作组，统筹具体编制工作，总经理负责报告终审；将报告定位为顺应企业非财务信息披露趋势、回应资本市场关注、提升利益相关方支持、提升知名度与企业声誉、获得政府支持、增加员工情感沟通等重要工具，功能价值定位明确；根据国家宏观政策、可持续发展趋势、国际国内社会责任标准、行业对标分析、公司发展战略、利益相关方调查等识别实质性议题；计划通过官方网站和第三方平台发布报告，并将以电子版、印刷品、长图版的形式呈现报告，具有领先的过程性表现。

（二）实质性（★★★★★）

《报告》披露了贯彻宏观政策，确保房屋住宅质量，合规拆迁与老城区保护，噪声污染控制，新建项目环评，绿色建筑，废弃砖石、原料、土壤等循环利用等所在行业关键性议题，叙述详细充分，实质性表现卓越。

（三）完整性（★★★★★）

《报告》主体内容从"勇毅前进 为更好的生态""拓耕不止 为更好的品质""勠力同心 为更好的未来""奋楫笃行 为更好的发展"等角度系统披露了所在行业核心指标的90.38%，具有卓越的完整性表现。

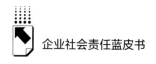

（四）平衡性（★★★★★）

《报告》披露了"腐败事件发生率""接获关于产品及服务的投诉数量""员工流失率""一般及以上工伤事故发生数""工伤事故死亡人数""千人死亡率""百万营业额经济损失率"等负面数据信息，并简述天津悦府项目客户投诉处理情况，平衡性表现卓越。

（五）可比性（★★★★★）

《报告》披露了"资产总额""营业收入""总资产报酬率""客户总体满意度""安全生产投入""环保总投入""二氧化碳排放量"等88个关键指标连续3年的对比数据，可比性表现卓越。

（六）可读性（★★★★★）

《报告》以"为更好的城市"为主题，从四大篇章系统展现了企业对利益相关方的履责理念、实践与成效，诠释了企业对可持续发展的深刻理解；封面采用矢量设计风格，融入标志性建筑，凸显行业特征，提升了报告的辨识度；以诗歌形式呈现叙述性引言，提升了报告的悦读性；章节开篇嵌入叙述性引言，明确重点议题、管理目标、责任绩效与责任规划，利于读者快速把握信息；设置"拓展阅读"延伸解读报告内容，引入利益相关方证言佐证履责成效，增强了报告的沟通和传播价值，具有卓越的可读性表现。

（七）创新性（★★★★☆）

《报告》设置"为更好的北京"责任专题，聚焦企业深耕北京28年的履责实践，彰显了企业的责任担当；设置"2022大事记"板块，集中呈现企业年度重点履责实践；各章开篇设置责任专栏，阐述企业探索低碳发展、坚持品质至上、培育奋斗青年的具体行动，体现了企业的责任引领和价值追求，创新性表现领先。

（八）综合评级（★★★★★）

经评级小组评价，《华润置地华北大区 2022 年度可持续发展报告》为五星级，是一份卓越的企业社会责任报告。

三十五　华润置地华中大区2022可持续发展报告

华润置地有限公司华中大区连续第 6 年向"中国企业社会责任报告评级专家委员会"申请报告评级，经评定，《华润置地华中大区 2022 年度可持续发展报告》（简称《报告》）为"五星级"，是一份卓越的企业社会责任报告。本份评级报告由中国社会科学院教授、中国社会责任百人论坛秘书长钟宏武，北方工业大学经济管理学院副教授魏秀丽共同评审。

（一）过程性（★★★★☆）

大区党群与纪检部牵头成立报告编制小组，大区总经理、合约管理部总经理、党群与纪检部负责人分别担任小组主编、总编辑、副总编辑，把控报告整体方向与重要内容，总经理负责报告终审；将报告定位为披露履责实践与成效、完善社会责任管理、强化利益相关方沟通的重要工具，功能价值定位明确；结合国家宏观政策、行业对标分析、公司重大事项、专家意见、利益相关方调查等识别实质性议题；计划通过官方网站发布报告，并将以电子版、印刷品、长图版、视频版的形式呈现报告，具有领先的过程性表现。

（二）实质性（★★★★★）

《报告》披露了贯彻宏观政策、确保房屋住宅质量管理、保护农民工权益、噪声污染控制、废弃物循环利用、绿色建筑等所在行业关键性议题，叙述详细充分，具有卓越的实质性表现。

（三）完整性（★★★★☆）

《报告》主体内容从"立本·做宜居城市的建设者""立心·做绿水青

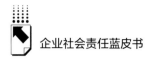

山的守护者""立人·做育人育才的推动者""立身·做携手共赢的并肩者""立世·做民生幸福的奉献者"等角度披露了所在行业核心指标的89%,具有领先的完整性表现。

(四)平衡性(★★★★★)

《报告》披露了"员工流失率""受到违法违规处罚数量""重大负面舆情处理数量""一般及以上工伤事故发生数""工伤事故死亡人数""对生物多样性产生负面影响的事件""知识产权侵犯纠纷案件"等负面数据信息,并讲述了"郑州悦玺项目及时处理业主反馈问题"的过程,平衡性表现卓越。

(五)可比性(★★★★★)

《报告》披露了"资产总额""营业收入""住宅客户满意度""员工培训覆盖率""环保总投入""综合能源消耗量"等58个关键指标连续3年的对比数据及"完成签约额位列华中地区第二名"的横向比较数据,可比性表现卓越。

(六)可读性(★★★★★)

《报告》以"为更好地生活"为主题,系统展示企业对客户、环境、员工、伙伴、社区等方面的履责理念、实践与成效;封面设计以企业建筑实景照片及简笔画为背景,凸显企业特征,增强了报告的辨识度;设置"高光2022""2022大数据"特色板块,呈现年度重点履责实践与成效,便于相关方快速把握关键信息;设置"利益相关方声音"特色专栏,佐证企业履责成效,具有卓越的可读性表现。

(七)创新性(★★★★☆)

《报告》设置"建功新时代,喜迎二十大"责任专题,聚焦企业在党的建设方面的责任行动与成效,彰显了企业的责任担当;各章篇首设置"责任故事"，展现亮点行动，提升了报告的生动性；各章均以"时代召唤"起篇，以"绩效检讨"结尾，紧扣国家大政方针，讲述履责进展与不足，具有领先的创新性表现。

（八）综合评级（★★★★★）

经评级小组评价，《华润置地华中大区 2022 年度可持续发展报告》为五星级，是一份卓越的企业社会责任报告。

三十六　华润置地华南大区2022可持续发展报告

华润置地有限公司华南大区连续第 7 年向"中国企业社会责任报告评级专家委员会"申请报告评级，经评定，《华润置地华南大区 2022 年度可持续发展报告》（简称《报告》）为"五星级"，是一份卓越的企业社会责任报告。本份评级报告由中国社会科学院教授、中国社会责任百人论坛秘书长钟宏武，中国企业联合会企业创新工作部主任张文彬共同评审。

（一）过程性（★★★★☆）

公司人事行政部牵头成立报告编制小组，党委副书记、人事行政部负责人担任组长、副组长，把控报告整体方向与重要内容，董事长、总经理负责报告终审；将报告定位为披露履责信息、完善社会责任管理、强化利益相关方沟通、提升责任影响力的重要工具，功能价值定位明确；根据国家宏观政策、行业对标分析、公司发展规划、利益相关方调查等识别实质性议题；计划通过官方网站发布报告，并将以电子版、长图版的形式呈现报告，具有领先的过程性表现。

（二）实质性（★★★★★）

《报告》系统披露了贯彻宏观政策、确保房屋住宅质量、合规拆迁与老城区保护、保护农民工权益、噪声污染控制、新建项目环评、废弃物循

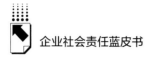

环利用、绿色建筑等所在行业关键性议题，叙述详细充分，实质性表现卓越。

（三）完整性（★★★★☆）

《报告》主体内容从"精益求精，建设美好新城市""绿色低碳，守护美好新家园""携手奋进，共赴美好新生活""与爱同行，绘就美好新发展"等角度披露了所在行业核心指标的89%，具有领先的完整性表现。

（四）平衡性（★★★★★）

《报告》披露了"安全生产事故""员工流失率""腐败事件发生率""千人重伤率""百万营业额经济损失率"等负面数据信息，并简述厦门前海湾项目客户投诉事件的处理过程及改进措施，平衡性表现卓越。

（五）可比性（★★★★★）

《报告》披露了"资产总额""净资产""所有者权益"等135个关键指标连续3年的对比数据，可比性表现卓越。

（六）可读性（★★★★★）

《报告》运用"为更好的城市"为主题，从四大篇章展开，系统展示了企业在关键议题下的履责理念、实践与成效，框架结构清晰，全面回应了利益相关方的期望与诉求；多处设置二维码拓展阅读，增强报告的充实度与可读性；以利益相关方证言形式呈现企业履责成效，强化了报告的传播力与公信力；以具体可感的丰富案例向公众展示公司履责成果，强化了报告的传播性和沟通力，可读性表现卓越。

（七）创新性（★★★★☆）

《报告》开篇设置"追求卓越，向新而行"板块，展示年度履责亮点，凸显了企业的履责意义；设置"专题聚焦"，全方位披露企业深度参与城市全方位发展建设，聚焦企业履责重点，彰显了中央企业的责任担当，创新性表现领先。

（八）综合评级（★★★★★）

经评级小组评价，《华润置地华南大区 2022 年度可持续发展报告》为五星级，是一份卓越的企业社会责任报告。

三十七　华润三九2022可持续发展报告

华润三九医药股份有限公司连续第 5 年向"中国企业社会责任报告评级专家委员会"申请报告评级，经评定，《华润三九 2022 年度可持续发展报告》（简称《报告》）为"五星级"，是一份卓越的企业社会责任报告。本份评级报告由中国社会科学院教授、责任云研究院院长张蒽，北方工业大学经济管理学院教授魏秀丽共同评审。

（一）过程性（★★★★★）

公司公共事务中心牵头组建报告编制工作组，统筹具体编制工作，社会责任工作领导小组审核报告内容，董事会负责报告最终审定；将报告定位为合规披露履责信息、提高社会责任管理水平、强化利益相关方沟通、树立负责任品牌形象的重要工具，功能价值定位明确；根据国家宏观政策、国际国内相关标准、资本市场关注重点、行业对标分析、公司发展战略、利益相关方关切、专家意见等识别实质性议题；编制过程中注重社会责任专项培训；计划召开嵌入式报告发布会，并将以电子版、印刷品、长图版本、简版等多种形式呈现报告；推动下属单位发布责任报告，强化社会责任工作纵向管理力度，具有卓越的过程性表现。

（二）实质性（★★★★★）

《报告》系统披露了药品质量管理、药品研发、产品召回制度、过期药

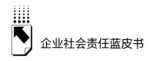

品回收制度、安全生产、药品风险评估、保障实验对象的权益、应对气候变化等所在行业关键性议题，叙述详细充分，实质性表现卓越。

（三）完整性（★★★★★）

《报告》主体内容从"以'稳'求进，开启价值新篇章""以'精'立业，引领健康新发展""以'质'固本，迈向卓越新征程""以'绿'为伴，擘画生态新画卷""以'心'守护，奉献幸福新力量"等角度披露了所在行业核心指标的90.34%，完整性表现卓越。

（四）平衡性（★★★★☆）

《报告》披露了"因工死亡人数""特别重大事故数""安全事故死亡人数""员工流失率""新增职业病例数"等负面数据信息，平衡性表现领先。

（五）可比性（★★★★★）

《报告》披露了"利润总额""研发总投入""药品抽检合格率""新增就业人数""安全生产投入""环保投入总金额""万元产值综合能耗"等94个关键指标连续3年的对比数据，并就"位列新财富最佳上市公司TOP50"等指标进行横向比较，可比性表现卓越。

（六）可读性（★★★★★）

《报告》以"聚力大众健康 领航美好未来"为主题，以"新"字串联五大篇章，系统展现企业在稳健运营、精益管理、优质服务、环境保护、和谐共建等方面的履责绩效，全面回应利益相关方期望与诉求；封面设计及开篇页嵌入企业中草药"三叉苦、九里香"形象元素，增强企业的辨识度和亲和力；报告用多线条及色块切割设计，提升设计感；引入利益相关方声音、二维码阅读等形式，延伸解读报告内容，可读性表现卓越。

（七）创新性（★★★★☆）

《报告》设置责任专题，聚焦中药材种植及改革创新，具有时代引领性；各篇章设置"我们的绩效—挑战和机遇—我们的举措—贡献 SDGs"特色板块，集中展现关键绩效，便于读者阅读和迅速掌握；积极探索 ESG 本土化，结合集团 CSR 及 ESG 指标融合表开展报告编制工作，并推动下属企业发布报告，具有领先的创新性表现。

（八）综合评级（★★★★★）

经评级小组评价，《华润三九 2022 年度可持续发展报告》为五星级，是一份卓越的企业社会责任报告。

三十八　河钢集团2022可持续发展报告

河钢集团有限公司连续第 2 年向"中国企业社会责任报告评级专家委员会"申请报告评级，经评定，《河钢集团 2022 可持续发展报告》（简称《报告》）为"五星级"，是一份卓越的企业社会责任报告。本份评级报告由中国社会科学院教授、中国社会责任百人论坛秘书长钟宏武，北方工业大学经济管理学院教授魏秀丽共同评审。

（一）过程性（★★★★☆）

集团战略研究院牵头组建报告编制工作组，统筹具体编制工作，关键部门提供基础材料并审核相关内容，党组会负责报告终审；将报告定位为提高可持续发展管理水平、合规信息披露、强化利益相关方沟通的重要工具，功能价值定位明确；通过国家宏观政策、国内外社会责任标准、行业对标分析、集团战略规划等识别实质性议题；计划通过官方网站发布报告，并将以电子版、印刷品、H5 版的形式呈现报告，过程性表现领先。

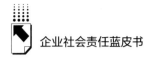

（二）实质性（★★★★★）

《报告》披露了产品质量管理、产品创新、责任采购、职业健康管理、安全生产、环保技术和设备的研发与应用、减少"三废"排放等所在行业关键性议题，叙述详细充分，实质性表现卓越。

（三）完整性（★★★★☆）

《报告》主体内容从"更高端，品质求精行稳致远""更绿色，携手共护绿水青山""更智能，科技引擎智享未来""更信赖，并肩前行成就共赢""更暖心，惠及民生筑梦未来"等角度系统披露了所在行业核心指标的80.99%，具有领先的完整性表现。

（四）平衡性（★★★★★）

《报告》披露了"员工工伤事故次数""员工工伤事故伤害人数""员工死亡人数""百万工时伤害率"等负面数据信息，并阐述党风廉政建设和反腐败问题处置及整改情况，平衡性表现卓越。

（五）可比性（★★★★★）

《报告》披露了"营业收入""安全生产投入""全年能源消耗总量"等68个关键指标连续3年的对比数据，并通过"河钢集团位列2022年'亚洲品牌500强'榜单第142位""河钢集团位列2022年中国500强最具价值品牌总榜单第54位，钢铁行业第二名"等进行横向比较，可比性表现卓越。

（六）可读性（★★★★☆）

《报告》采用议题型框架结构，从五大篇章系统展示企业对政府、客户、环境、员工、伙伴、社区等利益相关方的履责行动与成效，详细回应利益相关方的期望与诉求；封面以一个正圆为主体，上下两部分插画分别突出了企业特点和绿色生活；章节页选用契合主题的实景大图，凸显行业特色，增强了报告的辨识度，可读性表现领先。

（七）创新性（★★★★☆）

《报告》开篇设置"贯彻二十大，奋力建功新时代""创新变革，不断塑造发展新动能""加强资源整合，优化产业布局"三个责任专题，突出企业高度的政治自觉和务实的工作举措，彰显了国企的责任担当；推动下属企业河钢股份编发首份 ESG 报告，强化了可持续发展工作的纵向管理；各章开篇设置响应联合国可持续发展目标板块，积极回应国际社会关注的重点议题，具有领先的创新性表现。

（八）综合评级（★★★★★）

经评级小组评价，《河钢集团 2022 可持续发展报告》为五星级，是一份卓越的企业社会责任报告。

三十九　华润置地华东大区2022可持续发展报告

华润置地华东大区连续第 7 年向"中国企业社会责任报告评级专家委员会"申请报告评级，经评定，《华润置地华东大区 2022 可持续发展报告》（简称《报告》）为"五星级"，是一份卓越的企业社会责任报告。本份评级报告由中国社会科学院教授、责任云研究院院长张蒽，北方工业大学经济管理学院副教授魏秀丽共同评审。

（一）过程性（★★★★★）

成立报告编制工作组，统筹具体编制工作，大区党委书记、总经理把控关键节点并负责报告终审；将《报告》定位为披露履责信息、完善社会责任管理、展示负责任企业形象的重要工具，功能价值定位明确；根据国际国内社会责任标准、行业对标分析，构建重大议题筛选模型，识别实质性议题，具有卓越的过程性表现。

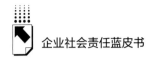

（二）实质性（★★★★★）

《报告》系统披露了完善 ESG 管理、服务国家战略、污染物管理、绿色建筑、施工安全管理、房屋交付评估与管理、全流程客户服务体系、员工职业健康管理、供应链 ESG 管理等所在行业关键性议题，叙述详细充分，具有卓越的实质性表现。

（三）完整性（★★★★☆）

《报告》主体内容从"砥砺 夯实责任筑根基""奋进 锚定发展绘蓝图""勇毅 奋楫扬帆启新程""笃行 砥砺深耕创和谐"等角度系统披露了所在行业核心指标的 85.98%，完整性表现领先。

（四）平衡性（★★★★★）

《报告》披露了"客户投诉数""百万平方米房屋建筑死亡率""千人死亡率""员工流失率"等负面数据，并简要描述"安全风险隐患大排查大整治"相关情况，具有卓越的平衡性表现。

（五）可比性（★★★★★）

《报告》披露了"总资产""营业额""体检覆盖率""员工晋升比例""能源消耗总量""二氧化碳排放总量"等 57 个指标连续 3 年的对比数据；通过"住宅土建过程均分及优良率排名置地第一""住宅精装过程均分排名置地第一"等进行横向比较，具有卓越的可比性表现。

（六）可读性（★★★★★）

《报告》以"为更好的城市"为主题，采用议题型框架结构，详细阐述企业对客户、员工、环境、伙伴、社会等利益相关方年度履责实践和成效；封面设计通过简笔画勾勒企业主营业务元素，增强了报告辨识度；章节跨页选取体现业务特点的实景大图，结合叙述性引言，增强了报告可读性；嵌入二维码进行影像化延伸，设置"阅读小贴士"解读专业术语，扩展了报告内容，增强了报告易读性和沟通性，具有卓越的可读性表现。

（七）可及性（★★★★★）

《报告》是企业公开发布的第 11 份可持续发展报告；计划通过官方网站发布报告，并将以电子版、印刷品形式呈现报告，可通过官网下载获取报告，可及性表现卓越。

（八）综合评级（★★★★★）

经评级小组评价，《华润置地华东大区 2022 可持续发展报告》为五星级，是一份卓越的企业社会责任报告。

四十　SK 海力士（中国）2022 社会责任报告

SK 海力士半导体（中国）有限公司连续第 4 年向"中国企业社会责任报告评级专家委员会"申请报告评级，经评定，《SK 海力士半导体（中国）有限公司 2022 社会责任报告》（简称《报告》）为"五星级"，是一份卓越的企业社会责任报告。本份评级报告由中国社会科学院教授、责任云研究院院长张蒽，中航证券首席经济学家董忠云共同评审。

（一）过程性（★★★★★）

公司持续经营部牵头成立社会责任报告工作小组，统筹具体工作，各部门提供基础资料，高级总监负责报告终审；将报告定位为披露履责信息、完善社会责任管理、强化利益相关方沟通的重要工具，功能价值定位明确；结合国家宏观政策、国际国内社会责任标准、社会责任热点议题、行业对标分析、年度重点工作、利益相关方调查等识别实质性议题，作为报告披露重点；报告将通过官方网站发布，并将以电子版、印刷品形式呈现报告，具有卓越的过程性表现。

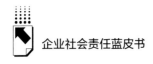

（二）实质性（★★★★★）

《报告》系统披露了产品质量管理、产品技术创新、供应链 CSR 管理、职业健康管理、安全生产、环保产品的研发与应用、危险品仓储运输和废弃管理制度、产品和包装回收再利用等所在行业关键性议题，具有卓越的实质性表现。

（三）完整性（★★★★★）

《报告》主体内容从"匠'芯'经营，为更卓越的自己""用'芯'呵护，为更美好的地球""同'芯'创造，为更幸福的我们"等角度系统披露了所在行业核心指标的 94.81%，具有卓越的完整性表现。

（四）平衡性（★★★★☆）

《报告》披露了"员工流失率""年度新增职业病""企业累计职业病""安全生产事故数"等负面数据，并简要描述"未出现废弃物运营重大安全事故"相关情况，具有领先的平衡性表现。

（五）可比性（★★★★★）

《报告》披露了"资产总额" "净资产收益率" "环保总投资""HYBOX 使用量""吸纳就业人数""慈善公益捐赠总额"等 105 个关键指标连续 3 年的对比数据，具有卓越的可比性表现。

（六）可读性（★★★★★）

《报告》以"践行社会责任 共享美好未来"为主题，设置"专题篇""发展篇"，系统展示了企业对环境、员工、伙伴、社会等利益相关方年度履责实践与成效，框架结构清晰，重点议题突出；封面及篇章跨页采用插画风格，勾勒履责场景，融入主营业务元素，提升了报告辨识度；以利益相关方证言形式呈现企业履责成效，强化了报告的传播力与公信力；嵌入二维码进行影像化延伸，扩展了报告内容，具有卓越的可读性表现。

（七）创新性（★★★★☆）

《报告》设置"旅程 我们挑战与创新的十年""奋进 积蓄蓬勃生长力量""链接 记录跨越里程碑的幸福点滴""矢志 迈向持续百年的'芯'未来"专题，展现企业年度履责重点。设置"海博士TIPS"专栏，延伸解读报告内容，创新性表现领先。

（八）综合评级（★★★★★）

经评级小组评价，《SK海力士半导体（中国）有限公司2022社会责任报告》为五星级，是一份卓越的企业社会责任报告。

四十一　复星医药2022社会责任报告

上海复星医药（集团）股份有限公司连续第7年向"中国企业社会责任报告评级专家委员会"申请报告评级，经评定，《上海复星医药（集团）股份有限公司2022年社会责任报告》（简称《报告》）为"五星级"，是一份卓越的企业社会责任报告。本份评级报告由中国社会科学院教授、中国社会责任百人论坛秘书长钟宏武，北方工业大学经济管理学院副教授魏秀丽共同评审。

（一）过程性（★★★★★）

公司更新企业社会责任管理委员会任命，持续完善社会责任工作体系，规范企业社会捐赠和公益项目管理，推动企业持续提升社会责任能力建设和信息披露，确保本集团各项社会责任类事务科学高效决策；复星医药董事长兼CEO担任该委员会主任，联席总裁、执行总裁担任副主任，委员会委员由复星医药集团各板块、各部门相关负责人组成；公司董事长参加外部审验机构的管理层访谈、副总裁级别以上领导参加报告终稿审核等关键环节，过程性表现卓越。

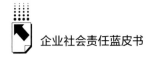

（二）实质性（★★★★★）

《报告》披露了产品质量管理、产品研发、产品召回制度、安全生产、化学药品管理、产品事故应急、保障实验对象的权益、节能减排的制度措施、关注社区健康等所在行业关键性议题，实质性表现卓越。

（三）完整性（★★★★☆）

《报告》主体内容从"责任管理""责任创新""责任运营""责任供应链""责任雇主""责任环保""责任社区"等角度系统披露了所在行业核心指标的 80.69%，具有领先的完整性表现。

（四）平衡性（★★★★★）

《报告》披露了"供应商舞弊行为""审计中发现的舞弊线索"等负面数据信息，并简要描述受理廉政督查线索后的处理结果，平衡性表现卓越。

（五）可比性（★★★★★）

《报告》披露了"销售收入""研发投入""废气排放总量""温室气体排放总量"等 38 个关键指标连续 3 年的对比数据，并通过"2022 年上海百强企业第 50 名""2022 年中国电子信息百强企业第 23 位""2022 上海硬核科技企业百强第 7 位"等进行横向比较，可比性表现卓越。

（六）可读性（★★★★★）

《报告》以八个章节系统展示了企业在关键议题下的履责理念、实践与成效，框架结构清晰，全面回应了利益相关方的期望与诉求；设置关键绩效板块，突出企业年度履责重点实践；篇章跨页采用插画形式，描绘美好生活场景，融入企业主营业务元素，增强了报告的趣味性，可读性表现卓越。

（七）创新性（★★★★★）

公司推动 3 家下属企业发布社会责任报告；由第三方审验机构出具审验报告以及管理提升建议书，持续提升责任管理水平；设计"社会责任之路"板块，聚焦企业历年重点事件，回应利益相关方期望，创新性表现卓越。

（八）综合评级（★★★★★）

经评级小组评价，《上海复星医药（集团）股份有限公司 2022 年社会责任报告》为五星级，是一份卓越的企业社会责任报告。

四十二　马钢股份2022ESG报告

马鞍山钢铁股份有限公司连续第 2 年向"中国企业社会责任报告评级专家委员会"申请报告评级，经评定，《马鞍山钢铁股份有限公司 2022 年环境、社会及管治报告》（简称《报告》）为"五星级"，是一份卓越的企业 ESG 报告。本份评级报告由中国社会科学院教授、中国社会责任百人论坛秘书长钟宏武，中航证券首席经济学家董忠云共同评审。

（一）过程性（★★★★★）

公司 ESG 办公室负责组织编制 ESG 报告，各部门和子公司负责提供素材和审核文本，董事会负责最终审核。将报告定位为完善社会责任和 ESG治理、管控环境和社会风险、创造社会价值的重要途径。通过宏观政策及行业政策法规分析、国内外权威 ESG 标准研究、行业优秀可持续发展报告对标等方式识别实质性议题。建立社会责任指标体系指导 ESG 报告编制工作，同时开展社会责任工作监督及考核。《报告》过程性表现卓越。

（二）实质性（★★★★★）

《报告》系统披露了完善 ESG 治理、服务国家战略、环保产品或技术的

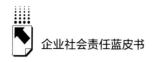

研发与应用、节约能源资源、减少"三废"排放、应对气候变化、落实安全生产、产品和服务质量管理、员工健康与安全、员工发展与培训、可持续供应链等所在行业关键性议题，叙述详细充分，具有卓越的实质性表现。

（三）完整性（★★★★☆）

《报告》主体内容从"乘'智'而上，成就卓越价值""逐'绿'而为，建设生态钢厂""携'伴'而行，共创美好未来""择'善'而从，传递温暖力量"等角度系统披露了所在行业核心指标的88.48%，完整性表现领先。

（四）平衡性（★★★★★）

《报告》披露了"千人负伤率""职业病发生次数""员工流失率""全年污染事故发生数""员工贪污诉讼案件数量""受理客户投诉数"等负面数据，并详细描述"3·5隔离门下坠事件"的处理过程，具有卓越的平衡性表现。

（五）可比性（★★★★★）

《报告》披露了"营业收入""女性董事占比""研发投入""安全生产投入""环保总投入"等154个关键指标连续3年的对比数据，并对"柴油消耗总量""汽油消耗总量""包装材料消耗总量"等核心指标的统计口径进行说明。并通过"《财富》中国500强排行榜位列119位"进行横向比较，具有卓越的可比性表现。

（六）可读性（★★★★★）

《报告》采用议题和利益相关方结合型框架，详细阐述年度履责实践与成效，结构清晰，重点议题突出；开篇设置"'江南一枝花'的绿色蝶变之路""'智造先行者'勇绘发展新蓝图"两个责任专题，聚焦企业在促进绿色发展、推进智慧制造中的实践探索，提高了报告的易读性；封面采用镂空设计，嵌入报告主题，增强了报告的辨识度；章节跨页选用契合章节主题的实景大图，增强了报告的感染性，具有卓越的可读性表现。

（七）可及性（★★★★★）

《报告》是企业发布的第 2 份 ESG 报告，将与公司年报同步发布；拟在公司官网、交易所网站挂网发布，并利用官微等社交渠道传播；以印刷版和电子版形式呈现，可通过邮寄、网络搜索下载等渠道获取报告，可及性表现卓越。

（八）综合评级（★★★★★）

经评级小组评价，《马鞍山钢铁股份有限公司 2022 年环境、社会及管治报告》为五星级，是一份卓越的企业 ESG 报告。

四十三　华润信托2022可持续发展报告

华润深国投信托有限公司连续第 2 年向"中国企业社会责任报告评级专家委员会"申请报告评级，经评定，《华润信托 2022 可持续发展报告》（简称《报告》）为"五星级"，是一份卓越的企业社会责任报告。本份评级报告由中国社会科学院教授、中国社会责任百人论坛秘书长钟宏武，中航证券首席经济学家董忠云共同评审。

（一）过程性（★★★★★）

公司设立企业文化与社会责任工作领导小组，总经理担任组长，负责报告最终审定，公司办公室牵头成立报告编制工作组，统筹推进具体编制工作；将报告定位为披露履责信息、完善社会责任管理、强化利益相关方沟通、宣贯企业文化、提升品牌形象的重要工具，功能价值定位明确；根据国家宏观政策、行业标准、公司发展战略、利益相关方调查等识别实质性核心议题；召开项目启动会，针对可持续发展前沿理论进行专项培训，同时邀请

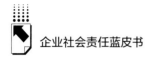

相关高层领导参加，加强各方对于可持续发展工作的理解和重视，提升各方对于报告编制重要性的认识；依据公司《社会责任管理办法》明确报告编发流程；计划通过官方网站发布报告，并将以电子版、印刷品、动态长图等形式呈现报告，过程性表现卓越。

（二）实质性（★★★★★）

《报告》系统披露了贯彻宏观政策、保护客户信息安全、金融产品多样性、产品服务信息透明、保障交易平台安全、反洗钱、风险管理、社会责任投资、绿色办公等所在行业关键性议题，叙述详细充分，实质性表现卓越。

（三）完整性（★★★★☆）

《报告》主体内容从"信为基 唯实惟先'再勉力'""客为先 至精至诚'再发力'""人为本 共进共勉'再聚力'""爱为源 善作善成'再蓄力'"等角度系统披露了所在行业核心指标的87.86%，完整性表现领先。

（四）平衡性（★★★★☆）

《报告》披露了"违法违规处罚数""员工流失率""一般及以上事故发生数""千人死亡率""重大负面舆情处理数"等负面数据信息，平衡性表现领先。

（五）可比性（★★★★★）

《报告》披露了"营业收入""投资者分配收益""员工培训覆盖率""安全生产投入""环保总投入""综合能源消费量"等60个关键指标连续3年的对比数据，可比性表现卓越。

（六）可读性（★★★★★）

《报告》以"四十年守信，不止是陪伴"为主题，系统展示了企业关键议题的年度履责进展，框架结构清晰，章节体例一致，诠释了企业对履行社会责任的深刻理解；封面及篇章跨页采用矢量风格，融入主营业务元素，提升了报告的辨识度；嵌入二维码延伸解读报告内容，引入利益相关方证言佐证履责成效，增强了报告的沟通和传播价值，可读性表现卓越。

（七）创新性（★★★★☆）

《报告》设置"四十载 不惑而获，续新程 永葆初心""学思践悟二十大，'润信青年'向光行"责任专题，聚焦企业 40 年来助力国家经济社会发展、重视群团建设与青年员工成长成才的责任行动，彰显了企业的责任担当；设置"2022 年度大事记"板块，以图文集锦形式展示年度履责亮点实践，便于读者快速把握关键信息，创新性表现领先。

（八）综合评级（★★★★★）

经评级小组评价，《华润信托 2022 可持续发展报告》为五星级，是一份卓越的企业社会责任报告。

四十四　华润置地华西大区2022可持续发展报告

华润置地有限公司华西大区连续第 5 年向"中国企业社会责任报告评级专家委员会"申请报告评级，经评定，《华润置地华西大区 2022 年度可持续发展报告》（简称《报告》）为"五星级"，是一份卓越的社会责任报告。本份评级报告由中国社会科学院教授、中国社会责任百人论坛秘书长钟宏武，中国企业联合会企业创新工作部主任张文彬共同评审。

（一）过程性（★★★★☆）

公司党群工作部牵头成立报告编制工作组，统筹具体编制工作，大区党委书记、总经理把控整体方向及关键内容，并负责报告终审；将报告定位为合规披露履责信息、完善社会责任管理、宣贯企业文化、提升品牌形象、强化利益相关方沟通的重要工具，功能价值定位明确；结合国家宏观政策、行

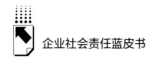

业对标分析、公司发展战略、利益相关方调查等识别实质性议题；计划通过官方网站发布报告，并将以电子版、印刷品的形式呈现报告，过程性表现领先。

（二）实质性（★★★★★）

《报告》披露了贯彻宏观政策、确保房屋住宅质量、安全生产、保护农民工权益、避免土地闲置、噪声污染控制、新建项目环评、绿色建筑等所在行业关键性议题，实质性表现卓越。

（三）完整性（★★★★☆）

《报告》主体内容从"打造更持续的生态""塑造更理想的生活""成为更亲密的伙伴""奔赴更美好的未来"等角度系统披露了所在行业核心指标的89.71%，具有领先的完整性表现。

（四）平衡性（★★★★★）

《报告》披露了"千人重伤率""一般及以上工伤事故发生数""员工流失率""对公司市场形象、社会形象造成重大负面影响的安全生产事件""一般及以上环境污染事件"等负面数据信息，具有卓越的平衡性表现。

（五）可比性（★★★★★）

《报告》披露了"资产总额""营业收入""员工总数""员工培训覆盖率""综合能源消耗量""电力消耗量"等93个关键指标连续3年的对比数据，可比性表现卓越。

（六）可读性（★★★★★）

《报告》从"打造更持续的生态""塑造更理想的生活""成为更亲密的伙伴""奔赴更美好的未来"四个方面阐述企业年度履责进展，回应了利益相关方的期望与诉求；章节跨页采用代表企业的实景大图，整体风格简约清新，展现企业风采，又提升了报告的辨识度；开篇设置"2022 年关键绩效"，呈现企业重点履责行动与成效，便于相关方快速把握关键信息，可读性表现卓越。

（七）创新性（★★★★☆）

《报告》积极对标国际国内社会责任标准，彰显了企业的全球视野与报告的与时俱进；各章开篇设置"目标回顾"，以"目标设定""进度回顾"讲述年度履责进展、阐述改进方向，展现了企业的价值追求，具有领先的创新性表现。

（八）综合评级（★★★★★）

经评级小组评价，《华润置地华西大区 2022 年度可持续发展报告》为五星级，是一份卓越的企业社会责任报告。

四十五　新城控股2022可持续发展报告

新城控股集团股份有限公司连续第 5 年向"中国企业社会责任报告评级专家委员会"申请报告评级，经评定，《新城控股集团股份有限公司 2022 年可持续发展报告》（简称《报告》）为"五星级"，是一份卓越的企业 ESG 报告。本份评级报告由中国社会科学院教授、责任云研究院院长张蒽，北方工业大学经济管理学院副教授魏秀丽共同评审。

（一）过程性（★★★★☆）

集团品牌与公共事务中心牵头成立报告编制工作组，统筹具体编制工作，董事会高层审核讨论报告，董事长负责报告终审；将报告定位为回应资本市场诉求、完善社会责任管理、强化利益相关方沟通、展示负责任形象的重要工具，功能价值定位明确；根据资本市场要求、行业关注重点、公司发展战略，结合香港联合交易所新规、评级指数等开展利益相关方调查，识别实质性议题，具有领先的过程性表现。

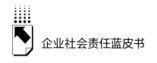
（二）实质性（★★★★★）

《报告》系统披露了完善 ESG 治理、服务国家战略、污染物管理、绿色建筑、施工安全管理、房屋交付评估与管理、全流程客户服务体系、员工职业健康管理、供应链 ESG 管理等所在行业关键性议题，具有卓越的实质性表现。

（三）完整性（★★★★☆）

《报告》主体内容从"夯实经营基础·营造幸福美好生态""践行绿色方案·呵护幸福绿色生活""匠心产品服务·创享幸福品质体验""共建博爱社会·奏响幸福和谐乐章"等角度系统披露了所在行业核心指标的 86.59%，完整性表现领先。

（四）平衡性（★★★★★）

《报告》披露了"发现质量安全/隐患""新城 4008 平台受理产品与服务端客户投诉的数量""一般及以上安全生产事故数""因工伤死亡人数""较大安全隐患""收到的有效举报案件"等负面数据，并详述"地砖空鼓投诉事件"的处理措施，平衡性表现卓越。

（五）可比性（★★★★★）

《报告》披露了"合同销售额""住宅完成交付数量""授权专利总数""报告期内吸纳就业人数""困难员工帮扶投入""乡村振兴专项资金投入"等 110 个关键指标连续 3 年的对比数据，并通过"中国最佳雇主"进行横向比较，可比性表现卓越。

（六）可读性（★★★★☆）

《报告》沿用"让幸福变得简单"的主题，系统展示了对股东、客户、员工、伙伴、社区等利益相关方的履责理念、行动与成效，框架结构清晰，重点议题突出；封面设计采用插画风格，融入主营业务元素，勾勒企业标志性建筑及幸福生活画面，呼应报告主题，提升了报告的辨识度与悦读性；设置"幸福小贴士"板块，解读报告内容，可读性表现领先。

（七）可及性（★★★★★）

《报告》与年度财务报告同时发布，在公司官网社会责任专栏挂网发布，并通过官微等多渠道发布相关新闻报道，增强了报告的及时性；对 ESG 报告内容进行挖掘和创作，并利用官微等社交渠道广泛宣传报告及 ESG 信息，推动了报告的传播；支持网络搜索等渠道获取，提高了报告获取的便捷性，可及性表现卓越。

（八）综合评级（★★★★★）

经评级小组评价，《新城控股集团股份有限公司 2022 年可持续发展报告》为五星级，是一份卓越的企业 ESG 报告。

四十六　镇海炼化2022社会责任报告

中国石化镇海炼化公司连续第 2 年向"中国企业社会责任报告评级专家委员会"申请报告评级，经评定，《中国石化镇海炼化公司 2022 社会责任报告》（简称《报告》）为"五星级"，是一份卓越的企业社会责任报告。本份评级报告由中国社会科学院教授、中国社会责任百人论坛秘书长钟宏武，北方工业大学经济管理学院副教授魏秀丽共同评审。

（一）过程性（★★★★☆）

公司建立企业社会责任工作领导小组，公司代表、党委书记担任组长，把控整体方向、关键环节并负责报告终审，党委宣传部（企业文化部、品牌部）牵头组建报告编制工作组，统筹推进具体编制工作；将报告定位为披露社会责任信息、强化利益相关方沟通、展示企业负责任品牌形象的重要

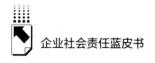

工具，功能价值定位明确；结合国家宏观政策、国内外社会责任标准、行业对标分析、公司发展规划、利益相关方调查等识别实质性议题；计划通过官方网站发布报告，并将以电子版、印刷品的形式呈现报告，过程性表现领先。

（二）实质性（★★★★★）

《报告》披露了贯彻宏观政策、产品质量管理、产品可持续供应、职业健康管理、安全生产管理与应急、科技创新、节能减排、发展循环经济、应对气候变化、生态保护与修复、供应链责任等石油化工业关键性议题，叙述详细充分，实质性表现卓越。

（三）完整性（★★★★☆）

《报告》主体内容从"深耕主业 保障能源安全供应""科技创新 厚植高质量发展动能""安全环保 推进生态文明建设""担当'链长'共建共赢共享未来""以人为本 助力员工成长成才""回馈社会 责任创享美好生活"等角度系统披露了所在行业核心指标的88.57%，完整性表现领先。

（四）平衡性（★★★★☆）

《报告》披露了"重大法律合规风险事件""石油泄漏事件""集团公司一般及以上生产安全事故""重大火灾事故""重大爆炸事故""因安全事故死亡人数"等负面数据信息，平衡性表现领先。

（五）可比性（★★★★★）

《报告》披露了"营业收入""原油加工量""安全生产投入""氮氧化物排放总量同比减排率""员工培训次数"等55个关键指标连续3年的对比数据，并通过"国内首家获得挪威船级社国际安全评级7级认证的石化企业"等进行横向比较，可比性表现卓越。

（六）可读性（★★★★★）

《报告》以"能源至净 生活至美"为主题，从六大篇章全面阐述企业年度履责理念、行动与成效，框架结构清晰，回应了利益相关方的期望与诉求；封面设计及篇章跨页采用特色履责场景的实图大图，凸显行业特征，增强报告的辨识度与感染力；嵌入二维码延伸解读报告内容，强化报告的沟通力；设计风格简约大气，以具体可感的丰富案例、图片向公众展示公司履责成果，强化了报告的传播性，可读性表现卓越。

（七）创新性（★★★★☆）

《报告》开篇设置"全面走在前列 致敬镇海炼化大乙烯工程座谈会二十周年"聚焦，展示企业 20 年来在能源保供、创新驱动、安全绿色等方面的优秀实践与突出成效，彰显企业的责任与担当；积极回应联合国可持续发展目标（SDGs），展现了企业的国际视野和报告的与时俱进；建立《镇海炼化社会责任管理程序》，发布《社会责任风险控制矩阵》，进一步提升了社会责任管理水平，创新性表现领先。

（八）综合评级（★★★★★）

经评级小组评价，《中国石化镇海炼化公司 2022 社会责任报告》为五星级，是一份卓越的企业社会责任报告。

四十七　海立股份2022可持续发展报告

上海海立（集团）股份有限公司连续第 8 年向"中国企业社会责任报告评级专家委员会"申请报告评级，经评定，《上海海立（集团）股份有限公司 2022 可持续发展（ESG）报告》（简称《报告》）为"五星级"，是一份卓越的企业 ESG 报告。本份评级报告由中国社会科学院教授、责任云研究院院长张蒽，北方工业大学经济管理学院副教授魏秀丽共同评审。

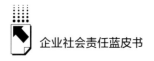

（一）过程性（★★★★★）

《报告》编写由总经理办公室牵头成立报告编制工作组，各部门和子公司提供基础资料并进行审核；董事长负责把控整体方向，负责报告终审签发；将报告定位为完善企业社会责任管理、回应资本市场诉求、加强利益相关方沟通的重要工具；组织实质性议题调查，识别重要议题，作为报告披露重点，具有卓越的过程性表现。

（二）实质性（★★★★★）

《报告》系统披露了完善 ESG 治理、服务国家战略、产品技术创新、节约能源资源、减少"三废"排放、应对气候变化、产品质量管理、员工健康与安全、可持续供应链等所在行业关键性议题，叙述详细充分，具有卓越的实质性表现。

（三）完整性（★★★★☆）

《报告》主体内容从"恪守本责，做守法合规的践行者""创新冷暖，做美好生活的智造者""低碳环保，做绿色家园的守护者""共融共生，做和谐社会的建设者"等角度系统披露了所在行业核心指标的 86.27%，完整性表现领先。

（四）平衡性（★★★★★）

《报告》披露了"员工总流失比率""综合污水排放总量""危险废物""一般工业固废""千人负伤率"等负面数据，并简要描述"无重大内控缺陷，未发生问责事件""未发生侵犯客户隐私和丢失客户资料有关的经证实的投诉事件"相关情况，具有卓越的平衡性表现。

（五）可比性（★★★★★）

《报告》披露了"员工总数""营业收入""公益服务投入总用时""每

股社会贡献值""温室气体排放总量""危险废物"等多个关键指标连续年份对比数据；通过"中国轻工业家用电器行业十强企业""中国轻工业联合会科学技术进步奖三等奖"进行横向比较，具有卓越的可比性表现。

（六）可读性（★★★★★）

《报告》采用议题型框架结构，详细阐述了企业对客户、环境、员工、伙伴、社会等利益相关方年度履责实践与成效，框架结构清晰，重点议题突出；设置"砥砺奋进三十载，笃行不怠赴新程""双碳之下双主业，加速汽零行业新赛道"两大专题，聚焦企业年度履责重点实践，彰显了企业履责的引领性和报告内容的时代感；封面融入企业主营业务元素，清新简洁，提高了报告的辨识度；设置"小贴士"，解读行业专业术语，增强了报告的易读性，具有卓越的可读性表现。

（七）可及性（★★★★★）

《报告》是企业发布的第二份可持续发展（ESG）报告，与公司年报同步发布；在公司官网、交易所网站挂网发布，通过官微等社交渠道传播；以印刷版和电子版形式呈现，可通过网络搜索下载获取报告，具有卓越的可及性表现。

（八）综合评级（★★★★★）

经评级小组评价，《上海海立（集团）股份有限公司2022可持续发展（ESG）报告》为五星级，是一份卓越的企业ESG报告。

四十八　华润置地东北大区2022可持续发展报告

华润置地有限公司东北大区连续第6年向"中国企业社会责任报告评级专家委员会"申请报告评级，经评定，《华润置地东北大区2022可持续发展报告》（简称《报告》）为"五星级"，是一份卓越的企业社会责任报

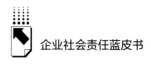

告。本份评级报告由中国社会科学院教授、责任云研究院院长张蒽，中航证券首席经济学家董忠云共同评审。

（一）过程性（★★★★★）

公司人事行政部牵头成立报告编制小组，统筹具体编制工作，总经理、助理总经理分别担任组长、副组长，把控整体方向与关键内容，总经理负责报告终审；将报告定位为披露履责信息、强化利益相关方沟通、塑造品牌形象、完善可持续发展管理的重要工具，功能价值定位明确；根据国家宏观政策、国际国内社会责任标准、行业对标分析、利益相关方调查等识别实质性议题；召开项目启动会，针对可持续发展前沿理论进行专项培训，同时邀请相关高层领导参加，加强各方对于可持续发展工作的理解和重视，提升各方对于报告编制重要性的认识；计划通过官方网站发布报告，并将以电子版、印刷品的形式呈现报告，具有卓越的过程性表现。

（二）实质性（★★★★★）

《报告》披露了贯彻宏观政策、确保房屋住宅质量、合规拆迁与老城区保护、噪声污染控制、节约能源资源、废弃物循环利用、绿色建筑等所在行业关键性议题，叙述详细充分，实质性表现卓越。

（三）完整性（★★★★☆）

《报告》主体内容从"行稳有为 构筑更具活力的城市""兴业有为 铸就更高品质的城市""环保有为 守护更加宜居的城市""奉献有为 打造更有温度的城市"等角度系统披露了所在行业核心指标的 87.25%，具有领先的完整性表现。

（四）平衡性（★★★★★）

《报告》披露了"重大腐败事件发生率""员工流失率""工伤事故死亡人数""千人重伤率""百万营业额经济损失率""百万平方米房屋建筑

死亡率"等负面数据信息，并简述公司在处理贪腐问题上的积极整改措施，平衡性表现卓越。

（五）可比性（★★★★★）

《报告》披露了"资产总额""营业收入""客户满意度""员工志愿服务人数""环保总投入""单位产值二氧化碳排放量""新建项目绿地率"等81个关键指标连续3年的对比数据，可比性表现卓越。

（六）可读性（★★★★★）

《报告》以"为更好的城市"为主题，从四大篇章全面展现了企业在关键议题上的履责实践与成效，框架结构清晰，回应了相关方的期望与诉求；封面设计采用矢量风格，融入主营业务元素，提升了报告的辨识度；嵌入二维码、设置"延伸阅读"延展报告内容，增强了报告的沟通效果，可读性表现卓越。

（七）创新性（★★★★☆）

《报告》设置"党团赋能聚合力，逐光前行绽风采"责任专题，聚焦企业在党的建设方面的行动实践，彰显了企业的责任担当；章节结尾设置"责任专栏"，呈现企业在关键议题上的履责实践和成效，提升了报告的深度和广度，具有领先的创新性表现。

（八）综合评级（★★★★★）

经评级小组评价，《华润置地东北大区2022可持续发展报告》为五星级，是一份卓越的企业社会责任报告。

四十九 太钢不锈2022可持续发展报告

山西太钢不锈钢股份有限公司连续第8年向"中国企业社会责任报告

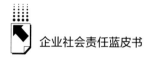
评级专家委员会"申请报告评级，经评定，《山西太钢不锈钢股份有限公司2022可持续发展报告》（简称《报告》）为"五星级"，是一份卓越的企业ESG报告。本份评级报告由中国社会科学院教授、中国社会责任百人论坛秘书长钟宏武，中航证券首席经济学家董忠云共同评审。

（一）过程性（★★★★★）

《报告》编写由企业文化部牵头成立报告编制小组，统筹具体编制工作，总经理担任编制工作领导小组组长，专职党委副书记、总会计师任副组长，负责报告终审；将报告定位为披露社会责任信息、回应利益相关方关注的重要工具，功能价值定位明确；根据国家宏观政策、国际国内社会责任标准、行业对标分析、公司发展战略、利益相关方调查等形式开展实质性议题识别；持续更新ESG指标体系，具有卓越的过程性表现。

（二）实质性（★★★★★）

《报告》系统披露了完善ESG治理、服务国家战略、环保产品或技术的研发与应用、节约能源资源、废钢循环利用、减少"三废"排放、应对气候变化、落实安全生产、服务质量管理、员工健康与安全、员工发展与培训、可持续供应链等所在行业关键性议题，叙述详细充分，具有卓越的实质性表现。

（三）完整性（★★★★☆）

《报告》主体内容从"经济""社会""环境"等角度系统披露了所在行业核心指标的81.21%，完整性表现领先。

（四）平衡性（★★★★★）

《报告》披露了"员工流失率""员工工伤事故""员工工伤事故伤害频率""千人负伤率"等负面数据，简要描述"未发生重大风险事件"，详细描述违反环境法律法规政策的环境事件和整改落实情况，具有卓越的平衡性表现。

（五）可比性（★★★★☆）

《报告》披露了"营业总收入""申请专利""吨钢综合能耗""危险废物安全处置率""吨钢化学需氧量排放量""培训费用"等33个关键指标连续3年的对比数据；通过"公司技术中心在全国国家企业技术中心排名第19位"进行横向比较，可比性表现领先。

（六）可读性（★★★★★）

《报告》采用"三重底线"框架结构，从经济责任、环境责任、社会责任三个维度系统呈现企业年度履责理念、实践与成效，框架结构清晰，重点议题突出；封面设计采用插画风格，融入主营业务元素，增强了报告的辨识度；篇章跨页采用符合企业业务特点的实景大图，嵌入叙述性引言，提纲挈领，总领性强；设置责任专题，聚焦企业年度履责重点实践，彰显了企业履责的引领性和报告内容的时代感；融入丰富的案例展现履责成果，提高了报告的传播性和沟通力，具有卓越的可读性表现。

（七）可及性（★★★★★）

《报告》是企业发布的第15份可持续发展报告，与公司年报同步发布；在公司官网、交易所网站挂网发布，并通过公众开放日、产品展会等渠道进行传播；以电子版、印刷品、H5版形式呈现报告，具有卓越的可及性表现。

（八）综合评级（★★★★★）

经评级小组评价，《山西太钢不锈钢股份有限公司2022可持续发展报告》为五星级，是一份卓越的企业ESG报告。

五十　宝武资源2022ESG报告

宝武资源有限公司连续第2年向"中国企业社会责任报告评级专家委

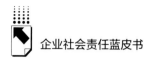
员会"申请报告评级，经评定，《宝武资源有限公司 2022 年环境、社会及公司治理（ESG）报告》（简称《报告》）为"五星级"，是一份卓越的企业 ESG 报告。本份评级报告由中国社会科学院教授、中国社会责任百人论坛秘书长钟宏武，中航证券首席经济学家董忠云共同评审。

（一）过程性（★★★★★）

《报告》编写由企业文化部作为牵头部门，各部门和子公司提供基础资料并进行审核；初稿完成后，上报公司领导，董事长对报告进行最终审核确认；将报告定位为披露社会责任信息、完善社会责任管理、展示负责任形象的重要工具，功能价值定位明确；根据国家宏观政策、国际国内社会责任标准、行业对标分析、公司责任实践、利益相关方调查等识别重要实质性议题作为报告披露的重点，具有卓越的过程性表现。

（二）实质性（★★★★★）

《报告》系统披露了完善 ESG 治理、服务国家战略、环保产品或技术的研发与应用、节约能源资源、废钢循环利用、减少"三废"排放、应对气候变化、落实安全生产、产品和服务质量管理、员工健康与安全、员工发展与培训、可持续供应链等所在行业关键性议题，叙述详细充分，具有卓越的实质性表现。

（三）完整性（★★★★☆）

《报告》主体内容从"诚信治理 让基业更长青""诚智创新 让发展更欣荣""诚待职工 让家园更温馨""诚携伙伴 让合作更多元""诚护环境 让绿色更益然""诚建社区 让社会更和谐"等角度系统披露了所在行业核心指标的 84.62%，完整性表现领先。

（四）平衡性（★★★★★）

《报告》披露了"客户投诉解决率""员工工亡人数""因工受伤员工

人数""安全生产事故数"等负面数据，简要描述"未发生重大风险事件"，详细描述"'3·3金山店矿一般坍塌事故'警钟长鸣""深刻反思'9·27姑山矿一般车辆伤害事故'"的经过、原因、处理、整改落实情况，具有卓越的平衡性表现。

（五）可比性（★★★★★）

《报告》披露了"营业收入""资产总额""员工满意度""女性管理者比例""环保总投资""能源消耗总量"等60个关键指标连续3年的对比数据，具有卓越的可比性表现。

（六）可读性（★★★★★）

《报告》采用议题型框架结构，详细阐述了企业对客户、环境、员工、伙伴、社会等利益相关方年度履责实践与成效，框架结构清晰，重点议题突出；封面采用镂空设计，融入企业主营业务元素，简洁清新，增强了报告的辨识度；章节跨页采用体现企业业务特点的实景大图，凸显了行业特色；设置"阅读延伸"解读行业专业术语，增强了报告的易读性；开篇设置"大道如虹，'资源筑基'书写领跑答卷""奋楫扬帆，'改革强体'奏响激扬之音""熠熠闪灼，'五星矿山'擘画崭新画卷"聚焦企业在做优主业、深化改革、产业发展方面的履责成效，具有卓越的可读性表现。

（七）可及性（★★★★☆）

《报告》是企业发布的首份ESG报告，计划通过宝武集团集中发布会发布报告，通过官微等社交渠道传播；以印刷版、电子版形式呈现报告，可通过网络搜索下载获取报告，可及性表现领先。

（八）综合评级（★★★★★）

经评级小组评价，《宝武资源有限公司2022年环境、社会及公司治理（ESG）报告》为五星级，是一份卓越的企业ESG报告。

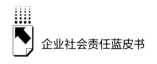

五十一　越秀集团2022可持续发展报告

广州越秀集团股份有限公司连续第 2 年向"中国企业社会责任报告评级专家委员会"申请报告评级，经评定，《广州越秀集团股份有限公司2022可持续发展报告》（简称《报告》）为"五星级"，是一份卓越的企业社会责任报告。本份评级报告由中国社会科学院教授、中国社会责任百人论坛秘书长钟宏武，北方工业大学经济管理学院副教授魏秀丽共同评审。

（一）过程性（★★★★★）

集团办公室牵头成立报告编制工作组，统筹具体编制工作，各子公司设置执行主编，负责提供基础材料并撰写相关内容，董事长、总经理负责报告终审；将报告定位为披露履责信息、提升社会责任管理水平、强化利益相关方沟通、塑造企业品牌形象的重要工具，功能价值定位明确；结合国家宏观政策、国际国内社会责任标准、行业对标分析、公司发展战略、利益相关方调查等识别实质性议题；积极推动越秀地产、越秀服务、越秀交通等 6 家下属企业独立编发 ESG 报告，延展信息披露范围；计划通过官方网站发布报告，并将以电子版、印刷品、长图版、中英文版的形式呈现报告，过程性表现卓越。

（二）实质性（★★★★★）

《报告》系统披露了产品质量管理、产品创新、环保技术和设备的研发与应用、节约能源资源、减少"三废"排放、职业健康管理、安全生产、厂区周边环境治理等行业关键性议题，叙述详细充分，具有卓越的实质性表现。

（三）完整性（★★★★☆）

《报告》主体内容从"通向信念之路""累积信用之路""创造信任之

路""夯实信心之路"等角度系统披露了行业核心指标的 83.1%，具有领先的完整性表现。

（四）平衡性（★★★★★）

《报告》披露了"员工流失率""员工工伤事故数""因工死亡人数"等负面数据信息，并简述违纪违法案件的相关处理结果，平衡性表现卓越。

（五）可比性（★★★★★）

《报告》披露了"新增专利数""产品合格率""客户满意度""员工总数""人均带薪休假天数""安全生产投入总额""温室气体排放总量""总耗水量"等 78 个关键指标连续 3 年的对比数据，并通过"位列中国 100 大跨国公司第 11 位""位列中国企业 500 强第 262 位"等进行横向比较，可比性表现卓越。

（六）可读性（★★★★★）

《报告》沿用"共创卓越价值 共享美好生活"的主题，以四大篇章主题系统展现企业在关键议题下的履责行动与成效，回应了利益相关方的期望与诉求；封面及篇章跨页采用实景插画风格，将企业标志性建筑与美好生活、绿色发展等理念融合，增强了报告的感染力；设置"我们的 2022"板块，以图文集锦形式呈现年度重点实践，便于相关方快速把握关键信息；通过长图等形式解读报告内容，增强了报告的沟通和传播价值，具有卓越的可读性表现。

（七）创新性（★★★★☆）

《报告》将"信念、信用、信任、信心"的企业核心价值观融入报告结构与内容的编制，具有鲜明的企业特色，提高了报告的辨识度；设置"接续发力，迈向高质量发展新高地""共绘美好，谱写乡村振兴新篇章"两大价值聚焦，聚焦呈现企业在经营发展、乡村振兴方面的履责实践与成效，充分展现企业的责任担当，创新性表现领先。

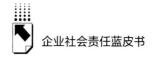

（八）综合评级（★★★★★）

经评级小组评价，《广州越秀集团股份有限公司 2022 可持续发展报告》为五星级，是一份卓越的企业社会责任报告。

五十二　广新集团2022社会价值报告

广东省广新控股集团有限公司连续第 2 年向"中国企业社会责任报告评级专家委员会"申请报告评级，经评定，《广东省广新控股集团有限公司 2022 社会价值报告》（简称《报告》）为"五星级"，是一份卓越的企业社会责任报告。本份评级报告由中国社会科学院教授、中国社会责任百人论坛秘书长钟宏武，北方工业大学经济管理学院副教授魏秀丽共同评审。

（一）过程性（★★★★★）

集团法务与风险管理部（董事会办公室）牵头成立报告编制工作组，统筹具体编制工作，职能部门、二级单位提供素材并审核专项内容，董事长、总经理负责报告终审；统筹社会价值体系规划，构建社会公益实践体系，推动企业价值创造；将报告定位为披露履责信息、提高社会责任管理水平、强化利益相关方沟通、彰显企业品牌形象的重要工具，功能价值定位明确；根据国家宏观政策、国际国内社会责任标准、行业对标分析、专家意见、利益相关方调查等识别实质性议题；积极推动星湖科技、兴发铝业、佛塑科技等下属企业独立编发 ESG 报告，延展信息披露范围；计划通过官方网站发布报告，并将以电子版、印刷品、长图版的形式呈现报告，过程性表现卓越。

（二）实质性（★★★★★）

《报告》系统披露了贯彻宏观政策、产品质量管理、产品创新、职业健康管理、安全生产、环保技术和设备的研发与应用、节约能源和资源、危险化学品管理、减少"三废"排放等所在行业关键性议题，叙述详细充分，具有卓越的实质性表现。

（三）完整性（★★★★☆）

《报告》主体内容从"广凝内力 新姿昂扬——笃行向前强根基""广创数智 新益求新——创新赋能激潮涌""广致'双碳'新绿焕发——绿色发展绘胜景""广聚温暖 新彩绽放——勠力同心勇担当"等角度系统披露了行业核心指标的 82.39%，具有领先的完整性表现。

（四）平衡性（★★★★☆）

《报告》披露了"员工流失率""安全生产事故数（一般以上）""因工作死亡人数""因不符合健康与安全相关法律而被罚款或起诉""管理人员末等调整"等负面数据信息，平衡性表现领先。

（五）可比性（★★★★★）

《报告》披露了"环保资金投入""万元产值能耗""废渣处置量""研发投入""所获取的知识产权专利数""员工总数""女性管理者比例""客户满意度""安全生产投入"等 49 个关键指标连续 3 年的对比数据，并通过"中国企业 500 强第 278 位""中国服务业 500 强第 107 位""广东企业 500 强第 43 位"等进行横向比较，可比性表现卓越。

（六）可读性（★★★★★）

《报告》采用"广凝内力 新姿昂扬""广创数智 新益求新""广致'双碳'新绿焕发""广聚温暖 新彩绽放"的特色篇章结构，具有鲜明的企业特色，报告内容结构清晰，重点议题突出，回应了利益相关方的期望与诉求；报告封面与内页均以绿色为设计底色，封面以企业 LOGO 延伸设计，采用镂空的形式凸显底层植被森林的视觉效果设计，充分呼应国家"双碳"目标和绿色发展理念；篇章跨页嵌入地域标志性建筑的实景大图，

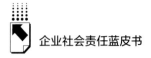
增强了报告的辨识度与感染力；案例丰富翔实，图文搭配和谐，可读性表现卓越。

（七）创新性（★★★★☆）

《报告》在开篇设置"党建引领聚合力 奋进共生谱新章"价值专题，聚焦企业在深化国企改革、加强党的建设、企业文化建设方面的行动与创新实践，充分展现国有企业的责任担当；在报告篇章页融入联合国可持续发展目标（SDGs）元素，突出体现企业对联合国可持续发展目标的积极响应和主动作为，彰显报告的国际视野，创新性表现领先。

（八）综合评级（★★★★★）

经评级小组评价，《广东省广新控股集团有限公司 2022 社会价值报告》为五星级，是一份卓越的企业社会责任报告。

五十三　中南股份2022ESG 报告

广东中南钢铁股份有限公司连续第 2 年向"中国企业社会责任报告评级专家委员会"申请报告评级，经评定，《广东中南钢铁股份有限公司 2022 环境、社会及管治报告》（简称《报告》）为"五星级"，是一份卓越的企业 ESG 报告。本份评级报告由中国社会科学院教授、中国社会责任百人论坛秘书长钟宏武，北方工业大学经济管理学院副教授魏秀丽共同评审。

（一）过程性（★★★★☆）

公司企业文化部牵头成立报告编制小组，统筹具体编制工作，各部门和子公司提供基础素材并对内容进行核对，董事长负责报告最终决策和审核，提出终审意见；将报告定位为披露社会责任信息、提高社会责任管理水平、强化利益相关方沟通、树立企业责任形象的重要工具，功能价值定位明确；依据国家宏观政策、国内外社会责任权威标准、公司发展战略、利益相关方调查等识别实质性议题，作为报告披露重点，具有领先的过程性表现。

（二）实质性（★★★★★）

《报告》系统披露了完善 ESG 治理、服务国家战略、环保产品或技术的研发与应用、节约能源资源、废钢循环利用、减少"三废"排放、应对气候变化、落实安全生产、产品质量管理、员工健康与安全、员工发展与培训、可持续供应链等所在行业关键性议题，叙述详细充分，具有卓越的实质性表现。

（三）完整性（★★★★☆）

《报告》主体内容从"诚信经营 夯实治理基础""创新引领 打造至臻品质""低碳环保 铸就绿色钢企""同创共享 奔赴美好生活"等角度系统披露了所在行业核心指标 87.88%，完整性表现领先。

（四）平衡性（★★★★★）

《报告》披露了"安全生产事故数""安全死亡事故数""客户投诉数量""员工流失率"等负面数据信息，简要描述"公司未发生重大风险事件""协力员工生产安全事故"事件，详细描述企业快速响应客户质量反馈、积极应对客户投诉事件的起因、解决方式及改进举措，具有卓越的平衡性表现。

（五）可比性（★★★★★）

《报告》披露了"营业总收入""研发经费投入""清洁能源使用量""吨钢耗新水量""人均带薪休假天数""社会捐赠总额"等 125 个关键指标连续 3 年的对比数据，可比性表现卓越。

（六）可读性（★★★★★）

《报告》采用议题型框架结构，从四大篇章详细阐述了企业对各利益相

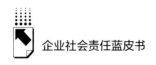

关方的履责理念、实践及成效，框架逻辑清晰，重点议题突出；封面设计采用插画风格，融入企业主营业务元素，提升了报告的辨识度；章节跨页采用体现企业业务特点的实景大图，整体风格简约清新，嵌入叙述性引言，提纲挈领；设置"小贴士"解读行业专业术语，增强了报告的易读性；以丰富的案例向公众展示履责成果，强化了报告的传播性和沟通力，具有卓越的可读性表现。

（七）可及性（★★★★★）

《报告》是企业发布的首份 ESG 报告，与公司年报同步发布；通过公司官网、交易所网站挂网发布，并计划参加集团公司集中发布会发布报告，依托官微渠道传播；以印刷版、电子版以及长图形式呈现报告，可通过网络搜索下载获取报告，具有卓越的可及性表现。

（八）综合评级（★★★★★）

经评级小组评价，《广东中南钢铁股份有限公司 2022 环境、社会及管治报告》为五星级，是一份卓越的企业 ESG 报告。

五十四　华润万家2022可持续发展报告

华润万家（控股）有限公司连续第 5 年向"中国企业社会责任报告评级专家委员会"申请报告评级，经评定，《华润万家（控股）有限公司 2022 可持续发展报告》（简称《报告》）为"五星级"，是一份卓越的企业社会责任报告。本份评级报告由中国社会科学院教授、中国社会责任百人论坛秘书长钟宏武，北方工业大学经济管理学院副教授魏秀丽共同评审。

（一）过程性（★★★★☆）

总部公司办公室牵头成立报告编制工作组，把控关键节点及核心内容，办公室负责人执行报告初审，董事长负责报告终审；将报告定位为披露社会责任信息、提高社会责任管理水平、强化利益相关方沟通、塑造企业负责任品牌形象的重要工具，功能价值定位明确；结合国家宏观政策、行业对标分析、公司重大事项、专家意见、利益相关方调查等识别实质性议题；计划通过官方网站发布报告，并将以电子版、印刷品、长图版的形式呈现报告，过程性表现领先。

（二）实质性（★★★★★）

《报告》披露了提供优质产品服务、积极应对客户投诉、落实绿色生产、促进乡村振兴、员工权益保护、区域协同发展等所在行业关键性议题，叙述详细充分，实质性表现卓越。

（三）完整性（★★★★☆）

《报告》主体内容从"赓续华章，向上而生守正心""励行润民，向美而为铸匠心""云程万里，向远而谋结同心""情满家国，向善而行践初心"等角度披露了所在行业核心指标的89%，具有领先的完整性表现。

（四）平衡性（★★★★☆）

《报告》披露了"年度新增职业病""因工伤损失工作日数""员工流失率""客户投诉数""重大负面舆情处理数"等负面数据信息，平衡性表现领先。

（五）可比性（★★★★★）

《报告》披露了"营业收入""员工总数""环保总投入"等40个关键指标连续3年的对比数据，并通过"行业排名第四"进行横向比较，可比性表现卓越。

（六）可读性（★★★★★）

《报告》以"39年，不止是陪伴，更是向美出发"为主题，从四大篇

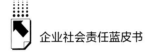

章展开，系统展示了企业在关键议题下的履责理念、实践与成效，框架结构清晰，全面回应了利益相关方的期望与诉求；多处设置二维码拓展阅读，增强报告的充实度与可读性；以具体可感的丰富案例向公众展示公司履责成果，强化了报告的传播性和沟通力，可读性表现卓越。

（七）创新性（★★★★☆）

《报告》开篇设置"万家小档案""数说2022"板块，展示年度履责亮点，凸显了企业的履责意义；报告开篇设置"疫情保供"与"乡村振兴"责任专栏，积极响应国家大政方针，聚焦企业履责重点，彰显了中央企业的责任担当，创新性表现领先。

（八）综合评级（★★★★★）

经评级小组评价，《华润万家（控股）有限公司2022可持续发展报告》为五星级，是一份卓越的企业社会责任报告。

五十五　华润怡宝2022可持续发展报告

华润怡宝饮料（中国）有限公司连续第7年向"中国企业社会责任报告评级专家委员会"申请报告评级，经评定，《华润怡宝饮料（中国）有限公司2022可持续发展报告》（简称《报告》）为"五星级"，是一份卓越的企业社会责任报告。本份评级报告由中国社会科学院教授、中国社会责任百人论坛秘书长钟宏武，北方工业大学经济管理学院副教授魏秀丽共同评审。

（一）过程性（★★★★★）

公司设立企业文化与社会责任指导委员会，明确以董事会作为企业社会责任管理最高领导者，董事长兼首席执行官担任主编，把控整体方向，分管领导负责报告审核确认；将报告定位为披露社会责任信息、完善社会责任管理、强化利益相关方沟通、传播企业负责任形象的重要工具，功能价值定位明确；根据高管访谈、同业对标、集团核心议题关注、利益相关方调查等识别实质性议题；计划通过官方网站发布报告，并将以电子版、印刷品的形式呈现报告，过程性表现卓越。

（二）实质性（★★★★★）

《报告》系统披露了食品安全管理、食品信息合规宣传、产品创新、应对客户投诉、绿色采购、员工权益保护、节约能源资源、发展循环经济、绿色包装、食品营养与健康等食品行业关键性议题，叙述详细充分，具有卓越的实质性表现。

（三）完整性（★★★★★）

《报告》主体内容从"尽善管治，笃定前行方向""携手相伴，奔赴美好生活""品质信赖，提供健康体验""绿色守护，共创低碳未来"等角度系统披露了食品行业核心指标的90.07%，完整性表现卓越。

（四）平衡性（★★★★☆）

《报告》披露了"一般及以上事故发生数""职业病事故""童工雇佣与强迫劳动等违规事件""环保类突发事件""客户隐私及信息泄露事件"等负面数据信息，平衡性表现领先。

（五）可比性（★★★★★）

《报告》披露了"资产总额""研发投入""吸纳就业人数""产品出厂检验合格率""节能减排技术改造投入""废水排放量"等55个关键指标连续3年的对比数据，以及"收入连续五年位列中国饮料行业第6名""包装水行业市场份额稳居第2名"等横向指标，可比性表现卓越。

（六）可读性（★★★★★）

《报告》延续"分享 信任"的主题，从四大篇章全面展现了企业年度

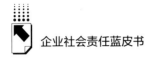

履责进展，框架结构清晰，回应了相关方的期望与诉求；封面创意采用卡通插画风格，勾勒美好生活场景，增强了报告的辨识度与悦读性；设置"华润怡宝在2022"专栏，集中呈现年度重点实践；以数据提取、直观对比图方式凸显履责成效，具有卓越的可读性表现。

（七）创新性（★★★★☆）

《报告》设置"责任十年再出发"责任专题，阐述企业社会责任的十年及取得的责任荣誉，彰显了企业的责任担当；首次使用AR传播形式，在华润集团微信小程序供使用者扫码阅读，提升报告的互动性和悦读性；设立企业文化与社会责任指导委员会，明确社会责任职权归属，规范社会责任信息披露工作，具有领先的创新性表现。

（八）综合评级（★★★★★）

经评级小组评价，《华润怡宝饮料（中国）有限公司2022可持续发展报告》为五星级，是一份卓越的企业社会责任报告。

五十六　宝武环科2022社会责任报告

宝武集团环境资源科技有限公司连续第2年向"中国企业社会责任报告评级专家委员会"申请报告评级，经评定，《宝武集团环境资源科技有限公司2022社会责任报告》（简称《报告》）为"五星级"，是一份卓越的企业社会责任报告。本份评级报告由中国社会科学院教授、中国社会责任百人论坛秘书长钟宏武，中国企业联合会企业创新工作部主任张文彬共同评审。

（一）过程性（★★★★★）

公司成立报告编制工作组，系统推进报告编制工作，董事长负责报告最终审核，并提出最终修改意见；将报告定位为披露社会责任信息、回应利益相关方关注、提高社会责任管理水平、提升企业形象的重要工具，功能价值定位明确；根据国家宏观政策、国际国内社会责任标准、行业对标分析、公司重大事项、利益相关方调查等识别实质性议题；计划通过集团公司集中发布会发布报告，并以电子版、印刷品形式呈现报告，具有卓越的过程性表现。

（二）实质性（★★★★★）

《报告》系统披露了贯彻宏观政策、产品创新、责任采购、职业健康管理、安全生产、环保技术和设备的研发与应用、节约能源资源、发展循环经济、厂区周边环境治理等所在行业关键性议题，叙述详细充分，具有卓越的实质性表现。

（三）完整性（★★★★☆）

《报告》主体内容从"强实业·优主业 求新求变求发展""聚群策·合群力 共商共建共成长""勇担当·乐奉献 利己利他利社会"等角度系统披露了所在行业核心指标的83.01%，完整性表现领先。

（四）平衡性（★★★★☆）

《报告》披露了"危险废物产生总量""员工辞职人数""员工流失率""员工死亡事故数""员工工伤事故伤害人数"等负面数据；并简要描述"未发生产品质量安全问题，未出现影响客户健康与安全负面事件""未发生客户书面投诉事件"，平衡性表现领先。

（五）可比性（★★★★★）

《报告》披露了"营业总收入""资产负债率""化学需氧量排放量""危险废物协同处置量""员工培训投入""安全生产总投入""志愿者活动总时长"等62个关键指标连续3年的对比数据，可比性表现卓越。

（六）可读性（★★★★★）

《报告》以"智慧创新 赋能绿色生态圈"为主题，从三大篇章详细全

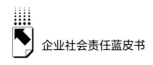

面展现企业年度履责实践与绩效，框架结构明晰，重点议题突出；封面设计融入企业履责场景，呈现企业特色履责亮点，提高了报告的辨识度；篇章跨页采用体现企业业务特点的实景大图，嵌入叙述性引言，整体风格简约清新，既凸显了行业特色，又提升了报告的易读性；以利益相关方证言形式呈现企业履责成效，强化了报告的公信力，具有卓越的可读性表现。

（七）创新性（★★★★☆）

《报告》设置"党建引领新征程 凝心聚力再出发""践行'双碳'战略助力绿色发展""实施'授渔'计划 服务乡村振兴"三大专题，聚焦党的建设、绿色环保、乡村振兴等重点事件，回应利益相关方期望，展现国有企业责任担当；继续参与社会责任报告评级，增强社会责任信息披露的规范性，提升报告管理水平，创新性表现领先。

（八）综合评级（★★★★★）

经评级小组评价，《宝武集团环境资源科技有限公司 2022 社会责任报告》为五星级，是一份卓越的企业社会责任报告。

五十七 云南铜业2022社会责任报告

云南铜业股份有限公司连续第 4 年向"中国企业社会责任报告评级专家委员会"申请报告评级，经评定《云南铜业股份有限公司 2022 年社会责任报告》（简称《报告》）为"五星级"，是一份卓越的企业社会责任报告。本份评级报告由中国社会科学院教授、中国社会责任百人论坛秘书长钟宏武，中航证券首席经济学家董忠云共同评审。

（一）过程性（★★★★☆）

公司成立社会责任报告编制小组，各部门及子公司提供报告基础素材，主要部门对报告内容进行审核；报告完成后，上报公司董事会，对报告进行审核，提出终审意见；将报告定位为披露社会责任信息、强化利益相关方沟通、树立负责任品牌形象的重要工具，功能价值定位明确；根据国家宏观政策、国内外权威社会责任标准研究、行业对标分析、公司发展战略等识别实质性议题；将以电子版、印刷版等形式呈现报告，过程性表现领先。

（二）实质性（★★★★★）

《报告》系统披露了贯彻宏观政策、数字矿山建设、职业健康管理、安全生产、环境管理体系、环保技术和设备的研发与应用、资源储备、节约土地资源、减少"三废"排放、矿区保育、尾矿处理和矿区生态保护等行业关键性议题，叙述详细充分，具有卓越的实质性表现。

（三）完整性（★★★★★）

《报告》主体内容从"勇毅前行 奏响奋进'主旋律'""蹄疾步稳 行稳发展'图强路'""绿水青山 打造绿色'生态圈'""以人为本 绘就温暖'同心圆'""汇聚合力 搭建合作'交流桥'""美美与共 谱写共荣'和谐曲'"等角度系统披露了所在行业核心指标的 90.45%，具有卓越的完整性表现。

（四）平衡性（★★★★★）

《报告》披露了"安全生产事故数""危险废弃物排放量""废气排放量""新发职业病人数"等负面数据，并简要描述"未发生因违反信息披露规定而受到处罚情形"相关情况，详细描述了"西南铜业妥善处置大气排放超标问题"的事件经过、处理方式、整改措施与事件反思，具有卓越的平衡性表现。

（五）可比性（★★★★★）

《报告》披露了"营业收入""利润总额""精矿含铜产量""环保总投入""铜冶炼综合能耗""员工满意度"等 88 个关键指标连续 3 年的对比数

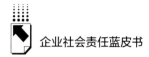

据；通过"阴极铜产能在世界铜冶炼企业中排名第 3 位，在国内排名第 3 位""央企 ESG·先锋 50 指数排名第七"等指标进行横向比较，具有卓越的可比性表现。

（六）可读性（★★★★★）

《报告》以"'铜'创美好生活"为主题，从六大篇章详细阐述了企业重点履责亮点与实践成效；封面采用矢量风格，融入主营业务元素，行业特色明显；章节跨页采用体现企业业务特点的实景大图，融合企业主营业务元素，增强了报告的辨识度；设置"知识链接"，解读行业专业词汇，提高了报告的易读性；嵌入二维码进行影像化延伸，扩展了报告内容，增强了报告的沟通性，具有卓越的可读性表现。

（七）创新性（★★★★☆）

《报告》设置"学思践悟二十大，'铜'心聚力启新程""推动发展转型，打造智慧矿山""守护绿水青山，着力节能降碳""劳模名匠下基层，岗位建功展风采""对标共建同发展，价值创造争一流""乡村振兴结硕果，倾力接续写华章"责任专题，聚焦企业在加强党建、经济发展、保护生态、乡村振兴等方面的履责实践，展现了企业责任担当；建立健全"领导层—组织层—执行层"的社会责任工作机制，制定《社会责任清单》，印发《2022 年社会责任工作要点》，具有领先的创新性表现。

（八）综合评级（★★★★★）

经评级小组评价，《云南铜业股份有限公司 2022 年社会责任报告》为五星级，是一份卓越的企业社会责任报告。

五十八　华润健康2022可持续发展报告

华润健康集团有限公司连续第 4 年向"中国企业社会责任报告评级专

家委员会"申请报告评级，经评定，《华润健康集团有限公司 2022 可持续发展报告》（简称《报告》）为"五星级"，是一份卓越的企业社会责任报告。本份评级报告由清华大学公共管理学院教授、公共管理学院社会创新与乡村振兴研究中心主任邓国胜，中国社会科学院教授、责任云研究院院长张蒽共同评审。

（一）过程性（★★★★☆）

公司党群工作部牵头成立报告编制工作组，统筹推进具体编制，总部各部室、各子公司及医疗机构提供基础资料并审核相关内容，党委书记、董事长把控报告整体方向，党委负责报告终审；将报告定位为完善社会责任管理、促进社会责任融合、强化利益相关方沟通、传播负责任品牌形象的重要工具，功能价值定位明确；结合国家宏观政策、国际国内社会责任标准、行业对标分析、公司发展战略、利益相关方调查等识别实质性议题；计划通过官方网站发布报告，并将以电子版、印刷品的形式呈现报告，具有领先的过程性表现。

（二）实质性（★★★★★）

《报告》系统披露了保障医疗质量和安全、提升医疗服务水平、科研创新、安全生产、职业健康管理、节约能源资源、危险化学品管理、减少"三废"排放等医疗服务业关键性议题，叙述详细充分，实质性表现卓越。

（三）完整性（★★★★★）

《报告》主体内容从"行稳致远 与股东同向""人才强企 与员工同进""优质诊疗 让患者安心""绿色低碳 与环境共存""合作并进 与伙伴同行""医心为民 为人民谋福"等角度系统披露了医疗服务业核心指标的90.27%，完整性表现卓越。

（四）平衡性（★★★★☆）

《报告》披露了"药品质量事故""员工流失率""环境事件发生数"

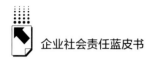

"年度新增职业病人数""员工因工亡故的人数"等负面数据信息,并简述下属医院调解患者之间医疗纠纷的相关举措,具有领先的平衡性表现。

(五)可比性(★★★★★)

《报告》披露了"营业收入""资产总额""患者满意度""女性管理者比例""环保总投资""年度新鲜用水量"等 55 个关键指标连续 3 年的对比数据,并通过"华润医疗位列'央企 ESG·先锋 50 指数'第九名"等进行横向比较,具有卓越的可比性表现。

(六)可读性(★★★★★)

《报告》从六大章节全面展现了企业对股东、员工、患者、环境、伙伴、社会等相关方的履责理念、实践与成效,诠释了企业对可持续发展的深刻理解;封面采用俯瞰式三维造型创意插画的形式予以表现,呼应华润集团设计规范,并融入主营业务元素,凸显了企业行业特色,强化了报告辨识度;开篇设置"2022 年履责大事记""笃行不怠 载誉前行",展示企业年度履责亮点实践,彰显了企业的责任引领;各章节均以"我们的绩效""目标与行动"起篇,呈现关键履责绩效,便于读者快速把握章节内容,提纲挈领,提升了报告的易读性;各章开篇设置"责任故事"特色板块,通过故事解读延伸报告内容,增强了报告的悦读性,可读性表现卓越。

(七)创新性(★★★★☆)

《报告》设置"蹄疾步稳抓改革 同心奋楫谱新篇""当好医疗'国家队'保医保供勇担当"责任聚焦专题,聚焦企业在国企改革、保医保供方面的履责亮点,彰显了企业胸怀"国之大者"的责任担当;构建并完善具有健康特色的可持续发展管理模型,首度将社会责任报告升级为可持续发展报告,有利于进一步增强企业责任管理水平并推动企业可持续发展;设立"'码'上查看"专栏,多处嵌入二维码进行延伸解读,扩展了报告内容,创新性表现领先。

（八）综合评级（★★★★★）

经评级小组评价，《华润健康集团有限公司 2022 可持续发展报告》为五星级，是一份卓越的企业社会责任报告。

五十九　中芯国际2022ESG 报告

中芯国际集成电路制造有限公司连续第 9 年向"中国企业社会责任报告评级专家委员会"申请报告评级，经评定，《中芯国际集成电路制造有限公司2022 年环境、社会及管治（ESG）报告》（简称《报告》）为"五星级"，是一份卓越的企业 ESG 报告。本份评级报告由中国社会科学院教授、责任云研究院院长张蒽，北方工业大学经济管理学院副教授魏秀丽共同评审。

（一）过程性（★★★★★）

公司成立报告编制工作组，包含所有核心部门和控股子公司代表，主要职责包括参与报告架构制定，协助收集报告素材，与相关方沟通；参与报告编写，对报告内容进行审查和确认等。报告发布前需要通过公司的披露委员会审核和董事会审核。报告编写过程中发现的问题，将根据公司制定的"企业社会责任管理程序"进行改善。《报告》过程性表现卓越。

（二）实质性（★★★★☆）

《报告》披露了产品质量管理、产品技术创新、供应链 CSR 管理、职业健康管理、安全生产、环保产品的研发与应用、危险品仓储、运输和废弃管理制度、产品和包装回收再利用等所在行业关键性议题，实质性表现领先。

（三）完整性（★★★★☆）

《报告》主体内容从"精益治理，行稳致远""可持续赋能，'芯火'相传"等角度系统披露了所在行业核心指标的 85.19%，完整性表现领先。

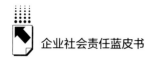

（四）平衡性（★★★★★）

《报告》披露了"员工整体流失率""因工作关系死亡人数""因工伤损失工作日数"等负面数据信息，并简要描述员工流失率的地区、性别、年龄结构，平衡性表现卓越。

（五）可比性（★★★★★）

《报告》披露了"销售收入""研发投入""废气排放总量""温室气体排放总量"等 38 个关键指标连续 3 年的对比数据，并通过"2022 年上海百强企业第 50 名""2022 年中国电子信息百强企业第 23 位""2022 上海硬核科技企业百强第 7 位"等进行横向比较，可比性表现卓越。

（六）可读性（★★★★★）

《报告》以两大篇章系统展示了企业在关键议题下的履责理念、实践与成效，框架结构清晰，全面回应了利益相关方的期望与诉求；设置专题故事，聚焦企业年度履责重点实践；封面及篇章跨页采用实景照片与插画相结合形式，描绘美好生活场景，融入企业主营业务元素，增强了报告的趣味性，可读性表现卓越。

（七）可及性（★★★★★）

《报告》将与公司年报同步发布，并以印刷版和电子版形式呈现，方便读者获取，电子版将于公司官网、上交所和港交所网站等渠道公开，可及性表现卓越。

（八）综合评级（★★★★★）

经评级小组评价，《中芯国际集成电路制造有限公司 2022 年环境、社会及管治（ESG）报告》为五星级，是一份卓越的企业 ESG 报告。

六十　宝钢包装2022社会责任报告

上海宝钢包装股份有限公司连续第2年向"中国企业社会责任报告评级专家委员会"申请报告评级，经评定，《上海宝钢包装股份有限公司2022年社会责任报告》（简称《报告》）为"五星级"，是一份卓越的企业社会责任报告。本份评级报告由中国社会科学院教授、中国社会责任百人论坛秘书长钟宏武，中国企业联合会企业创新工作部主任张文彬共同评审。

（一）过程性（★★★★☆）

宝钢包装成立社会责任工作领导小组，统筹推进报告编制工作，各部门及子公司负责提供报告素材，并对报告内容进行审核；报告完成后，上报公司董事会，董事长负责终审；将报告定位为披露履责信息、完善社会责任管理、加强利益相关方沟通、提升企业责任品牌形象的重要工具，功能价值定位明确；依据国家宏观政策、行业政策法规、国内外权威社会责任标准研究，明确实质性议题，作为报告披露重点；通过中国宝武集中发布会发布报告，以印刷品和电子版形式呈现报告，通过公司网站、外部新闻媒体、新媒体、会议会展等方式传播报告，具有领先的过程性表现。

（二）实质性（★★★★★）

《报告》系统披露了产品质量管理、产品创新、职业健康管理、安全生产、环保技术和设备的研发与应用、金属回收制度及措施、节约能源资源、减少"三废"排放、厂区周边环境治理等行业关键性议题，叙述详细充分，具有卓越的实质性表现。

（三）完整性（★★★★☆）

《报告》主体内容从"诚至金开 以诚谱写经营新篇章""创智纳新 以创培育发展新动能""绿意盎然 以绿绘就生态新蓝图""情系员工 以情打造

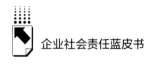

温暖新家园""合作共赢 以合勾勒并进新路径""同心勠力 以同谱写和谐新未来"等角度系统披露了所在行业核心指标的85.62%,完整性表现领先。

(四)平衡性(★★★★☆)

《报告》披露了"新增职业病人数""重大安全生产事故数""员工重大工伤事故伤害人数"等负面数据,并简要描述"未发生环保事故""供应商违规情况考核"相关情况,具有领先的平衡性表现。

(五)可比性(★★★★★)

《报告》披露了"营业收入""利润总额""包装彩印铁产量""环保投入""安全生产总投入""劳动合同签订率"等84个关键指标连续3年的对比数据;通过"市场占有率居国内第一""业务总量继续位于行业第一方阵"等指标进行横向比较,具有卓越的可比性表现。

(六)可读性(★★★★★)

《报告》以"绽放梦想 引领未来"为主题,设置上下篇结构,标题中嵌入"包""装"二字,从六大篇章详细全面回应了利益相关方的期待和诉求;封面设计采用插画风格,融入企业主营业务元素,凸显行业特色;篇章跨页采用实景大图,图文展现相得益彰,提升"悦"读性;以丰富的案例向公众展示责任实践,增强了报告的沟通力,具有卓越的可读性表现。

(七)创新性(★★★★☆)

《报告》设置"强根铸魂 党建引领促发展""和合与共 深耕海外绽华光"两大责任专题,聚焦企业在加强党建、开拓海外市场等方面的履责成效,展现国企责任担当;制定《社会责任工作管理制度》及社会责任指标体系,成立社会责任工作小组,开展社会责任培训,创新性表现领先。

（八）综合评级（★★★★★）

经评级小组评价，《上海宝钢包装股份有限公司2022年社会责任报告》为五星级，是一份卓越的企业社会责任报告。

六十一　国家电投2022社会责任报告

国家电力投资集团有限公司连续第3年向"中国企业社会责任报告评级专家委员会"申请报告评级，经评定，《国家电力投资集团有限公司社会责任报告（2022）》（简称《报告》）为"五星级"，是一份卓越的企业社会责任报告。本份评级报告由北京师范大学新闻传播学院院长张洪忠，中国社会科学院教授、责任云研究院院长张蒽共同评审。

（一）过程性（★★★★★）

集团成立社会责任报告编制领导小组，党组书记、董事长担任组长，把控整体方向及关键节点，并负责报告终审，宣传与群团部牵头组建报告编制工作组，统筹具体编制工作；将报告定位为提高社会责任管理水平、强化利益相关方沟通、提升责任品牌形象、增强企业可持续发展竞争力的重要工具，功能价值定位明确；根据国家宏观政策、行业对标分析、公司重大事项、利益相关方关切等识别实质性议题；积极推动下属企业编发社会责任报告，并举办全系统社会责任专题培训会，全面提升社会责任能力；计划召开专项发布会，并将以电子版、印刷品的形式呈现报告，过程性表现卓越。

（二）实质性（★★★★★）

《报告》系统披露了贯彻宏观政策、保障电力供应、发展绿色电力、安全生产、节约资源能源、减少"三废"排放、厂区及周边环境治理等所在行业关键性议题，叙述详细充分，具有卓越的实质性表现。

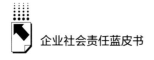

（三）完整性（★★★★☆）

《报告》主体内容从"绿色生态 低碳发展引领者""创新数智 能源革命开拓者""融合同行 价值创造推动者""和谐共生 美好未来建设者""真信真干真成 永续经营奋斗者"等角度披露了所在行业核心指标的88.24%，完整性表现领先。

（四）平衡性（★★★★☆）

《报告》披露了"安全生产事故数""员工死亡人数""员工工伤人数""重大设备事故数""一般设备事故数""员工流失率""生态环保严重违法违规及突发环境事件"等负面数据，具有领先的平衡性表现。

（五）可比性（★★★★★）

《报告》披露了"全年能源消耗总量""供电煤耗""研发投入""报告期内吸纳就业人数""公益捐赠总额""环保培训次数"等61个关键指标连续3年的对比数据，并通过"位列世界500强企业第260位""新能源发电装机量、可再生能源发电装机量均居世界第一"等数据进行横向比较，具有卓越的可比性表现。

（六）可读性（★★★★★）

《报告》从绿色引领者、创新开拓者、融合推动者、经营奋斗者、和谐建设者五大角色定位切入，详述企业履责绩效，全面回应利益相关方期望与诉求；跨页选用具有企业特色的实景图，整体风格简约清新，既凸显了行业特色，又提升了报告的辨识度；多处嵌入"'码'上观看"拓展链接，提升报告交互性及趣味性，可读性表现卓越。

（七）创新性（★★★★☆）

《报告》设置"'氢'风徐来，绿色冬奥"责任专题，聚焦北京冬奥会绿色能源保供的亮点实践，彰显企业履责的引领性和报告内容的时代感；多处引入第三方证言，增强了报告的公信力，创新性表现领先。

（八）综合评级（★★★★★）

经评级小组评价，《国家电力投资集团有限公司社会责任报告（2022）》为五星级，是一份卓越的企业社会责任报告。

六十二　欧冶云商2022ESG报告

欧冶云商股份有限公司连续第2年向"中国企业社会责任报告评级专家委员会"申请报告评级，经评定，《欧冶云商股份有限公司2022环境、社会及治理（ESG）报告》（简称《报告》）为"五星级"，是一份卓越的企业ESG报告。本份评级报告由中国社会科学院教授、中国社会责任百人论坛秘书长钟宏武，中航证券首席经济学家董忠云共同评审。

（一）过程性（★★★★★）

由公司办公室作为报告牵头部门，各部门和分子公司提供基础资料并进行审核；报告完成后，上报公司董事会，进行审核，提出最终修改意见；将报告定位为满足信息披露要求、回应利益相关方关注、提升企业责任形象的重要工具，功能价值定位明确；根据国家宏观政策、国际国内社会责任标准、公司发展战略等开展实质性议题调查，识别重要议题作为报告披露重点；积极参与社会责任优秀案例评选，提高ESG管理水平，具有卓越的过程性表现。

（二）实质性（★★★★☆）

《报告》系统披露了产品技术和服务创新、确保资费透明、提高客户满意度、保护客户信息安全、传输服务稳定性、职业健康管理、拦截不良垃圾信息的机制、绿色运营等所在行业关键性议题，实质性表现领先。

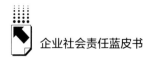

（三）完整性（★★★★☆）

《报告》主体内容从"强基固本·筑牢生态圈'发展基石'""升维赋能·构建生态圈'智慧大脑'""融绿施策·绘就生态圈'绿色画卷'""价值驱动·共建生态圈'文明家园'"等角度系统披露了所在行业核心指标的80.69%，具有领先的完整性表现。

（四）平衡性（★★★★☆）

《报告》披露了"员工辞职人数""客户投诉数量""与腐败有关的罚款、处罚或和解成本""员工流失率"等负面数据，并简要描述"未发生海外重大法律、合规风险事件""完成近1.1万件异议的分流及处理"等相关情况，具有领先的平衡性表现。

（五）可比性（★★★★★）

《报告》披露了"营业总收入""利润总额""环保投入费用""办公用电量""研发经费投入""志愿服务人数"等57个关键指标连续3年的对比数据；通过"蝉联上海新兴产业企业百强第二名"进行横向比较，具有卓越的可比性表现。

（六）可读性（★★★★★）

《报告》框架结构清晰，重点议题突出，详细阐述了企业对客户、环境、员工、伙伴、社会等利益相关方年度履责实践与成效；封面融入企业主营业务元素，凸显所在行业特色；章节跨页整体风格简约清新，嵌入叙述性引言，提纲挈领，便于读者快速了解章节内容；设置"小欧充电站"，解读行业专业术语，增强了报告的易读性；融入丰富的案例展现履责成果，具有卓越的可读性表现。

（七）可及性（★★★★☆）

《报告》是企业发布的首份ESG报告；将在公司官网发布，并通过官方网站、网络媒介等渠道发布新闻；以印刷版和电子版形式呈现，可通过网络搜索下载获取报告，可及性表现领先。

（八）综合评级（★★★★★）

经评级小组评价，《欧冶云商股份有限公司 2022 环境、社会及治理（ESG）报告》为五星级，是一份卓越的企业 ESG 报告。

六十三　华发集团2022社会价值报告

珠海华发集团有限公司连续第 2 年向"中国企业社会责任报告评级专家委员会"申请报告评级，经评定，《华发集团 2022 社会价值报告》（简称《报告》）为"五星级"，是一份卓越的企业社会责任报告。本份评级报告由中国社会科学院教授、中国社会责任百人论坛秘书长钟宏武，中航证券首席经济学家董忠云共同评审。

（一）过程性（★★★★★）

集团确立由公司品牌管理中心作为牵头部门，首席品牌官负责报告最终审定，品牌管理部副总经理负责把控报告的整体方向，品牌管理部高级经理负责把控关键节点，核心部门及下属企业提供文字、数据资料以及负责报告相关内容审核；将报告定位为披露社会责任信息、提高社会责任管理水平、强化利益相关方沟通、塑造企业负责任品牌形象的重要工具，功能价值定位明确；结合国家宏观政策、行业对标分析、公司重大事项、专家意见、利益相关方调查等识别实质性议题；积极推动华发股份、华发物业服务、维业股份、光库科技、迪信通等下属上市公司编发 ESG 报告，延展信息披露范围，构建多层次报告体系；计划通过官网"信息公开"专栏和微信公众号发布报告，并嵌入粤港澳大湾区国企社会价值论坛集中发布活动进行二次发布，以电子版、印刷品、长图版的形式呈现报告，过程性表现卓越。

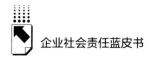

（二）实质性（★★★★★）

《报告》披露了产品质量管理、产品创新、职业健康管理、安全生产、环保技术和设备的研发与应用、节约能源和水资源、减少"三废"排放等所在行业关键性议题，叙述详细充分，实质性表现卓越。

（三）完整性（★★★★☆）

《报告》主体内容从"先行者·为锚定'产业第一'领航""实践者·为推进科技创新引航""夯实者·为稳固企业发展续航""开拓者·为丰富城市内涵起航""奉献者·为创造社会价值护航"等角度系统披露了所在行业核心指标的85.21%，具有领先的完整性表现。

（四）平衡性（★★★★★）

《报告》披露了"安全隐患整改率""工伤事故发生数""员工死亡人数""员工流失率""接收投诉数量"等负面数据信息，并详细描述了华发物业处理客户投诉的经过、处理方式、结果以及针对类似情况进行的整改和提升，平衡性表现卓越。

（五）可比性（★★★★★）

《报告》披露了"资产总额""纳税总额""女性管理者比例""报告期间吸纳就业人数""科研平台数量"等48个关键指标连续3年的对比数据，并通过"中国500强企业""中国社会科学院'国有企业社会责任发展指数百强榜单'"等进行横向比较，可比性表现卓越。

（六）可读性（★★★★★）

《报告》以"奋楫扬帆 逐梦远航"的主题，从五大篇章展开，系统展示了企业在关键议题下的履责理念、实践与进展，框架结构清晰，全面回应了利益相关方的期望与诉求；封面设计虚实结合，篇章跨页延续往年实图风格，融入主营业务元素，增强了企业辨识度；嵌入二维码进行影像化解读，设置"知识拓展"延伸报告内容；多处引入利益相关方感言佐证履责成效，增强了报告的公信力，提升了报告易读性和沟通性，可读性表现卓越。

（七）创新性（★★★★☆）

《报告》开篇设置价值聚焦"非凡十年，从珠海华发到'中国华发'"板块，图文搭配呈现华发十年奋斗过程中的履责亮点，彰显了企业的责任担当；章节以"我们的绩效"起篇，集中呈现企业在关键议题上的履责成效；单独设置"贡献SDGs"特色板块，以具体行动回应每一个SDG议题，凸显了企业的责任视野和价值追求，创新性表现领先。

（八）综合评级（★★★★★）

经评级小组评价，《华发集团2022社会价值报告》为五星级，是一份卓越的企业社会责任报告。

六十四　中国旅游集团2022社会责任报告

中国旅游集团有限公司连续第8年向"中国企业社会责任报告评级专家委员会"申请报告评级，经评定，《中国旅游集团有限公司2022企业社会责任报告》（简称《报告》）为"五星级"，是一份卓越的企业社会责任报告。本份评级报告由中国电力企业联合会专家委员会副主任委员、国家应对气候变化专家委员会委员王志轩，中国社会科学院教授、责任云研究院院长张蒽共同评审。

（一）过程性（★★★★★）

集团社群部牵头成立报告编制工作组，统筹推进具体编制工作，核心部门提供基础素材并审核相关内容，董事长负责报告最终审定；将报告定位为合规披露履责信息、完善社会责任管理、强化利益相关方沟通、宣贯企业文

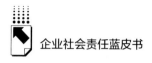

化、提升品牌形象的重要工具，功能价值定位明确；根据国家宏观政策、国际国内社会责任标准、行业对标分析、公司发展规划、利益相关方调查等识别实质性议题；积极推动下属企业香港中旅、中国中免发布 ESG 报告，延展信息披露范围；计划通过官方网站发布报告，并将以电子版、印刷品、长图版的形式呈现报告，具有卓越的过程性表现。

（二）实质性（★★★★★）

《报告》系统披露了提供优质服务、确保资费透明、丰富旅游产品、导游规范管理、积极应对客户投诉、确保游客安全、员工权益保护、文化遗址保护、旅游地环境保护等所在行业关键性议题，叙述详细充分，具有卓越的实质性表现。

（三）完整性（★★★★☆）

《报告》主体内容从"行强企路 精业笃行强根基""展腾飞翼 足履实地行致远""筑和谐梦 善作善成显担当""携奋进者 勠力同心促发展"等角度系统披露了所在行业核心指标的 89.65%，具有领先的完整性表现。

（四）平衡性（★★★★★）

《报告》披露了"员工流失率""因工亡故员工数量""因工亡故员工比率""因工伤损失工作日数""重大安全生产事故"等负面数据信息，并简述成都公司、杭州维景国际大酒店客户投诉事件的处理及整改措施，平衡性表现卓越。

（五）可比性（★★★★★）

《报告》披露了"资产总额""利润总额""员工培训总时长""公益捐赠总额""综合能源消耗量""年度总耗水量"等 51 个关键指标连续 3 年的对比数据，并通过"会展业务行业排名第一"等进行横向比较，可比性表现卓越。

（六）可读性（★★★★★）

《报告》沿用"星相伴 行无疆"的主题，紧扣主题搭建报告架构，系统呈现了年度履责理念、行动与成效，回应了利益相关方的期望与诉求；封面创意以企业品牌标识延伸设计，融入主营业务元素，凸显行业特征，增强了报告的辨识度；嵌入二维码影像化延伸报告内容，增强了报告的沟通和传播价值，具有卓越的可读性表现。

（七）创新性（★★★★☆）

《报告》设置"赓续精神葆本色，旅游报国启新程""紫荆花开廿五载，同心同行耀香江""因地制宜激活力，旅游赋能促振兴"责任专题，聚焦企业在党的建设、香港回归 25 周年、乡村振兴方面的行动实践，彰显了中央企业的责任担当；积极回应联合国可持续发展目标（SDGs），展现了报告的与时俱进和企业的履责追求，创新性表现领先。

（八）综合评级（★★★★★）

经评级小组评价，《中国旅游集团有限公司 2022 企业社会责任报告》为五星级，是一份卓越的企业社会责任报告。

六十五　中国民生银行2022社会责任报告

中国民生银行股份有限公司连续第 13 年向"中国企业社会责任报告评级专家委员会"申请报告评级，经评定，《中国民生银行股份有限公司 2022 年度社会责任报告》（简称《报告》）为"五星级"，是一份卓越的企业社会责任报告。本份评级报告由清华大学公共管理学院教授、公共管理学院社会创新与乡村振兴研究中心主任邓国胜，中国社会科学院教授、责任云研究院院长张蒽共同评审。

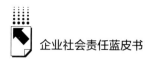

（一）过程性（★★★★★）

总行办公室牵头成立报告编制小组，办公室主任统筹具体编制工作并把控关键节点，社会责任管理中心负责具体执行，各职能部门负责提报并审核相关资料，行长负责报告最终审核；将报告定位为合规披露履责信息、响应国家战略需求、强化利益相关方沟通、传播负责任形象的重要工具，功能价值定位明确；根据国家宏观政策、国际国内社会责任标准、行业相关要求、优秀企业对标、公司发展战略、利益相关方调查等识别实质性议题；计划通过官方网站发布报告，并将以电子版、印刷品、中英文版的形式呈现报告，具有卓越的过程性表现。

（二）实质性（★★★★★）

《报告》系统披露了贯彻宏观政策、金融产品多样化、发展数字金融、产品服务创新、保护客户信息安全、中小企业信贷支持、反洗钱、绿色金融等所在行业关键性议题，叙述详细充分，实质性表现卓越。

（三）完整性（★★★★★）

《报告》主体内容从"立足本源，战略响应谱新篇""笃行致远，合规经营筑基石""凝心聚力，协同发展创价值""以绿为底，'碳'索未来靓山河""情系民生，共建共享促和谐"等角度系统披露了所在行业核心指标的90.43%，具有卓越的完整性表现。

（四）平衡性（★★★★）

《报告》披露了"95568 渠道接获的客户投诉数目（起）""金融消费者投诉件数""重大信息安全事件"等负面数据信息，具有优秀的平衡性表现。

（五）可比性（★★★★★）

《报告》披露了"营业收入""每股社会贡献值""社会保险覆盖率"

"公益捐赠额""支持应对气候变化贷款""视频会议次数"等 49 个关键指标连续 3 年的对比数据，并通过"在英国《银行家》杂志 2022 年'全球银行 1000 强'中居第 22 位"等进行横向比较，可比性表现卓越。

（六）可读性（★★★★★）

《报告》从五大篇章系统阐述了对客户、员工、伙伴、环境、社区等利益相关方的履责理念、实践与成效，框架结构清晰，重点议题突出；封面设计采用卡通插画风格，嵌入品牌标识，融入主营业务元素，增强了报告的辨识度；设计风格简约清新，表达元素灵活多样，图文展现相得益彰，提升了报告的悦读性；设置"聚焦 2022""责任荣誉"专栏，集中展示企业年度履责重点实践和绩效，具有卓越的可读性表现。

（七）创新性（★★★★☆）

《报告》设置"强党建根基，谋发展新局""金融'加速度'，共富促振兴"两大责任专题，聚焦企业在党的建设、乡村振兴方面的亮点实践，彰显了企业的责任引领；章节跨页以"国家有号召""我们有行动"起篇，系统呈现企业贯彻落实党的二十大精神的具体举措，凸显了企业贯彻宏观政策的责任担当；邀请第三方机构审验部分关键数据，增强了报告的公信力，创新性表现领先。

（八）综合评级（★★★★★）

经评级小组评价，《中国民生银行股份有限公司 2022 年度社会责任报告》为五星级，是一份卓越的企业社会责任报告。

六十六 中国大唐2022可持续发展报告

中国大唐集团有限公司首次向"中国企业社会责任报告评级专家委员会"申请报告评级，经评定，《中国大唐 2022 可持续发展报告》（简称《报

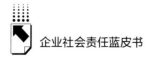
告》）为"五星级"，是一份卓越的可持续发展报告。本份评级报告由中国
社会科学院教授、中国社会责任百人论坛秘书长钟宏武，北京师范大学新闻
传播学院院长张洪忠共同评审。

（一）过程性（★★★★☆）

公司战略与投资委员会为社会责任领导机构，党组书记、董事长担任组
长，战略规划部牵头编制可持续发展报告，各职能部门、各级企业提供报告
素材并参与报告编制及审核，报告提报党组会、董事会最终审议；将报告定
位为合规披露信息、提高责任管理水平、强化利益相关方沟通、提升企业形
象的重要工具，功能价值定位明确；根据国内政策要求、国内外社会责任标
准、行业对标分析、利益相关方意见、公司发展战略等识别实质性议题；推
动下属单位编制可持续发展报告；计划以电子版、印刷品形式呈现报告，过
程性表现领先。

（二）实质性（★★★★★）

《报告》披露了贯彻宏观政策、保障电力供应、安全生产、发展绿色电
力、节约资源能源、发展循环经济、减少"三废"排放等所在行业关键性
议题，具有卓越的实质性表现。

（三）完整性（★★★★☆）

《报告》主体内容从"治理篇 创建一流""环境篇 创优生态""社会篇
创生美好"等角度披露了所在行业核心指标的83.09%，完整性表现领先。

（四）平衡性（★★★★★）

《报告》披露了"员工职业病新增确诊病例""负面环境事件""较大
以上人身事故""较大以上设备事故""一般人身事故""一般设备事故"
等负面数据，并简述下属公司不良供应商处理经过及结果，平衡性表现
卓越。

（五）可比性（★★★★★）

《报告》披露了"营业收入""总装机容量""科技投入""环保投入""供电煤耗""全员劳动生产率""安全生产投入""社会捐赠总额"等42个关键指标连续3年的对比数据，并就"2022年位列《财富》世界500强第411位"等数据进行横向比较，可比性表现卓越。

（六）可读性（★★★★★）

《报告》设置治理篇、环境篇、社会篇三大篇章，系统阐述企业在能源供应、科技创新、生态环保、安全生产、海外运营、公益慈善等方面的履责行动及成效，全面回应利益相关方诉求；封面、内页及章节页多用高清跨页大图，融合企业主营业务元素，凸显行业特色；报告设计元素丰富，多处使用背景色块，色彩饱和有感染力，增强报告悦读性；文字表达顺畅有文采，可读性表现卓越。

（七）创新性（★★★★☆）

《报告》设置"保电保热护民生 倾力攻坚勇担当"专题，聚焦能源保供，回应国家大政方针，彰显企业责任担当；在"共赴生态之约"章节中，设置"假如珍稀动物会说话"小栏目，增强报告趣味性；关键绩效突出显示，便于读者阅读掌握，创新性表现领先。

（八）综合评级（★★★★★）

经评级小组评价，《中国大唐2022可持续发展报告》为五星级，是一份卓越的企业社会责任报告。

六十七　云南能投2022社会责任报告

云南省能源投资集团有限公司连续第2年向"中国企业社会责任报告

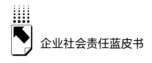

评级专家委员会"申请报告评级,经评定,《云南能投集团 2022 社会责任 (ESG) 报告》(简称《报告》) 为"五星级",是一份卓越的企业社会责任报告。本份评级报告由中国企业联合会企业创新工作部主任张文彬,中国社会科学院教授、责任云研究院院长张蕙共同评审。

(一)过程性(★★★★★)

集团战略管理部(董事会办公室)牵头推进社会责任工作,各部门及子公司提供报告编制素材,审核报告内容;报告完成后,上报公司董事会,对报告进行审核,提出最终修改意见;将报告定位为披露履责信息、完善社会责任管理、强化利益相关方沟通、塑造企业责任品牌形象的重要工具,功能价值定位明确;根据国家宏观政策、国际国内社会责任标准、优秀报告对标、公司发展战略等识别实质性议题;通过参加云南省属企业报告集中发布会发布报告,以印刷品、电子版等形式呈现报告,并依托公司官方网站、官方微信、论坛会议等多种渠道进行传播,具有卓越的过程性表现。

(二)实质性(★★★★★)

《报告》系统披露了产品质量管理、产品创新、职业健康管理、安全生产、环保技术和设备的研发与应用、节约能源资源、危险化学品管理、减少"三废"排放、厂区周边环境治理等所在行业关键性议题,叙述详细充分,具有卓越的实质性表现。

(三)完整性(★★★★☆)

《报告》主体内容从"匠心经营(G)守正创新添活力""低碳环保(E)绿色能源显实力""同心筑梦(S)共创美好聚合力"等角度系统披露了所在行业核心指标的 81.69%,完整性表现领先。

(四)平衡性(★★★★☆)

《报告》披露了"重大人身伤亡事故""重大设备事故""员工流失率"

等负面数据，并简要描述"发现问题 51 个，现场反馈、督促整改""先后召开 3 次整改推进会，推动问题全面整改清零"等相关情况，平衡性表现领先。

（五）可比性（★★★★★）

《报告》披露了"营业收入""净资产收益率""环保总投入""粉煤灰综合利用率""安全生产投入""劳动合同签订率"等 56 个关键指标连续 3 年的对比数据，通过"'地方国有企业社会责任·先锋 100 指数'，排名第 24 位"进行横向对比，具有卓越的可比性表现。

（六）可读性（★★★★★）

《报告》以"同心聚力谱新篇"为主题，采用三重底线型框架结构，从公司治理、绿色发展、奉献社会等方面详细阐述了企业在关键议题下的履责实践，彰显了企业担当；封面采用标志性工程实景图和插画，凸显行业特性；章节跨页采用体现业务特点的实景大图，通过"数说能投"，重点呈现关键绩效，提升了报告的悦读性；设置"知识拓展"，诠释行业专业词语，增强了报告的易读性；嵌入二维码展示企业优秀责任实践，拓展报告内容，强化了报告的传播性，具有卓越的可读性表现。

（七）创新性（★★★★★）

《报告》设置"心系'国之大者'，全力做好能源保供""践行'双碳'战略，做优做强能源产业链""巩固拓展脱贫攻坚成果，接续推进乡村振兴"三大责任专题，重点呈现企业在能源保供、践行"双碳"战略、推进乡村振兴方面的履责绩效，展现了企业的责任担当；结合自身行业特色，动态完善涵盖经济绩效、环境绩效、社会绩效和责任管理四大领域的社会责任指标体系，积极开展 ESG 管理诊断工作，全面对标行业优秀实践，有效提升了集团社会责任管理水平；细化社会责任报告编制工作职责分工，带动所属企业积极参与报告编制工作，加强了报告编制各方的参与度和深度，具有卓越的创新性表现。

（八）综合评级（★★★★★）

经评级小组评价，《云南能投集团2022社会责任（ESG）报告》为五星级，是一份卓越的企业社会责任报告。

六十八　紫金矿业2022ESG报告

紫金矿业集团股份有限公司连续第7年向"中国企业社会责任报告评级专家委员会"申请报告评级，经评定，《紫金矿业集团股份有限公司2022环境、社会及管治报告》（简称《报告》）为"五星级"，是一份卓越的企业ESG报告。本份评级报告由中国社会科学院教授、中国社会责任百人论坛秘书长钟宏武，北方工业大学经济管理学院副教授魏秀丽共同评审。

（一）过程性（★★★★★）

公司执行董事担任ESG办公室主任，并成立由执行董事牵头、各部门总经理为成员的ESG工作小组，全程领导ESG工作小组和ESG报告编制小组，把控报告整体方向；将报告定位为提升ESG管理水平、回应各利益相关方需求、满足信息合规披露的重要工具；通过内部专家的访谈、外部利益相关方问卷收集、董事会战略与可持续发展委员会筛选的方式，识别报告实质性议题，并参考国际国内标准，构建了涵盖253个不同议题的指标数据库；报告框架、终稿均由董事会战略与可持续发展委员会审议，最终由董事会审批通过；计划通过官方网站发布报告，并以电子版、印刷品、中英文版的形式呈现报告，过程性表现卓越。

（二）实质性（★★★★★）

《报告》披露了完善ESG治理、服务国家战略、节约能源资源、减少"三废"排放、尾矿管理、矿区生态保护、应对气候变化、落实安全生产、产品/服务质量管理、员工健康与安全、员工发展与培训、可持续供应链等所在行业关键性议题，叙述翔实充分，实质性表现卓越。

（三）完整性（★★★★☆）

《报告》主体内容从"规范正直的发行人""气候转型的助推器""生态环境的守护者""员工信赖的大家庭""共同发展的实践者"等角度系统披露了所在行业核心指标的 88.62%，具有领先的完整性表现。

（四）平衡性（★★★★★）

《报告》披露了"因工伤损失工作日数""自有员工工亡人数""承包商工亡人数""百万工时未遂事故率""员工流失率"等负面数据信息，并详述工亡事故发生原因和改进措施，具有卓越的平衡性表现。

（五）可比性（★★★★★）

《报告》披露了"营业收入""客户满意度""环保投入""能源消耗强度""员工总数""安全生产投入""研发投入"等 171 个关键指标连续 3 年的对比数据，并披露了"2022 年《福布斯》全球上市公司第 325 位""2022 年《财富》世界 500 强第 407 位"等横向可比数据，可比性表现卓越。

（六）可读性（★★★★★）

《报告》采用议题型框架结构，从五大篇章系统展示企业在战略引领、公司治理、环境责任、社会责任等重点议题下的履责理念、实践与成效，充分回应了利益相关方的期望与诉求；封面设计采用企业项目实景大图，融合企业业务特征元素，凸显行业特征，提升了报告的辨识度；章节跨页选用契合篇章主题的大场景实景图片，以高度概括性语句起篇，可读性表现卓越。

（七）可及性（★★★★★）

《报告》与年报同步发布，并通过上海证券交易所公告、香港联交所公告、集团公司官网、微信公众号等渠道发布报告，增强了报告的及时性；报

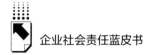

告中英电子版可于公司官网下载，并永久挂于上交所和联交所官网；同时支持利益相关方经由电话、传真、挂号信、电子邮件、上门等方式联系 ESG 办公室获取 PDF 电子版和纸质版报告，提高了报告获取的便捷性，具有卓越的可及性表现。

（八）综合评级（★★★★★）

经评级小组评价，《紫金矿业集团股份有限公司 2022 环境、社会及管治报告》为五星级报告，是一份卓越的企业 ESG 报告。

更多内容，请访问：

中国企业社会责任评级报告

附录一　中国企业社会责任发展指数（2023）

附表 1　中国企业 300 强社会责任发展指数（2023）

单位：分

排名	企业名称	企业性质	行业	CSR专栏	CSR报告	社会责任发展指数	星级
1	华润（集团）有限公司	中央企业	混业（电力生产业；酒精及饮料酒制造业；房地产业）	有	有	94.7	★★★★★
2	三星（中国）投资有限公司	外资企业	混业（电子产品及电子元件制造业；通信设备制造业）	有	有	93.9	★★★★★
3	现代汽车集团（中国）	外资企业	交通运输设备制造业	有	有	93.8	★★★★★
4	国家能源投资集团有限责任公司	中央企业	混业（煤炭开采与洗选业；电力生产业）	有	有	91.4	★★★★★
5	中国石油化工集团有限公司	中央企业	石油和天然气开采业与加工业	有	有	88.5	★★★★★
5	中国华电集团有限公司	中央企业	电力生产业	有	有	88.5	★★★★★
7	中国宝武钢铁集团有限公司	中央企业	金属冶炼及压延加工业	有	有	88.4	★★★★★
7	东风汽车集团有限公司	中央企业	交通运输设备制造业	有	有	88.4	★★★★★
7	国家电网有限公司	中央企业	电力供应业	有	有	88.4	★★★★★

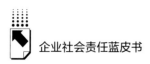

续表

排名	企业名称	企业性质	行业	CSR专栏	CSR报告	社会责任发展指数	星级
10	中国第一汽车集团有限公司	中央企业	交通运输设备制造业	有	有	88.3	★★★★★
10	中国建材集团有限公司	中央企业	非金属矿物制品业	有	有	88.3	★★★★★
10	国家开发投资集团有限公司	中央企业	混业（电力生产业；一般采矿业；交通运输服务业）	有	有	88.3	★★★★★
13	中国交通建设集团有限公司	中央企业	建筑业	有	有	87.3	★★★★★
14	中国铝业集团有限公司	中央企业	混业（金属冶炼及压延加工业；一般采矿业；批发贸易业）	有	有	87.1	★★★★★
15	中国移动通信集团有限公司	中央企业	通信服务业	有	有	86.2	★★★★★
16	国家电力投资集团有限公司	中央企业	电力生产业	有	有	86.1	★★★★★
16	松下电器中国东北亚公司	外资企业	混业（电子产品及电子元件制造业；家用电器制造业）	有	有	86.1	★★★★★
18	中国南方电网有限责任公司	中央企业	电力供应业	有	有	86.0	★★★★★
19	浦项（中国）投资有限公司	外资企业	金属冶炼及压延加工业	有	有	84.9	★★★★★
20	中国电信集团有限公司	中央企业	通信服务业	有	有	83.5	★★★★★
20	中国电力建设集团有限公司	中央企业	混业（建筑业；机械设备制造业）	有	有	83.5	★★★★★
22	华为投资控股有限公司	民营企业	通信设备制造业	有	有	82.4	★★★★★
22	中国建筑集团有限公司	中央企业	建筑业	有	有	82.4	★★★★★
24	SK中国	外资企业	混业（工业化学品制造业、电子产品及电子元件制造业、交通运输服务业）	有	有	82.0	★★★★★

排名	企业名称	企业性质	行业	CSR 专栏	CSR 报告	社会责任 发展指数	星级
25	中国旅游集团有限公司［香港中旅（集团）有限公司］	中央企业	旅游业	有	有	81.3	★★★★★
26	苹果公司	外资企业	电子产品及电子元件制造业	有	有	80.5	★★★★★
26	台达（中国）	外资企业	电子产品及电子元件制造业	有	有	80.5	★★★★★
28	中国LG	外资企业	混业（电子产品及电子元件制造业；家用电器制造业、工业化学品制造业）	有	有	80.2	★★★★★
28	内蒙古伊利实业集团股份有限公司	民营企业	食品饮料业	有	有	80.2	★★★★★
30	中国平安保险（集团）股份有限公司	民营企业	保险业	有	有	80.1	★★★★★
31	北京控股集团有限公司	其他国有企业	混业（水的生产和供应业；燃气的生产和供应业；一般服务业）	有	有	80.0	★★★★
32	腾讯控股有限公司	民营企业	互联网服务业	有	有	79.9	★★★★
33	中国民生银行股份有限公司	民营企业	银行业	有	有	79.8	★★★★
34	LG化学（中国）投资有限公司	外资企业	混业（石油和天然气开采业与加工业；电子产品及电子元件制造业；医药生物制造业）	有	有	79.6	★★★★
35	阿里巴巴集团控股有限公司	民营企业	互联网服务业	有	有	79.4	★★★★
35	中国盐业集团有限公司	中央企业	混业（食品饮料业；工业化学品制造业）	有	有	79.4	★★★★

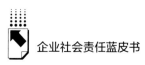
续表

排名	企业名称	企业性质	行业	CSR专栏	CSR报告	社会责任发展指数	星级
37	中国远洋海运集团有限公司	中央企业	交通运输服务业	有	有	79.3	★★★★
37	珠海华发集团有限公司	其他国有企业	混业	有	有	79.3	★★★★
39	中国大唐集团有限公司	中央企业	电力生产业	有	有	79.0	★★★★
39	中国长江三峡集团有限公司	中央企业	电力生产业	有	有	79.0	★★★★
41	蚂蚁科技集团股份有限公司	民营企业	互联网服务业	有	有	78.1	★★★
42	中粮集团有限公司	中央企业	混业（食品饮料业；房地产开发业；批发贸易业）	有	有	77.8	★★★★
43	华侨城集团有限公司	中央企业	混业（文化娱乐业；旅游业；房地产开发业；电子产品及电子元件制造业）	有	有	77.2	★★★★
44	SK 海力士	外资企业	电子产品及电子元件制造业	有	有	77.1	★★★★
45	中国华能集团有限公司	中央企业	电力生产业	有	有	76.9	★★★★
46	中国一重集团有限公司	中央企业	机械设备制造业	有	有	76.7	★★★★
47	复星国际有限公司	民营企业	混业	有	有	76.6	★★★★
48	中国绿发投资集团有限公司	中央企业	电力生产业	有	有	76.4	★★★★
49	云南省投资控股集团有限公司	其他国有企业	证券、期货、基金等其他金融业	有	有	75.9	★★★★
50	新兴际华集团有限公司	中央企业	金属冶炼及压延加工业	有	有	75.5	★★★★
51	中国黄金集团有限公司	中央企业	一般采矿业	有	有	75.4	★★★★

续表

排名	企业名称	企业性质	行业	CSR 专栏	CSR 报告	社会责任发展指数	星级
51	中国太平洋保险（集团）股份有限公司	国有金融企业	保险业	有	有	75.4	★★★★
51	中国东方电气集团有限公司	中央企业	机械设备制造业	有	有	75.4	★★★★
54	万洲国际有限公司	民营企业	食品饮料业	有	有	75.3	★★★★
55	浙江吉利控股集团有限公司	民营企业	交通运输设备制造业	有	有	75.2	★★★★
56	中国中煤能源集团有限公司	中央企业	煤炭开采与洗选业	有	无	74.9	★★★★
56	广东省广新控股集团有限公司	其他国有企业	混业	有	有	74.9	★★★★
58	中国农业银行股份有限公司	国有金融企业	银行业	有	有	74.6	★★★★
59	九州通医药集团股份有限公司	民营企业	批发贸易业	有	有	74.4	★★★★
60	中国南方航空集团有限公司	中央企业	交通运输服务业	有	有	73.3	★★★★
61	中国通用技术（集团）控股有限责任公司	中央企业	混业（机械设备制造业；医药生物制造业；批发贸易业）	有	有	72.7	★★★★
62	中国铁道建筑集团有限公司	中央企业	建筑业	有	有	72.6	★★★★
62	宁德时代新能源科技股份有限公司	民营企业	一般制造业	有	有	72.6	★★★★
64	中国国际海运集装箱（集团）股份有限公司	其他国有企业	机械设备制造业	有	有	72.4	★★★★

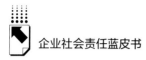

续表

排名	企业名称	企业性质	行业	CSR专栏	CSR报告	社会责任发展指数	星级
65	中国保利集团有限公司	中央企业	混业（房地产开发业；文化娱乐业；一般服务业）	有	有	72.2	★★★★
65	中国东方航空集团有限公司	中央企业	交通运输服务业	有	有	72.2	★★★★
67	铜陵有色金属集团控股有限公司	其他国有企业	金属冶炼及压延加工业	有	有	71.6	★★★★
68	中国太平保险集团有限责任公司	国有金融企业	保险业	有	有	71.2	★★★★
69	中国铁路工程集团有限公司	中央企业	建筑业	有	有	70.8	★★★★
69	中国工商银行股份有限公司	国有金融企业	银行业	有	有	70.8	★★★★
71	中国诚通控股集团有限公司	中央企业	证券、期货、基金等其他金融业	有	有	70.7	★★★★
72	新城控股集团股份有限公司	民营企业	房地产开发业	有	有	70.6	★★★★
73	中国建设银行股份有限公司	国有金融企业	银行业	有	有	69.8	★★★★
74	中国航空集团有限公司	中央企业	交通运输服务业	有	有	69.5	★★★★
75	广州工业投资控股集团有限公司	其他国有企业	混业	无	有	69.4	★★★★
76	兴业银行股份有限公司	民营企业	银行业	有	有	69.2	★★★★
77	中国医药集团有限公司	中央企业	医药生物制造业	有	无	69.1	★★★★
78	比亚迪股份有限公司	民营企业	交通运输设备制造业	有	有	68.6	★★★★

续表

排名	企业名称	企业性质	行业	CSR专栏	CSR报告	社会责任发展指数	星级
79	长城汽车股份有限公司	民营企业	交通运输设备制造业	有	有	68.5	★★★★
80	交通银行股份有限公司	国有金融企业	银行业	有	有	68.3	★★★★
80	哈尔滨电气集团有限公司	中央企业	机械设备制造业	有	有	68.3	★★★★
82	上海汽车集团股份有限公司	其他国有企业	交通运输设备制造业	有	有	68.2	★★★★
82	快手	民营企业	互联网服务业	有	有	68.2	★★★★
82	中国节能环保集团有限公司	中央企业	废弃资源及废旧材料回收加工业	有	有	68.2	★★★★
85	招商银行股份有限公司	国有金融企业	银行业	有	有	68.0	★★★★
86	鞍钢集团有限公司	中央企业	金属冶炼及压延加工业	有	有	67.8	★★★★
87	北京京东世纪贸易有限公司	民营企业	互联网服务业	有	有	67.5	★★★★
88	顺丰控股股份有限公司	民营企业	交通运输服务业	有	有	67.3	★★★★
89	三一集团有限公司	民营企业	机械设备制造业	有	有	66.6	★★★★
90	物产中大集团股份有限公司	其他国有企业	批发贸易业	有	有	66.4	★★★★
91	广东省铁路建设投资集团有限公司	其他国有企业	建筑业	无	有	66.3	★★★★
92	TCL科技集团股份有限公司	民营企业	家用电器制造业	有	有	66.0	★★★★
93	中国储备粮管理集团有限公司	中央企业	农林牧渔业	有	有	65.9	★★★★
93	海尔集团公司	民营企业	家用电器制造业	有	有	65.9	★★★★

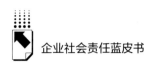

续表

排名	企业名称	企业性质	行业	CSR 专栏	CSR 报告	社会责任发展指数	星级
95	中国海洋石油集团有限公司	中央企业	石油和天然气开采业与加工业	有	有	65.8	★★★★
96	华夏银行股份有限公司	民营企业	银行业	有	有	65.7	★★★★
97	中国联合网络通信集团有限公司	中央企业	通信服务业	有	有	65.5	★★★★
98	中国国际技术智力合作集团有限公司	中央企业	一般服务业	有	有	65.4	★★★★
99	北京汽车集团有限公司	其他国有企业	交通运输设备制造业	有	有	64.9	★★★★
100	河钢集团有限公司	其他国有企业	金属冶炼及压延加工业	有	有	64.8	★★★★

注：该榜单仅展示前 100 名企业得分情况。

附表 2　国有企业 100 强社会责任发展指数（2023）

单位：分

排名	企业名称	企业性质	行业	社会责任发展指数	星级
1	华润（集团）有限公司	中央企业	混业（电力生产业；酒精及饮料酒制造业；房地产业）	94.7	★★★★★
2	国家能源投资集团有限责任公司	中央企业	混业（煤炭开采与洗选业；电力生产业）	91.4	★★★★★
3	中国石油化工集团有限公司	中央企业	石油和天然气开采业与加工业	88.5	★★★★★
3	中国华电集团有限公司	中央企业	电力生产业	88.5	★★★★★

续表

排名	企业名称	企业性质	行业	社会责任发展指数	星级
5	中国宝武钢铁集团有限公司	中央企业	金属冶炼及压延加工业	88.4	★★★★★
5	东风汽车集团有限公司	中央企业	交通运输设备制造业	88.4	★★★★★
5	国家电网有限公司	中央企业	电力供应业	88.4	★★★★★
8	中国第一汽车集团有限公司	中央企业	交通运输设备制造业	88.3	★★★★★
8	中国建材集团有限公司	中央企业	非金属矿物制品业	88.3	★★★★★
8	国家开发投资集团有限公司	中央企业	混业（电力生产业；一般采矿业；交通运输服务业）	88.3	★★★★★
11	中国交通建设集团有限公司	中央企业	建筑业	87.3	★★★★★
12	中国铝业集团有限公司	中央企业	混业（金属冶炼及压延加工业；一般采矿业；批发贸易业）	87.1	★★★★★
13	中国移动通信集团有限公司	中央企业	通信服务业	86.2	★★★★★
14	国家电力投资集团有限公司	中央企业	电力生产业	86.1	★★★★★
15	中国南方电网有限责任公司	中央企业	电力供应业	86.0	★★★★★
16	中国电信集团有限公司	中央企业	通信服务业	83.5	★★★★★
16	中国电力建设集团有限公司	中央企业	混业（建筑业；机械设备制造业）	83.5	★★★★★
18	中国建筑集团有限公司	中央企业	建筑业	82.4	★★★★★
19	中国旅游集团有限公司［香港中旅（集团）有限公司］	中央企业	旅游业	81.3	★★★★★

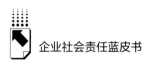

续表

排名	企业名称	企业性质	行业	社会责任发展指数	星级
20	北京控股集团有限公司	其他国有企业	混业（水的生产和供应业；燃气的生产和供应业；一般服务业）	80.0	★★★★
21	中国盐业集团有限公司	中央企业	混业（食品饮料业；工业化学品制造业）	79.4	★★★★
22	中国远洋海运集团有限公司	中央企业	交通运输服务业	79.3	★★★★
22	珠海华发集团有限公司	其他国有企业	混业	79.3	★★★★
24	中国大唐集团有限公司	中央企业	电力生产业	79.0	★★★★
24	中国长江三峡集团有限公司	中央企业	电力生产业	79.0	★★★★
26	中粮集团有限公司	中央企业	混业（食品饮料业；房地产开发业；批发贸易业）	77.8	★★★★
27	华侨城集团有限公司	中央企业	混业（文化娱乐业；旅游业；房地产开发业；电子产品及电子元件制造业）	77.2	★★★★
28	中国华能集团有限公司	中央企业	电力生产业	76.9	★★★★
29	中国一重集团有限公司	中央企业	机械设备制造业	76.7	★★★★
30	中国绿发投资集团有限公司	中央企业	电力生产业	76.4	★★★★

注：该榜单仅展示前30名企业得分情况。

附表3 民营企业100强社会责任发展指数（2023）

单位：分

排名	企业名称	总部所在地	行业	社会责任发展指数	星级
1	华为投资控股有限公司	广东	通信设备制造业	82.4	★★★★★

续表

排名	企业名称	总部所在地	行业	社会责任发展指数	星级
2	内蒙古伊利实业集团股份有限公司	内蒙古	食品饮料业	80.2	★★★★★
3	中国平安保险（集团）股份有限公司	广东	保险业	80.1	★★★★★
4	腾讯控股有限公司	广东	互联网服务业	79.9	★★★★
5	中国民生银行股份有限公司	北京	银行业	79.8	★★★★
6	阿里巴巴集团控股有限公司	浙江	互联网服务业	79.4	★★★★
7	蚂蚁科技集团股份有限公司	浙江	互联网服务业	78.1	★★★★
8	复星国际有限公司	上海	混业	76.6	★★★★
9	万洲国际有限公司	中国香港	食品饮料业	75.3	★★★★
10	浙江吉利控股集团有限公司	浙江	交通运输设备制造业	75.2	★★★★
11	九州通医药集团股份有限公司	湖北	批发贸易业	74.4	★★★★
12	宁德时代新能源科技股份有限公司	福建	一般制造业	72.6	★★★★
13	新城控股集团股份有限公司	上海	房地产开发业	70.6	★★★★
14	兴业银行股份有限公司	福建	银行业	69.2	★★★★
15	比亚迪股份有限公司	广东	交通运输设备制造业	68.6	★★★★
16	长城汽车股份有限公司	河北	交通运输设备制造业	68.5	★★★★
17	快手	北京	互联网服务业	68.2	★★★★
18	北京京东世纪贸易有限公司	北京	互联网服务业	67.5	★★★★
19	顺丰控股股份有限公司	广东	交通运输服务业	67.3	★★★★
20	三一集团有限公司	湖南	机械设备制造业	66.6	★★★★

续表

排名	企业名称	总部所在地	行业	社会责任发展指数	星级
21	TCL 科技集团股份有限公司	广东	家用电器制造业	66.0	★★★★
22	海尔集团公司	山东	家用电器制造业	65.9	★★★★
23	华夏银行股份有限公司	北京	银行业	65.7	★★★★
24	江苏中南建设集团股份有限公司	江苏	建筑业	63.7	★★★★
25	万科企业股份有限公司	广东	房地产开发业	63.5	★★★★
26	龙湖集团控股有限公司	中国香港	房地产开发业	63.1	★★★
27	新奥集团股份有限公司	河北	燃气的生产和供应业	62.9	★★★★
28	华夏人寿保险股份有限公司	北京	保险业	61.2	★★★★
29	中兴通讯股份有限公司	广东	通信设备制造业	61.1	★★★★
29	融创中国控股有限公司	天津	房地产开发业	61.1	★★★★

注：该榜单仅展示前 30 名企业得分情况。

附表 4　外资企业 100 强社会责任发展指数（2023）

单位：分

排名	公司名称	国家/地区	行业	社会责任发展指数	星级
1	三星（中国）投资有限公司	北京	混业（电子产品及电子元件制造业；通信设备制造业）	93.9	★★★★★
2	现代汽车集团（中国）	北京	交通运输设备制造业	93.8	★★★★★
3	松下电器中国东北亚公司	北京	混业（电子产品及电子元件制造业；家用电器制造业）	86.1	★★★★★
4	浦项（中国）投资有限公司	北京	金属冶炼及压延加工业	84.9	★★★★★

续表

排名	公司名称	国家/地区	行业	社会责任发展指数	星级
5	SK 中国	北京	混业（工业化学品制造业、电子产品及电子元件制造业、交通运输服务业）	82.0	★★★★★
6	苹果公司	上海	电子产品及电子元件制造业	80.5	★★★★★
6	台达（中国）	上海	电子产品及电子元件制造业	80.5	★★★★★
8	中国 LG	北京	混业（电子产品及电子元件制造业；家用电器制造业、工业化学品制造业）	80.2	★★★★★
9	LG 化学（中国）投资有限公司	北京	混业（石油和天然气开采业与加工业；电子产品及电子元件制造业；医药生物制造业）	79.6	★★★★
10	SK 海力士	无锡	电子产品及电子元件制造业	77.1	★★★★
11	佳能（中国）有限公司	北京	混业（电子产品及电子元件制造业；计算机及相关设备制造业；计算机服务业）	62.3	★★★★
12	长江和记实业有限公司	中国香港	混业（交通运输服务业；零售业；通信服务业）	60.8	★★★★
13	台积电	上海	电子产品及电子元件制造业	60.4	★★★★
14	鸿海精密工业股份有限公司	中国台湾	电子产品及电子元件制造业	59.5	★★★
15	本田汽车（中国）有限公司	广东	交通运输设备制造业	58.3	★★★
16	雀巢中国	北京	食品饮料业	56.2	★★★
17	Seven&I 控股公司	北京	零售业	55.9	★★★
18	百威英博中国	上海	食品饮料业	55.0	★★★
19	葛兰素史克（中国）投资有限公司	北京	医药生物制造业	54.4	★★★

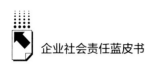
续表

排名	公司名称	国家/地区	行业	社会责任发展指数	星级
20	普利司通（中国）投资有限公司	上海	一般制造业	52.7	★★★
21	宝马中国	北京	交通运输设备制造业	51.4	★★★
22	索尼（中国）有限公司	北京	混业（电子产品及电子元件制造业；家用电器制造业）	48.0	★★★
23	特斯拉（上海）有限公司	上海	交通运输设备制造业	46.5	★★★
24	赛诺菲中国	北京	医药生物制造业	46.1	★★★
25	施耐德电器有限公司	北京	家用电器制造业	36.1	★★
26	日立（中国）有限公司	北京	混业（机械设备制造业；家用电器制造业；计算机及相关设备制造业）	33.2	★★
27	大众汽车集团（中国）	北京	交通运输设备制造业	33.0	★★
28	埃森哲（中国）有限公司	上海	一般服务业	31.3	★★
29	法国兴业银行（中国）有限公司	北京	银行业	30.6	★★
30	巴斯夫（中国）有限公司	上海	工业化学品制造业	27.8	★★

注：该榜单仅展示前30名企业得分情况。

附录二　重点行业企业社会责任发展指数（2023）[*]

附表 1　军工行业社会责任发展指数（2023）

单位：分

排名	企业名称	企业性质	CSR专栏	CSR报告	责任管理指数	社会责任发展指数	星级
1	中国兵器装备集团有限公司	中央企业	有	有	77.0	83.1	★★★★★
2	中国航空发动机集团有限公司	中央企业	有	有	80.0	76.0	★★★★
3	中国兵器工业集团有限公司	中央企业	有	有	81.0	75.8	★★★★
4	中国融通资产管理集团有限公司	中央企业	有	有	64.0	61.2	★★★★
5	中国电子科技集团有限公司	中央企业	有	有	27.0	53.6	★★★
6	中国核工业集团有限公司	中央企业	有	有	51.0	52.3	★★★
7	中国航空工业集团有限公司	中央企业	有	有	56.0	51.8	★★★
8	中国船舶集团有限公司	中央企业	有	无	3.0	25.4	★★
9	中国航天科技集团有限公司	中央企业	有	无	3.0	22.4	★★
10	中国航天科工集团有限公司	中央企业	有	无	3.0	19.4	★

---

[*] 重点行业榜单仅展示前 10 名企业得分情况。

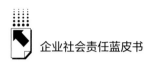

附表2　乳制品行业社会责任发展指数（2023）

单位：分

排名	企业名称	企业性质	CSR专栏	CSR报告	责任管理指数	社会责任发展指数	星级
1	内蒙古伊利实业集团股份有限公司	民营企业	有	有	67.0	80.2	★★★★★
2	内蒙古蒙牛乳业集团股份有限公司	其他国有企业	有	有	65.0	80.1	★★★★★
3	中国飞鹤有限公司	民营企业	有	有	55.5	76.2	★★★★
4	新希望乳业股份有限公司	民营企业	有	有	50.0	70.8	★★★★
5	光明乳业股份有限公司	其他国有企业	有	有	36.0	60.8	★★★★
6	北京三元食品股份有限公司	其他国有企业	无	有	22.0	51.1	★★
7	君乐宝乳业集团有限公司	民营企业	有	无	10.0	35.0	★★
8	皇氏集团股份有限公司	民营企业	无	无	4.0	31.2	★★
9	北大荒完达山乳业股份有限公司	其他国有企业	无	无	4.0	28.2	★★
10	中垦乳业股份有限公司	其他国有企业	有	无	7.0	22.6	★★

附表3　食品饮料行业社会责任发展指数（2023）

单位：分

排名	企业名称	企业性质	CSR专栏	CSR报告	责任管理指数	社会责任发展指数	星级
1	中国盐业集团有限公司	中央企业	有	有	63.0	79.4	★★★★

续表

排名	企业名称	企业性质	CSR专栏	CSR报告	责任管理指数	社会责任发展指数	星级
2	中国贵州茅台酒厂（集团）有限责任公司	其他国有企业	有	有	61.0	77.3	★★★★
3	万洲国际有限公司	民营企业	有	有	51.0	75.3	★★★★
4	牧原食品股份有限公司	民营企业	有	有	61.0	70.3	★★★★
5	华润啤酒（控股）有限公司	民营企业	有	有	57.0	67.1	★★★★
6	青岛啤酒股份有限公司	其他国有企业	有	有	54.0	65.7	★★★★
7	温氏食品集团股份有限公司	其他国有企业	有	有	54.0	64.7	★★★★
8	农夫山泉股份有限公司	民营企业	有	有	55.0	64.0	★★★★
9	通威集团有限公司	民营企业	有	有	54.0	60.7	★★★★
10	益海嘉里投资有限公司	民营企业	有	有	55.0	57.5	★★★

附表4 动力电池行业社会责任发展指数（2023）

单位：分

排名	企业名称	企业性质	CSR专栏	CSR报告	责任管理指数	社会责任发展指数	星级
1	LG新能源（中国）	外资企业	有	有	68.0	75.4	★★★★
2	宁德时代新能源科技股份有限公司	民营企业	有	有	60.0	72.6	★★★★
2	国轩高科股份有限公司	民营企业	有	有	52.0	72.6	★★★★

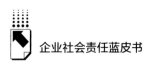
续表

排名	企业名称	企业性质	CSR专栏	CSR报告	责任管理指数	社会责任发展指数	星级
4	中创新航科技集团股份有限公司	其他国有企业	有	有	53.0	64.9	★★★★
5	欣旺达电子股份有限公司	民营企业	有	有	48.0	62.9	★★★★
6	孚能科技（赣州）股份有限公司	民营企业	有	有	62.0	60.6	★★★★
7	惠州亿纬锂能股份有限公司	民营企业	有	有	50.0	49.0	★★★
8	深圳市德赛电池科技股份有限公司	其他国有企业	无	无	10.0	29.5	★★
9	微宏动力系统（湖州）有限公司	民营企业	有	无	13.0	15.9	★
10	蜂巢能源科技股份有限公司	民营企业	有	无	15.5	12.5	★

附表 5　建筑行业社会责任发展指数（2023）

单位：分

排名	企业名称	企业性质	CSR专栏	CSR报告	责任管理指数	社会责任发展指数	星级
1	中国交通建设集团有限公司	中央企业	有	有	84.0	87.3	★★★★★
2	中国电力建设集团有限公司	中央企业	有	有	61.0	83.5	★★★★★
3	中国建筑集团有限公司	中央企业	有	有	85.0	82.4	★★★★★
4	中国铁道建筑集团有限公司	中央企业	有	有	47.0	72.6	★★★★
5	中国铁路工程集团有限公司	中央企业	有	有	48.0	70.8	★★★★

排名	企业名称	企业性质	CSR专栏	CSR报告	责任管理指数	社会责任发展指数	星级
6	广东省铁路建设投资集团有限公司	其他国有企业	有	有	52.0	66.3	★★★★
7	江苏中南建设集团股份有限公司	民营企业	有	有	49.0	63.7	★★★★
8	中国能源建设集团有限公司	中央企业	有	有	62.0	63.2	★★★★
9	中国冶金科工集团有限公司	中央企业	有	有	56.0	57.8	★★★
10	上海建工集团股份有限公司	其他国有企业	有	有	46.0	52.5	★★★

附表6 钢铁行业社会责任发展指数（2023）

单位：分

排名	企业名称	企业性质	CSR专栏	CSR报告	责任管理指数	社会责任发展指数	星级
1	中国宝武钢铁集团有限公司	中央企业	有	有	73.0	88.4	★★★★★
2	浦项（中国）投资有限公司	外资企业	有	有	78.0	84.9	★★★★★
3	新兴际华集团有限公司	中央企业	有	有	55.0	75.5	★★★★
4	鞍钢集团有限公司	中央企业	有	有	66.0	67.8	★★★★
5	河钢集团有限公司	其他国有企业	有	有	36.0	64.8	★★★★
6	包头钢铁（集团）有限责任公司	其他国有企业	有	有	48.0	61.9	★★★★
7	杭州钢铁集团有限公司	其他国有企业	无	无	59.0	56.7	★★★

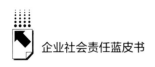

续表

排名	企业名称	企业性质	CSR专栏	CSR报告	责任管理指数	社会责任发展指数	星级
8	首钢集团有限公司	其他国有企业	有	有	54.0	48.2	★★★
9	中国钢研科技集团有限公司	中央企业	有	有	45.0	46.5	★★★
10	北京建龙重工集团有限公司	民营企业	有	有	19.0	46.2	★★★

附表7　汽车零部件行业社会责任发展指数（2023）

单位：分

排名	企业名称	企业性质	CSR专栏	CSR报告	责任管理指数	社会责任发展指数	星级
1	宁德时代新能源科技股份有限公司	民营企业	有	有	60.0	72.6	★★★★
2	潍柴动力股份有限公司	其他国有企业	有	有	49.0	68.2	★★★★
3	摩比斯中国	外资企业	有	有	20.0	62.0	★★★★
4	敏实集团有限公司	民营企业	有	有	52.0	58.6	★★★
5	华域汽车系统股份有限公司	其他国有企业	有	有	29.0	46.2	★★★
6	广西玉柴机器集团有限公司	其他国有企业	有	无	10.0	30.0	★★
7	宁波拓普集团股份有限公司	合资企业	有	有	12.0	14.6	★
8	普利司通中国	外资企业	有	无	10.0	12.5	★
9	博世（中国）投资有限公司	外资企业	有	无	0.0	12.0	★
10	北京海纳川汽车部件股份有限公司	其他国有企业	无	无	10.0	7.5	★

附表 8 汽车行业社会责任发展指数（2023）

单位：分

排名	企业名称	企业性质	CSR专栏	CSR报告	责任管理指数	社会责任发展指数	星级
1	现代汽车集团（中国）	外资企业	有	有	91.0	93.8	★★★★★
2	东风汽车集团有限公司	中央企业	有	有	94.0	88.4	★★★★★
3	中国第一汽车集团有限公司	中央企业	有	有	80.0	88.3	★★★★★
4	江苏悦达起亚汽车有限公司	合资企业	有	有	63.0	80.4	★★★★★
5	广汽本田汽车有限公司	合资企业	有	有	55.0	77.0	★★★★
6	浙江吉利控股集团有限公司	民营企业	有	有	76.0	75.2	★★★★
7	比亚迪股份有限公司	民营企业	有	有	47.0	68.6	★★★★
8	长城汽车股份有限公司	民营企业	有	有	55.0	68.5	★★★★
9	东风本田汽车有限公司	合资企业	有	有	51.0	68.3	★★★★
10	上海汽车集团股份有限公司	其他国有企业	有	有	37.0	68.2	★★★★

附表 9 半导体行业社会责任发展指数（2023）

单位：分

排名	企业名称	企业性质	CSR专栏	CSR报告	责任管理指数	社会责任发展指数	星级
1	三星（中国）投资有限公司	外资企业	有	有	93.0	93.9	★★★★★
2	苹果（中国）有限公司	外资企业	有	有	85.0	80.5	★★★★★
3	SK海力士半导体（中国）有限公司	外资企业	有	有	67.0	77.1	★★★★

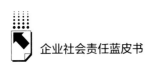
续表

排名	企业名称	企业性质	CSR 专栏	CSR 报告	责任管理指数	社会责任发展指数	星级
4	华润微电子有限公司	其他国有企业	有	有	53.0	70.4	★★★★
5	歌尔股份有限公司	民营企业	有	有	47.0	61.1	★★★★
6	杭州士兰微电子股份有限公司	民营企业	有	有	61.0	57.8	★★★
7	上海韦尔半导体股份有限公司	民营企业	有	有	34.0	50.7	★★★
8	兆易创新科技集团股份有限公司	民营企业	有	有	34.0	49.7	★★★
9	紫光国芯微电子股份有限公司	民营企业	有	有	14.0	41.2	★★★
10	高通（中国）控股有限公司	外资企业	有	有	41.0	35.3	★★

附表 10 机械设备制造业社会责任发展指数（2023）

单位：分

排名	企业名称	企业性质	CSR 专栏	CSR 报告	责任管理指数	社会责任发展指数	星级
1	中国一重集团有限公司	中央企业	有	有	59.0	76.7	★★★★
2	中国东方电气集团有限公司	中央企业	有	有	56.0	75.4	★★★★
3	中国通用技术（集团）控股有限责任公司	中央企业	有	有	67.0	72.7	★★★★
4	金风科技股份有限公司	民营企业	有	有	61.0	72.6	★★★★
5	中国国际海运集装箱（集团）股份有限公司	其他国有企业	有	有	52.0	72.4	★★★★
6	哈尔滨电气集团有限公司	中央企业	有	有	72.0	68.3	★★★★

续表

排名	企业名称	企业性质	CSR专栏	CSR报告	责任管理指数	社会责任发展指数	星级
7	三一集团有限公司	民营企业	有	有	37.0	66.6	★★★★
8	上海电气集团股份有限公司	其他国有企业	有	有	49.0	64.5	★★★★
9	中国煤炭科工集团有限公司	中央企业	有	无	21.0	56.7	★★★
10	特变电工股份有限公司	民营企业	有	有	17.0	56.1	★★★

附表 11　石油化工行业社会责任发展指数（2023）

单位：分

排名	企业名称	企业性质	CSR专栏	CSR报告	责任管理指数	社会责任发展指数	星级
1	中国石油化工集团有限公司	中央企业	有	有	92.0	88.5	★★★★★
2	LG 化学（中国）投资有限公司	外资企业	有	有	66.0	79.6	★★★★
3	中国海洋石油集团有限公司	中央企业	有	有	55.0	65.8	★★★★
4	中国化学工程集团有限公司	中央企业	有	有	63.0	64.9	★★★★
5	云天化集团有限责任公司	其他国有企业	有	有	42.0	64.1	★★★★
6	中国石油天然气集团有限公司	中央企业	有	有	55.0	63.5	★★★★
7	荣盛石化股份有限公司	民营企业	有	有	42.0	61.4	★★★★
8	万华化学集团股份有限公司	中外合资企业	有	有	55.0	50.5	★★★
9	新疆中泰化学股份有限公司	其他国有企业	有	有	14.0	29.2	★★
10	湖北宜化集团有限责任公司	其他国有企业	无	无	4.0	25.0	★★

附录三 重点行业上市公司 Wind ESG 指数（2023）[*]

附表1 金融行业 Wind ESG 指数（2023）

单位：分

排名	证券代码	证券简称	公司性质	ESG 评级	Wind ESG 指数	ESG 管理实践指数	ESG 争议事件指数
1	601318.SH	中国平安	公众企业	AA	8.28	5.45	2.82
2	0966.HK	中国太平	中央国有企业	AA	8.09	5.24	2.85
3	600030.SH	中信证券	中央国有企业	A	7.91	5.48	2.43
4	601166.SH	兴业银行	公众企业	A	7.83	5.61	2.22
5	601009.SH	南京银行	地方国有企业	A	7.77	5.39	2.38
6	601628.SH	中国人寿	中央国有企业	A	7.72	5.38	2.35
7	600016.SH	民生银行	公众企业	A	7.64	5.31	2.33
8	000987.SZ	越秀资本	地方国有企业	A	7.63	4.73	2.90
9	600036.SH	招商银行	公众企业	A	7.60	5.61	1.99
10	1299.HK	友邦保险	公众企业	A	7.56	4.73	2.82
11	600837.SH	海通证券	公众企业	A	7.55	4.87	2.68
12	2328.HK	中国财险	中央国有企业	A	7.52	5.37	2.15
12	9889.HK	东莞农商银行	公众企业	A	7.52	4.55	2.97
14	601988.SH	中国银行	中央国有企业	A	7.50	4.95	2.55
15	601688.SH	华泰证券	地方国有企业	A	7.42	5.19	2.23
16	601319.SH	中国人保	中央国有企业	A	7.39	4.61	2.78
16	000728.SZ	国元证券	地方国有企业	A	7.39	4.58	2.81
18	601916.SH	浙商银行	公众企业	A	7.38	4.72	2.66
19	600958.SH	东方证券	地方国有企业	A	7.36	4.59	2.78
20	601211.SH	国泰君安	地方国有企业	A	7.34	4.78	2.56

---

* 重点行业上市公司榜单仅展示前20名企业得分情况。

附表 2　医药制造行业 Wind ESG 指数（2023）

单位：分

排名	证券代码	证券简称	公司性质	ESG 评级	Wind ESG 指数	ESG 管理实践指数	ESG 争议事件指数
1	1513. HK	丽珠医药	民营企业	AA	8.56	5.67	2.89
2	3692. HK	翰森制药	其他企业	AA	8.30	5.48	2.82
3	3320. HK	华润医药	中央国有企业	AA	8.06	5.24	2.82
4	002422. SZ	科伦药业	民营企业	AA	8.04	5.17	2.88
5	2196. HK	复星医药	民营企业	AA	8.03	5.23	2.80
6	600380. SH	健康元	民营企业	A	7.95	5.08	2.87
7	002773. SZ	康弘药业	民营企业	A	7.86	4.96	2.90
8	1801. HK	信达生物	公众企业	A	7.82	5.00	2.82
9	000999. SZ	华润三九	中央国有企业	A	7.81	4.96	2.85
10	2096. HK	先声药业	民营企业	A	7.78	4.96	2.82
11	600276. SH	恒瑞医药	民营企业	A	7.73	4.98	2.75
12	600750. SH	江中药业	中央国有企业	A	7.64	4.73	2.91
12	600750. SH	江中药业	中央国有企业	A	7.64	4.73	2.91
14	1177. HK	中国生物制药	民营企业	A	7.63	4.80	2.82
15	6821. HK	凯莱英	外资企业	A	7.58	4.70	2.88
16	603456. SH	九洲药业	民营企业	A	7.52	4.61	2.91
16	0719. HK	山东新华制药股份	地方国有企业	A	7.52	4.64	2.88
16	000756. SZ	新华制药	地方国有企业	A	7.52	4.64	2.88
19	1877. HK688180. SH	君实生物	民营企业	A	7.51	4.68	2.82
20	0874. HK	白云山	地方国有企业	A	7.38	4.50	2.87

附表 3　水务行业 Wind ESG 指数（2023）

单位：分

排名	证券代码	证券简称	公司性质	ESG 评级	Wind ESG 指数	ESG 管理实践指数	ESG 争议事件指数
1	600008. SH	首创环保	地方国有企业	AA	8.14	5.22	2.91
2	600874. SH	创业环保	地方国有企业	A	7.79	4.87	2.91
3	000685. SZ	中山公用	地方国有企业	A	7.78	4.91	2.88
4	1542. HK	台州水务	地方国有企业	A	7.44	4.44	3.00

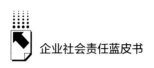

续表

排名	证券代码	证券简称	公司性质	ESG 评级	Wind ESG 指数	ESG 管理 实践指数	ESG 争议 事件指数
5	3768. HK	滇池水务	地方国有企业	A	7.37	4.37	3.00
6	0371. HK	北控水务集团	地方国有企业	A	7.23	4.40	2.82
7	6136. HK	康达环保	民营企业	A	7.03	4.03	3.00
8	000598. SZ	兴蓉环境	地方国有企业	A	7.02	4.10	2.91
9	1129. HK	中国水业集团	公众企业	BBB	6.99	4.00	2.99
10	0270. HK	粤海投资	地方国有企业	BBB	6.87	4.05	2.82
11	2281. HK	兴泸水务	地方国有企业	BBB	6.82	3.85	2.97
11	0855. HK	中国水务	公众企业	BBB	6.82	3.84	2.99
13	8196. HK	中国天亿福	民营企业	BBB	6.81	3.86	2.95
14	600461. SH	洪城环境	地方国有企业	BBB	6.76	3.81	2.95
15	603817. SH	海峡环保	地方国有企业	BBB	6.70	3.73	2.97
16	000544. SZ	中原环保	地方国有企业	BBB	6.57	3.68	2.89
16	6839. HK	云南水务	地方国有企业	BBB	6.57	3.60	2.97
18	600283. SH	钱江水利	中央国有企业	BBB	6.44	3.50	2.94
19	601199. SH	江南水务	地方国有企业	BBB	6.32	3.42	2.90
20	600168. SH	武汉控股	地方国有企业	BBB	6.19	3.23	2.96

附表 4　有色金属行业 Wind ESG 指数（2023）

单位：分

排名	证券代码	证券简称	公司性质	ESG 评级	Wind ESG 指数	ESG 管理 实践指数	ESG 争议 事件指数
1	601899. SH	紫金矿业	地方国有企业	AA	8.72	5.89	2.82
2	601168. SH	西部矿业	地方国有企业	A	7.89	5.08	2.81
3	600497. SH	驰宏锌锗	中央国有企业	A	7.87	4.94	2.94
3	688779. SH	长远锂科	中央国有企业	A	7.87	4.99	2.87
5	603993. SH	洛阳钼业	民营企业	A	7.86	5.04	2.82
6	000762. SZ	西藏矿业	中央国有企业	A	7.83	5.01	2.82
7	605086. SH	龙高股份	地方国有企业	A	7.76	4.84	2.93
8	002340. SZ	格林美	民营企业	A	7.73	4.99	2.74
9	600549. SH	厦门钨业	地方国有企业	A	7.71	4.94	2.77

续表

排名	证券代码	证券简称	公司性质	ESG 评级	Wind ESG 指数	ESG 管理实践指数	ESG 争议事件指数
10	300748. SZ	金力永磁	民营企业	A	7.66	4.77	2.89
11	000962. SZ	东方钽业	中央国有企业	A	7.45	4.49	2.96
11	2099. HK	中国黄金国际	中央国有企业	A	7.45	4.52	2.93
13	600362. SH	江西铜业	地方国有企业	A	7.37	4.55	2.82
13	0358. HK	江西铜业股份	地方国有企业	A	7.37	4.55	2.82
15	002460. SZ	赣锋锂业	民营企业	A	7.33	4.74	2.59
16	603505. SH	金石资源	民营企业	A	7.31	4.49	2.82
17	0098. HK	兴发铝业	地方国有企业	A	7.28	4.28	3.00
18	000807. SZ	云铝股份	中央国有企业	A	7.23	4.38	2.85
19	603132. SH	金徽股份	民营企业	A	7.20	4.30	2.90
19	603612. SH	索通发展	民营企业	A	7.20	4.50	2.70

附表 5 煤炭行业 Wind ESG 指数（2023）

单位：分

排名	证券代码	证券简称	公司性质	ESG 评级	Wind ESG 指数	ESG 管理实践指数	ESG 争议事件指数
1	1088. HK	中国神华	中央国有企业	AA	8.84	6.27	2.57
2	1733. HK	易大宗	外资企业	A	7.74	4.75	2.99
3	6885. HK	金马能源	民营企业	A	7.27	4.28	2.99
4	1171. HK	兖矿能源	地方国有企业	A	7.13	4.98	2.14
5	0639. HK	首钢资源	地方国有企业	A	7.03	4.12	2.91
6	000723. SZ	美锦能源	民营企业	BBB	6.91	4.08	2.83
7	1277. HK	力量发展	外资企业	BBB	6.82	3.82	3.00
8	1907. HK	中国旭阳集团	民营企业	BBB	6.80	3.84	2.96
9	1229. HK	南南资源	外资企业	BBB	6.72	3.72	3.00
10	0866. HK	中国秦发	民营企业	BBB	6.57	3.58	2.99
11	0975. HK	MONGOL MINING	外资企业	BBB	6.56	3.70	2.86
12	1898. HK	中煤能源	中央国有企业	BBB	6.44	3.62	2.82
13	1393. HK	恒鼎实业	民营企业	BBB	6.40	3.40	3.00
14	600348. SH	华阳股份	地方国有企业	BBB	6.35	3.51	2.84

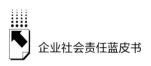
续表

排名	证券代码	证券简称	公司性质	ESG 评级	Wind ESG 指数	ESG 管理实践指数	ESG 争议事件指数
15	1142. HK	能源及能量环球	公众企业	BBB	6.26	3.28	2.99
16	601918. SH	新集能源	中央国有企业	BBB	6.23	3.42	2.80
17	0645. HK	安域亚洲	外资企业	BBB	6.20	3.20	3.00
18	0065. HK	弘海高新资源	民营企业	BBB	6.19	3.19	3.00
19	1303. HK	汇力资源	公众企业	BBB	6.08	3.09	2.99
20	601101. SH	昊华能源	地方国有企业	BBB	6.07	3.19	2.89

附表 6　电气设备行业 Wind ESG 指数（2023）

单位：分

排名	证券代码	证券简称	公司性质	ESG 评级	Wind ESG 指数	ESG 管理实践指数	ESG 争议事件指数
1	300750. SZ	宁德时代	民营企业	AA	8.31	5.51	2.80
2	000400. SZ	许继电气	中央国有企业	AA	8.08	5.29	2.80
3	600406. SH	国电南瑞	中央国有企业	AA	8.05	5.24	2.82
4	1399. HK	锐信控股	民营企业	AA	8.04	5.04	3.00
5	300274. SZ	阳光电源	民营企业	A	7.95	5.04	2.91
6	688707. SH	振华新材	中央国有企业	A	7.92	5.01	2.91
7	300124. SZ	汇川技术	民营企业	A	7.79	4.89	2.90
8	002851. SZ	麦格米特	民营企业	A	7.77	4.87	2.90
9	300105. SZ	龙源技术	中央国有企业	A	7.74	4.78	2.96
10	2208. HK	金风科技	公众企业	A	7.69	4.87	2.82
11	300207. SZ	欣旺达	民营企业	A	7.60	4.82	2.78
12	002074. SZ	国轩高科	民营企业	A	7.58	4.69	2.89
13	0658. HK	中国高速传动	民营企业	A	7.56	4.65	2.91
14	1597. HK	纳泉能源科技	外资企业	A	7.47	4.47	3.00
15	601877. SH	正泰电器	民营企业	A	7.42	4.51	2.91
16	301327. SZ	华宝新能	民营企业	A	7.39	4.48	2.91
17	002747. SZ	埃斯顿	民营企业	A	7.38	4.50	2.88
18	688408. SH	中信博	民营企业	A	7.35	4.44	2.91
19	2402. HK	亿华通	民营企业	A	7.31	4.41	2.90
19	3931. HK	中创新航	公众企业	A	7.31	4.34	2.97

附录四　人才建设/行业研究/中央企业社会责任调研/国资国企社会责任研究

一　责任云研究院简介

责任云研究院是专注于企业社会责任与可持续发展评价的民间智库。研究院以中国社会科学院、清华大学、北京师范大学等教研机构学者为依托，汇集国内外顶级专家参与，打造连接政商学界的专业平台。

（一）组织架构

顾　　问：邓国胜、张洪忠、魏秀丽

名誉院长：钟宏武

院　　长：张　蒽

执行院长：张闽湘、叶柳红、马　燕、杨　静、张阳光、王瑞庭

（二）研究领域

1. 标准研究

制定本土最大报告编写标准——《中国企业社会责任报告指南》，打造国内首个报告评级标准。

2. 政策研究

承接国家发改委、国务院国资委、工业和信息化部、自然资源部、农业农村部、国家市场监督管理总局、国家金融监督管理总局等部门课题 30 余项。

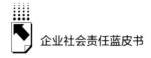
3.行业研究

连续 15 年发布《中国企业社会责任研究报告》,以及石油化工、食品、汽车、保险、互联网等行业,上海、山西、粤港澳、西三角等区域,中央企业、上市公司等类群企业社会责任研究报告。

4.大数据研究

研究、管理和运营中国 300 强企业社会责任数据库和责任云 ESG 数据库。

二 "分享责任公开课"简介

分享责任公开课旨在为中外企业管理人员提供免费的社会责任专项培训,借此普及社会责任知识、推广社会责任理念、提升社会责任能力、帮助企业解决发展中遇到的问题,帮助参训人员管理复杂的社会、环境议题,应对多元的挑战。2013~2022 年,已在全国 7 个省份成功举办 14 期,来自政府部门、科研院所、大型企业和知名 NGO 组织的百余位名师走进课堂,为来自 400 余家企业、20 余家教研机构、20 余家 NGO 组织和 20 余家新闻媒体的近 3000 名学员提供专业培训。

附表 1 分享责任公开课举办情况

序号	举办地	举办时间	序号	举办地	举办时间
第一期	北京	2013 年 5 月 10~12 日	第八期	北京	2016 年 10 月 12~14 日
第二期	广州	2013 年 8 月 21~23 日	第九期	苏州	2017 年 8 月 9~11 日
第三期	西安	2013 年 11 月 6~8 日	第十期	上海	2018 年 5 月 21~23 日
第四期	北京	2014 年 4 月 23~25 日	第十一期	深圳	2019 年 9 月 25~27 日
第五期	武汉	2014 年 7 月 23~25 日	第十二期	北京、上海、广州、成都、郑州	2020 年 9 月 24~25 日
第六期	成都	2014 年 10 月 29~31 日	第十三期	北京	2021 年 10 月 28~29 日
第七期	北京	2015 年 6 月 17~19 日	第十四期	北京	2022 年 9 月 6 日

三　《中国企业社会责任报告指南基础框架（CASS-ESG 5.0）》

1. 项目简介

ESG 日益成为全球资本市场主流，中国 ESG 也在各方力量推动下快速发展，对中国上市公司提升 ESG 意识、加强 ESG 管理和信息披露提出了更高要求。目前，中国上市公司践行 ESG 管理和信息披露缺乏专业指导和有效工具。2022 年中国社会责任百人论坛 ESG 专家委员会发布中国第一、唯一的 ESG 报告指南——《中国企业社会责任报告指南基础框架（CASS-ESG 5.0）》，涵盖 ESG 报告内容管理、流程管理、价值管理、质量评价等内容，全面系统指导企业做好 ESG 信息披露，发挥 ESG 报告价值。

2. 亮点介绍

与时俱进：本土标准是引领中国企业社会责任/ESG 报告发展的重要工具。发布首本本土 ESG 报告综合指南，从内容、流程、价值、标准全面解读，与时俱进，为企业编制 ESG 报告提供实用工具书。

模型升级：创新构建包含治理责任（G）、风险管理（R）及价值创造（V）的"三位一体"理论模型，以治理责任为基础，以风险管理和价值创造为两翼，形成稳定的三角结构，构建公司 ESG 工作的行动逻辑和完整生态。

指标全面：借鉴全球报告倡议组织（GRI）、气候相关财务信息披露工作组（TCFD）等国际组织 ESG 标准，研读中国监管部门 ESG 相关政策要求，从六大维度设置 20 余项议题、153 个指标，全面覆盖 ESG 领域的重点内容。

流程规范：建立规范的 ESG 报告流程管理模型，包括组织、策划、识别、研究、启动、编制、鉴证、发布、总结九个环节。

广泛应用：指南将作为参考依据，广泛应用于 ESG 报告编制、ESG 报告评级、企业 ESG 评级等方面。

四 中国企业社会责任报告评级

2022 年评级企业分布情况如下。

（1）央企集团

兵器工业集团、兵器装备集团、中国电科、中国航发、中国融通、中国石化、中国海油、国家管网集团、国家电网、南方电网、中国华能、中国华电、国家电投、国家能源集团、中国电信、中国移动、中国一汽、东风公司、中国一重、鞍钢集团、中国宝武、中铝集团、东航集团、中国建筑、国投、华润集团、中国旅游集团、中国节能、中国诚通、中钢集团、中国钢研、中盐集团、中国建材集团、中国有色集团、中智集团、中国通号、中交集团、中林集团、新兴际华、中国电建、中国黄金、华侨城

（2）央企下属单位

中国重工、中国石化西南石油局、中国石化涪陵页岩气田、镇海炼化、燕山石化、广东电网、海南电网、南方电网云南国际公司、深圳供电局、广州供电局、华电煤业、国电电力、国华投资、国能物资公司、国能准能集团、国能黄骅港务、国能朔黄铁路、国能化工公司、大渡河公司、国源电力（神东电力）公司、国能新朔铁路、国能乌海能源、国能神东煤炭、国能焦化公司、国能山东公司、国能河北公司、国能内蒙古公司、国能包神铁路、国能蒙西公司、国能广东公司、国能平庄煤业、国能雁宝能源、国能湖南公司、东方电气、宝武资源、宝武环科、宝钢包装、马钢股份、欧冶云商、中国金茂、蒙牛、中电光谷、太钢不锈、八一钢铁、中国铜业、云南铜业、驰宏锌锗、华润万家、华润怡宝、华润五丰、华润健康、华润电力、华润燃气、华润置地、华润水泥、华润物业、华润医药、华润医药商业、华润三九、华润金控、华润银行、华润资产、华润创业、华润化学材料、华润万象生活、华润置地东北大区、华润置地华北大区、华润置地华东大区、华润置地华西大区、华润置地华南大区、华润置地华中大区、华润信托、华润置地深圳大区、中国黄金协会、银星能源

（3）其他国企

中国福利彩票、中国体育彩票、辽宁体彩、吉林体彩、江苏体彩、浙江体彩、福建体彩、河南体彩、茅台集团、贵州茅台、北控集团、三元食品、紫金矿业、华发集团、海立股份、汉江国投、包钢（集团）公司、河钢集团、上海农商银行、广东能源集团、广东铁投集团、广东烟草、广东交通集团、广新集团、广州水投、广州工控、广州无线电集团、韶钢松山、越秀集团、中山公用、珠海交通集团、珠海水控、珠海航空城集团、成都城投、太重集团、山西交控、云南能投

（4）民营企业

中国民生银行、腾讯、伊利、康弘药业、复星医药、天润新能、新城控股、雅莹集团、圣象、海尔卡奥斯、中创新航、国轩高科、中南建设、度小满

（5）外资/合资企业

中国三星、现代汽车集团（中国）、中国 LG、SK 中国、浦项（中国）、现代斗山工程机械、LG 化学、SK 海力士、远洋集团、中芯国际、中国松下、佳能（中国）、台达、江苏悦达起亚、广汽丰田、广汽本田、上汽大众

五　中央企业社会责任课题

2023 年，国务院国资委继续委托责任云研究院开展中央企业社会责任研究课题，编制《中央企业社会责任蓝皮书（2023）》《中央企业海外社会责任蓝皮书（2023）》《中央企业上市公司环境、社会及治理（ESG）蓝皮书（2023）》三项成果。通过开展央企社会责任课题调研、央企"责任管理·先锋 30 指数"评价、央企社会责任案例互评等途径，结合国家最新政策要求，持续优化研究方法，跟踪梳理中央企业社会责任管理与实践的新进展、新经验，为国务院国资委进一步推动中央企业社会责任工作提供有力支撑。

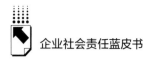

六 国资国企社会责任课题

　　2023 年，国务院国资委社会责任局继续委托责任云研究院编发《国资国企社会责任蓝皮书（2023）》，通过问卷调查、案例报送、访谈调研等方式，梳理地方国资委推进国企社会责任工作的举措与成效，总结地方国企社会责任管理体系建设的进展与经验，展示地方国企履行政治责任、经济责任、社会责任、环境责任的突出贡献，彰显国资国企在社会主义现代化建设进程中不可替代的功能和作用。

附录五　研究业绩

课　题

・国务院国资委："国资国企社会责任蓝皮书"，2023；

・国务院国资委："中央企业海外社会责任蓝皮书"，2023；

・国务院国资委："中央企业上市公司环境、社会及治理（ESG）蓝皮书"，2023；

・国务院国资委："中央企业社会责任蓝皮书"，2023；

・上海市国资委："上海市国资委监管企业 2022 年度社会责任（ESG）蓝皮书"，2023；

・云南省国资委："云南省国资国企社会责任（ESG）蓝皮书"，2023；

・青岛市国资委："青岛市国资国企社会责任蓝皮书"，2023；

・北京市国资委："北京市属国有上市公司环境、社会和治理（ESG）蓝皮书"，2023；

・广东省国资委："粤港澳大湾区国企社会价值蓝皮书"，2023；

・广东省国资委："粤港澳大湾区国企控股上市公司 ESG 蓝皮书"，2023；

・广州市国资委："广州国资国企社会价值蓝皮书"，2023；

・珠海市国资委："珠海市国资国企社会价值蓝皮书"，2023；

・东莞市国资委："东莞市国资国企社会价值蓝皮书"，2023；

・四川省国资委："四川国有企业社会责任报告（2022）"，2023；

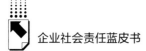

·山西省国资委：“山西省省属企业社会责任蓝皮书”，2023；

·中国电力企业联合会：“新时代电力企业社会责任理论与实践研究报告”，2023；

·中国煤炭工业协会：“煤炭行业社会责任蓝皮书”，2023；

·中国在非企业社会责任联盟：“百企行动 惠享千村——中国企业在非社会责任蓝皮书”，2023；

·全国工商联社会服务部：“中国民营上市公司环境、社会及治理（ESG）报告”，2023；

·河北工商联：“河北工商联 ESG 研究报告”，2023；

·中国钢铁工业协会：“钢铁行业社会责任蓝皮书 2023”，2023；

·国务院国资委：“中央企业社会责任蓝皮书”，2022；

·国务院国资委：“中央企业海外社会责任蓝皮书”，2022；

·国务院国资委：“中央企业上市公司环境、社会及治理（ESG）蓝皮书”，2022；

·国务院国资委：“国资国企社会责任蓝皮书”，2022；

·广东省国资委：“粤港澳大湾区国企社会价值蓝皮书”，2022；

·上海市国资委：“上海市国资委监管企业 2021 年度社会责任报告”，2022；

·山西省国资委：“山西省省属企业社会责任蓝皮书”，2022；

·云南省国资委：“云南省国资国企社会责任（ESG）蓝皮书”，2022；

·四川省国资委：“四川国有企业社会责任报告”，2022；

·广州市国资委：“广州国资国企社会价值蓝皮书”，2022；

·珠海市国资委：“珠海市国资国企社会价值蓝皮书”，2022；

·北京市工商联：“北京市民营企业社会价值百强榜”，2022；

·中国在非企业社会责任联盟：“百企千村 国企力量蓝皮书”，2022；

·中国钢铁工业协会：“2022 钢铁行业社会责任蓝皮书”，2022；

·国务院国资委：“中央企业社会责任蓝皮书”，2021；

·国务院国资委：“中央企业海外社会责任蓝皮书”，2021；

· 国务院国资委："中央企业上市公司环境、社会及治理（ESG）蓝皮书"，2021；

· 广东省国资委："粤港澳大湾区国企社会价值蓝皮书"，2021；

· 上海市国资委："上海市国资委监管企业2020年度社会责任报告"，2021；

· 山西省国资委："山西省省属企业社会责任蓝皮书"，2021；

· 珠海市国资委："珠海市国资国企社会价值蓝皮书"，2021；

· 工业和信息化部："工业和信息化ESG研究报告支撑专项"，2021；

· 北京市工商联："北京市民营企业社会责任百强榜"，2021；

· 国务院国资委："中央企业社会责任蓝皮书"，2020；

· 国务院国资委："中央企业海外社会责任蓝皮书"，2020；

· 国务院国资委："中央企业抗击新冠肺炎疫情案例集"，2020；

· 国务院国资委："中央企业脱贫攻坚白皮书"，2020；

· 国务院扶贫办、国务院国资委："中央企业精准扶贫优秀案例"，2020；

· 国务院扶贫办："企业精准扶贫案例研究"，2020；

· 国家发改委："从消除绝对贫困到缓解相对贫困——2020年后的中国减贫问题研究"，2020；

· 工业和信息化部："企业社会责任与精准扶贫支撑"，2020；

· 国务院国资委："中央企业社会责任蓝皮书"，2019；

· 国务院国资委："中央企业海外社会责任蓝皮书"，2019；

· 国务院扶贫办："企业精准扶贫案例研究"，2019；

· 国务院国资委："中央企业社会责任蓝皮书"，2018；

· 国务院国资委："中央企业'一带一路'履责报告"，2018；

· 国务院扶贫办："企业参与精准扶贫优秀案例"，2018；

· 国务院国资委："中央企业社会责任蓝皮书"，2017；

· 国务院国资委："中央企业海外社会责任研究"，2017；

· 国务院国资委："中央企业社会责任报告专题分析报告"，2017；

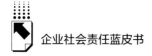

·国务院扶贫办："促进企业参与精准扶贫机制研究"，2017；

·国务院扶贫办："陇南市电商精准扶贫执行效果第三方评估报告"，2013~2015；

·国家发改委："'一带一路'与海外企业社会责任"，2015；

·工业和信息化部："责任制造——以社会责任推动'中国制造2025'"，2015；

·国务院国资委："中资企业海外社会责任研究"，2014；

·国务院国资委："中央企业社会责任优秀案例研究"，2014；

·国家食药监局："中国食品药品行业社会责任信息披露机制研究"，2014；

·国土资源部："中国矿业企业社会责任评价指标体系研究"，2014；

·中国保监会："中国保险业社会责任研究"，2014；

·全国工商联："中国民营企业社会责任研究报告"，2014；

·陕西省政府："陕西省企业社会责任研究"，2014；

·国土资源部："中国矿业企业社会责任报告制度研究"，2013；

·国务院国资委："中央企业社会责任优秀案例研究"，2013；

·中国扶贫基金会："中资企业海外社会责任研究"，2012~2013；

·北京市国资委："北京市属国有企业社会责任研究"，2012年5~12月；

·国资委研究局："企业社会责任推进机制研究"，2010年1~12月；

·国家科技支撑计划课题："社会责任国际标准风险控制及企业社会责任评价技术研究"之子任务，2010年1~12月；

·深交所："中国上市公司社会责任信息披露报告"，2009年3~12月；

·中国工业经济联合会：工信部"关于制定'推进企业社会责任建设指导意见'"前期研究成果，2009年10~12月；

·中国社会科学院："灾后重建与企业社会责任"，2008年8月至2009年8月；

·中国社会科学院："海外中资企业社会责任研究"，2007年6月至

2008 年 6 月；

·国务院国资委："中央企业社会责任理论研究"，2007 年 4~8 月。

专　著

·《中国企业社会责任报告指南（CASS-ESG5.0）》，2022；

·《中国企业社会责任研究报告（2021）》，社会科学文献出版社，2021；

·《中国企业社会责任研究报告（2020）》，社会科学文献出版社，2020；

·《中国企业社会责任研究报告（2019）》，社会科学文献出版社，2019；

·《中国企业社会责任研究报告（2018）》，社会科学文献出版社，2018；

·《中国企业社会责任研究报告（2017）》，社会科学文献出版社，2017；

·《中国企业扶贫研究报告（2016）》，社会科学文献出版社，2016；

·《中国企业公益研究报告（2016）》，社会科学文献出版社，2016；

·《中国企业社会责任研究报告（2016）》，社会科学文献出版社，2016；

·《中国企业公益研究报告（2015）》，社会科学文献出版社，2015；

·《中国企业社会责任研究报告（2015）》，社会科学文献出版社，2015；

·《中国企业社会责任研究报告（2014）》，社会科学文献出版社，2015；

·《中国企业社会责任研究报告（2013）》，社会科学文献出版社，2014；

·《中国国际社会责任与中资企业角色》，中国社会科学出版

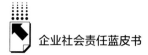

社，2013；

·《中国企业社会责任研究报告（2012）》，社会科学文献出版社，2012；

·《中国企业社会责任研究报告（2011）》，社会科学文献出版社，2011；

·《中国企业社会责任研究报告（2010）》，社会科学文献出版社，2010；

·《中国企业社会责任研究报告（2009）》，社会科学文献出版社，2009。

论　文

在《经济研究》《中国工业经济》《人民日报》《光明日报》等报刊上发表论文数十篇。

媒体报道

接受中央电视台、北京电视台、中央人民广播电台、中央人民国际广播电台、人民网、新华网、光明网、凤凰卫视、法国 24 电视台等数十家媒体专访。截至 2022 年 9 月，课题成果得到中央电视台、国资报告、人民网、新华社等超 60 家媒体报道，年度点击（阅读）量超 1000 万次，年度点赞、点评近 60 万条。

后　记

2023 年是《中国企业社会责任研究报告》连续第 15 年开展研究。课题组延续了企业社会责任发展指数的基础评价路线，同时优化评价指标体系，增加 Wind ESG 指数篇章以及优秀履责案例、企业报告展示，让本报告更好地反映中国企业履行社会责任的年度特征。

《中国企业社会责任研究报告（2023）》是集体劳动的成果。项目历时 3 个月，先后有 50 余人投入其中。内容结构和技术路线由黄群慧、钟宏武、张蒽研究确定，并组织多次研讨会，听取相关专家、企业代表、媒体等相关方的意见和建议。数据采集过程涉及中国企业 300 强、国有企业 100 强、民营企业 100 强、外资企业 100 强、17 个重点行业社会责任（ESG）公开信息的收集、阅读和整理，由责任云研究院牵头完成，周媛媛、王腾飞、李梦丹、罗开赏、庞瑞、皇孟孟、宋晴晴、阳林芳、元柳戈、张宏曼、段映娇、霍明珠、查蕊、王甜甜、李朗青、申雨婧、郭少鹏、王宜等负责信息采集录入和数据整理工作。

《中国企业社会责任研究报告（2023）》的写作框架由钟宏武、张蒽共同确定。总报告《中国企业社会责任发展报告（2023）》由钟宏武、庞瑞撰写；分报告《中国国有企业 100 强社会责任发展指数（2023）》由钟宏武、罗开赏撰写，《中国民营企业 100 强社会责任发展指数（2023）》由钟宏武、段映娇撰写，《中国外资企业 100 强社会责任发展指数（2023）》由张蒽、申雨婧撰写；专题报告《重点行业社会责任发展指数（2023）》《重点行业上市公司 Wind ESG 指数（2023）》由张蒽、张闽湘、马燕、杨静、张阳光、王瑞庭、杜玉欣等撰写；附录由张蒽、罗开赏整理完成。全书最终

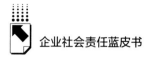

由钟宏武、张蒽等审阅、修改和定稿。

中国企业社会责任的研究处于初步阶段，还有很多问题有待探索和解决。希望各行各业的专家学者、读者朋友不吝赐教，共同推动中国企业社会责任更好更快地发展。

感谢所有为本书的顺利出版而付出努力的人！

企业社会责任蓝皮书课题组

2023 年 10 月

社会科学文献出版社

皮 书

智库成果出版与传播平台

✤ 皮书定义 ✤

皮书是对中国与世界发展状况和热点问题进行年度监测，以专业的角度、专家的视野和实证研究方法，针对某一领域或区域现状与发展态势展开分析和预测，具备前沿性、原创性、实证性、连续性、时效性等特点的公开出版物，由一系列权威研究报告组成。

✤ 皮书作者 ✤

皮书系列报告作者以国内外一流研究机构、知名高校等重点智库的研究人员为主，多为相关领域一流专家学者，他们的观点代表了当下学界对中国与世界的现实和未来最高水平的解读与分析。截至2022年底，皮书研创机构逾千家，报告作者累计超过10万人。

✤ 皮书荣誉 ✤

皮书作为中国社会科学院基础理论研究与应用对策研究融合发展的代表性成果，不仅是哲学社会科学工作者服务中国特色社会主义现代化建设的重要成果，更是助力中国特色新型智库建设、构建中国特色哲学社会科学"三大体系"的重要平台。皮书系列先后被列入"十二五""十三五""十四五"时期国家重点出版物出版专项规划项目；2013~2023年，重点皮书列入中国社会科学院国家哲学社会科学创新工程项目。

皮书网

（网址：www.pishu.cn）

发布皮书研创资讯，传播皮书精彩内容
引领皮书出版潮流，打造皮书服务平台

栏目设置

◆ **关于皮书**
何谓皮书、皮书分类、皮书大事记、
皮书荣誉、皮书出版第一人、皮书编辑部

◆ **最新资讯**
通知公告、新闻动态、媒体聚焦、
网站专题、视频直播、下载专区

◆ **皮书研创**
皮书规范、皮书选题、皮书出版、
皮书研究、研创团队

◆ **皮书评奖评价**
指标体系、皮书评价、皮书评奖

◆ **皮书研究院理事会**
理事会章程、理事单位、个人理事、高级
研究员、理事会秘书处、入会指南

所获荣誉

◆ 2008 年、2011 年、2014 年，皮书网均
在全国新闻出版业网站荣誉评选中获得
"最具商业价值网站"称号；
◆ 2012 年，获得"出版业网站百强"称号。

网库合一

2014年，皮书网与皮书数据库端口合
一，实现资源共享，搭建智库成果融合创
新平台。

皮书网

"皮书说"
微信公众号

皮书微博

权威报告·连续出版·独家资源

皮书数据库
ANNUAL REPORT(YEARBOOK)
DATABASE

分析解读当下中国发展变迁的高端智库平台

所获荣誉

- 2020年，入选全国新闻出版深度融合发展创新案例
- 2019年，入选国家新闻出版署数字出版精品遴选推荐计划
- 2016年，入选"十三五"国家重点电子出版物出版规划骨干工程
- 2013年，荣获"中国出版政府奖·网络出版物奖"提名奖
- 连续多年荣获中国数字出版博览会"数字出版·优秀品牌"奖

皮书数据库

"社科数托邦"
微信公众号

成为用户

登录网址www.pishu.com.cn访问皮书数据库网站或下载皮书数据库APP，通过手机号码验证或邮箱验证即可成为皮书数据库用户。

用户福利

- 已注册用户购书后可免费获赠100元皮书数据库充值卡。刮开充值卡涂层获取充值密码，登录并进入"会员中心"—"在线充值"—"充值卡充值"，充值成功即可购买和查看数据库内容。
- 用户福利最终解释权归社会科学文献出版社所有。

数据库服务热线：400-008-6695
数据库服务QQ：2475522410
数据库服务邮箱：database@ssap.cn
图书销售热线：010-59367070/7028
图书服务QQ：1265056568
图书服务邮箱：duzhe@ssap.cn

社会科学文献出版社 皮书系列
SOCIAL SCIENCES ACADEMIC PRESS (CHINA)

卡号：458721399312
密码：

S 基本子库
SUB DATABASE

中国社会发展数据库（下设 12 个专题子库）

紧扣人口、政治、外交、法律、教育、医疗卫生、资源环境等 12 个社会发展领域的前沿和热点，全面整合专业著作、智库报告、学术资讯、调研数据等类型资源，帮助用户追踪中国社会发展动态、研究社会发展战略与政策、了解社会热点问题、分析社会发展趋势。

中国经济发展数据库（下设 12 专题子库）

内容涵盖宏观经济、产业经济、工业经济、农业经济、财政金融、房地产经济、城市经济、商业贸易等 12 个重点经济领域，为把握经济运行态势、洞察经济发展规律、研判经济发展趋势、进行经济调控决策提供参考和依据。

中国行业发展数据库（下设 17 个专题子库）

以中国国民经济行业分类为依据，覆盖金融业、旅游业、交通运输业、能源矿产业、制造业等 100 多个行业，跟踪分析国民经济相关行业市场运行状况和政策导向，汇集行业发展前沿资讯，为投资、从业及各种经济决策提供理论支撑和实践指导。

中国区域发展数据库（下设 4 个专题子库）

对中国特定区域内的经济、社会、文化等领域现状与发展情况进行深度分析和预测，涉及省级行政区、城市群、城市、农村等不同维度，研究层级至县及县以下行政区，为学者研究地方经济社会宏观态势、经验模式、发展案例提供支撑，为地方政府决策提供参考。

中国文化传媒数据库（下设 18 个专题子库）

内容覆盖文化产业、新闻传播、电影娱乐、文学艺术、群众文化、图书情报等 18 个重点研究领域，聚焦文化传媒领域发展前沿、热点话题、行业实践，服务用户的教学科研、文化投资、企业规划等需要。

世界经济与国际关系数据库（下设 6 个专题子库）

整合世界经济、国际政治、世界文化与科技、全球性问题、国际组织与国际法、区域研究 6 大领域研究成果，对世界经济形势、国际形势进行连续性深度分析，对年度热点问题进行专题解读，为研判全球发展趋势提供事实和数据支持。

法律声明

"皮书系列"（含蓝皮书、绿皮书、黄皮书）之品牌由社会科学文献出版社最早使用并持续至今，现已被中国图书行业所熟知。"皮书系列"的相关商标已在国家商标管理部门商标局注册，包括但不限于LOGO（▨）、皮书、Pishu、经济蓝皮书、社会蓝皮书等。"皮书系列"图书的注册商标专用权及封面设计、版式设计的著作权均为社会科学文献出版社所有。未经社会科学文献出版社书面授权许可，任何使用与"皮书系列"图书注册商标、封面设计、版式设计相同或者近似的文字、图形或其组合的行为均系侵权行为。

经作者授权，本书的专有出版权及信息网络传播权等为社会科学文献出版社享有。未经社会科学文献出版社书面授权许可，任何就本书内容的复制、发行或以数字形式进行网络传播的行为均系侵权行为。

社会科学文献出版社将通过法律途径追究上述侵权行为的法律责任，维护自身合法权益。

欢迎社会各界人士对侵犯社会科学文献出版社上述权利的侵权行为进行举报。电话：010-59367121，电子邮箱：fawubu@ssap.cn。

社会科学文献出版社